上市公司僵尸化困境预警研究

——以制造业为例

曾 皓 著

中国财经出版传媒集团
中国财政经济出版社

图书在版编目（CIP）数据

上市公司僵尸化困境预警研究：以制造业为例／曾皓著．--北京：中国财政经济出版社，2021．12

ISBN 978－7－5223－0935－4

Ⅰ．①上…　Ⅱ．①曾…　Ⅲ．①制造工业－工业企业管理－研究－中国　Ⅳ．①F426．4

中国版本图书馆CIP数据核字（2021）第232869号

责任编辑：李　静　　　　责任校对：徐艳丽

责任印刷：张　健

上市公司僵尸化困境预警研究——以制造业为例

SHANGSHI GONGSI JIANGSHIHUA KUNJING YUJING YANJIU——YI ZHIZAOYE WEILI

中国财政经济出版社 出版

URL：http：//www.cfeph.cn

E－mail：cfeph@cfeph.cn

社址：北京市海淀区阜成路甲28号　邮政编码：100142

营销中心电话：010－88191522

天猫网店：中国财政经济出版社旗舰店

网址：https：//zgczjjcbs.tmall.com

北京财经印刷厂印刷　各地新华书店经销

成品尺寸：147mm×210mm　32开　8.875印张　215 000字

2021年12月第1版　2021年12月北京第1次印刷

定价：40.00元

ISBN 978－7－5223－0935－4

（图书出现印装问题，本社负责调换，电话：010－88190548）

本社质量投诉电话：010－88190744

打击盗版举报热线：010－88191661　QQ：2242791300

内容摘要

近些年来，我国的经济发展方式、经济结构、经济增长动力发生了深刻的变革。党的十九大指出，当前我国经济已由高速增长阶段转向高质量发展阶段，在这个过程中必须深化供给侧结构性改革、加快建设制造强国、加快发展先进制造业。虽然过去几十年来我国取得的经济成就举世瞩目，但也必须清醒地看到，随着经济进入新常态，过去大水漫灌发展方式的后遗症加剧显现，诸多行业产能过剩、产品竞争力不强等情况依然存在，如果不妥善应对，将对“中国制造 2025”“加快建设创新型国家”等战略构想造成不利影响。对此，中央提出了“三去一降一补”等一系列经济改革方案，其中对僵尸企业的处理是“三去一降一补”的“牛鼻子”，对僵尸企业相关问题进行研究既是当下经济发展的迫切需要，也是经济长远健康发展的必要选择。

然而现有研究成果基本针对的都是正常企业已经变成僵尸企业这一既定事实，研究结果指导的也都是正常企业变成僵尸企业后的处置安排，对僵尸企业的演化过程以及事前预警缺乏探索，导致对僵尸企业缺乏预警的手段，难以对僵尸企业的形成从源头上进行遏制。为了弥补现有缺陷，本书提出僵尸化困境概念，并对僵尸化困境进行多阶段划分，明确了僵尸企业的演化是一个困境状态由无到重的动态过程；在深入分析僵尸化困境形成与加重机理、僵尸化困境各阶段特征的基础上设计了僵尸化困境预警输入指标和预警输出指标，同时建立了僵尸化困境预警模型。通过本书研究，为政府部门合理配置监管资源、企业管理层建立预警机制、投资者改善投资决策提供了理论依据和现实工具。

全书共分为8章。第1章，绪论。基于研究背景提出本书的研究主题，并分析本书的理论意义与现实意义，然后阐述本书整体的研究结构和内容，介绍本书的研究方法和技术路线，最后归纳本书的创新之处。第2章，相关文献综述。通过对僵尸化困境评估、成因、危害、应对措施、预警等相关文献的梳理，分析现有研究的不足，并指出本研究可提供的边际贡献。第3章，与僵尸企业有关的经济事实及制度背景。本章介绍了僵尸企业形成的宏观经济事实，并详细梳理了中央与地方出台的关于认定和处置僵尸企业的政策文件。第4章，僵尸化困境相关概念、阶段与预警理论框架。首先，归纳僵尸企业概念认识上的异同，提出僵尸化困境概念，并对僵尸化困境和财务困境的关系进行了辨析。其次，本书应用管理学和会计学领域经典的资本结构理论、现金流量理论、产能过剩理论、信息不对称理论、社会交换理论、经济环境理论等深入分析了僵尸化困境形成及加重的机理，结合企业生命周期理论确定了僵尸化困境阶段划分标准、数目、方法，随后分析了僵尸化困境的基本特征以及僵尸化困境不同阶段的特征。接下来基于学术界对预警研究的基本思路提出了本书的预警理论框架，包含僵尸化困境理论分析、预警指标设计、预警模型建立、预警模型验证四个方面。第5章，僵尸化困境预警指标体系研究。在满足指标选取原则的基础上，集合前文理论分析、文献资料和专业知识，采用学术界常用的代理指标作为本书的预警指标。预警指标包含预警输入指标和预警输出指标两个方面，其中预警输入指标由27个历史数据指标组成；预警输出指标由本书建立的僵尸化指数分区形成，也即基于置信系数划分法将僵尸化指数划分为未僵尸化、轻度僵尸化、中度僵尸化和重度僵尸化4个阶段，以此为预警输出指标。第6章，僵尸化困境预警模型建立研究。本章介绍了遗传算法和支持向量机的基本原理，根据两者的特点整合为一个工作流程，基于遗传算法—支持向量机方法建立了T-1期和T-2期的僵尸化困境预警模型。第7章，僵尸化困境预警模型验证研究。本章进行了预警模型的基本性能验证、改变预警输入指标的预警效果验证、改变预警方法的预警效果验证，并讨论了预警模型的应用条件、使用时可能面临的问题和应用场景。第8章，结论与启示。本章在对第3章至第7章研究成果进行深入分析、合理归纳的基础上，形成本书的研究结论以及研究启示。

本书研究的基本结论包括：第一，僵尸化困境是一个从无到重的动态演化过程，在这个过程中至少存在10个方面的特征变化，分别为偿债能力、获利能力、营运能力、成长性、市场反映、持续经营保障、外界补贴输血、社会负担性、治理结构、僵尸化惯性；第二，充分考虑以上方面所建立的僵尸化指数能可靠且有效地评估僵尸化困境严重程度，为僵尸化困境阶段划分提供了量化依据；第三，所建立的僵尸化困境预警模型泛化能力较好，稳定性较高，且本书确定的预警输入指标体系以及预警方法在相同条件下能够产生更好的预警效果；第四，所建立的僵尸化困境预警模型将僵尸化困境的二阶段预警拓展为多阶段预警，既能预测企业是否将陷入僵尸化困境，又能预测企业将陷入到哪个阶段的僵尸化困境。

本书在以下三个方面存在创新之处：

首先，提出了僵尸化困境阶段划分概念。本书对大量政府文件以及学术文献进行梳理，凝练出官方与学术界对僵尸企业定义的相似部分，总结了评估企业僵尸化困境严重程度的10个方面，并将企业生命周期理论嵌入僵尸化困境阶段划分，指出僵尸企业生命周期的 4 个阶段：未僵尸化、轻度僵尸化、中度僵尸化、重度僵尸化，并详细描述了僵尸化困境基本特征以及僵尸化困境各阶段特征。

其次，建立了僵尸化困境预警指标体系。预警输入指标层面，除了特征性指标外，创新加入了经济环境指标以及组织属性指标，提升了预警模型的性能。预警输出指标层面，建立了制造业上市公司僵尸化指数，在此基础上量化划分了僵尸化困境的阶段，并以所划分出来的 4 个阶段作为预警输出指标。僵尸化困境预警指标体系综合考虑了我国制造业上市公司的发展现状与行业特点，提高了对制造业上市公司僵尸化困境评估及预警的科学性与全面性，也更加贴合现实。

最后，建立了僵尸化困境多阶段预警模型。通过对遗传算法和支持向量机两种机器学习方法进行整合，使用遗传算法—支持向量机方法建立了僵尸化困境多阶段预警模型，生成了一种利用机器学习技术解决实际问题的应用场景，深化了机器学习在僵尸化困境预警中的应用，为监管部门、企业管理层、投资者、债权人的智能化决断提供参考，也为学术界提供了一种会计学与信息学结合研究的范例和启发。

目　录

第1章 绪论

1.1 研究背景

自2010年以来，我国GDP结束了长期以来的“两位数”增长模式，之后GDP增速逐年下降且在2012年、2016年分别“破八”“破七”，至2019年GDP增长率为6.1%。可以预见，在没有外力冲击的情况下，未来若干年间我国GDP增速很可能会稳定在6%左右。经济增长速度放缓对国家经济发展带来了重大考验。面对经济“新常态”，中央制定了一系列经济政策，大力推进经济结构性改革，重点在于供给侧改革。2015年中央经济工作会议指出：“推进供给侧结构性改革，是适应和引领经济发展新常态的重大创新，是适应国际金融危机发生后综合国力竞争新形势的主动选择，是适应我国经济发展新常态的必然要求。”因此在2015年后，中央将“去产能、去库存、去杠杆、降成本、补短板”作为供给侧改革的五项重点任务。党的十九大更是指出：“我国经济已由高速增长阶段转向高质量发展阶段……以供给侧结构性改革为主线……坚持去产能、去库存、去杠杆、降成本、补短板，优化存量资源配置，扩大优质增量供给，实现供需动态平衡……”而“去产能”作为供给侧改革五项重点任务之首，是改革成功的关键之一。

官方和学术界的共识是，当前阶段的产能过剩问题很大一部分原因在于我国存在大量“僵尸企业”。据栾甫贵、刘梅（2018）的统计，2013—2015 年我国 A 股上市公司中符合 FN - CHK 标准的僵尸企业分别达到 192 家、264 家以及 283 家，约占上市公司总数的十分之一，比例可谓不小。有学者发现，随着中国经济增速放缓，一部分制造业企业只能利用其生产能力的 65%，僵尸企业与产能利用高度负相关，说明僵尸企业伴随着严重的产能过剩问题（Shen 和 Chen，2017）。僵尸企业的存在违背了市场竞争中优胜劣汰的“自然法则”，会对经济体造成严重的“堵塞”，阻碍经济体转型升级，也会诱发金融风险，对“三去一降一补”任务的圆满完成产生不利影响。因此，我国对僵尸企业存在的事实应予以充分重视。2017 年 2 月召开的中央财经领导小组第十五次会议中，习近平总书记也指出，深入推进去产能，要抓住处置“僵尸企业”这个“牛鼻子”。如果说去产能是“三去一降一补”的首要任务，那么妥善处理好僵尸企业问题无疑可以对我国经济供给侧结构性改革起到良好的示范作用，也对提升经济效率有很强的现实意义。

目前，国内外有关僵尸企业的研究文献逐渐充实，围绕何为僵尸企业、为什么会出现僵尸企业、僵尸企业会对经济体造成哪些伤害、如何消除僵尸企业四个问题，研究视角主要集中在僵尸企业成因（Peek 和 Rosengren，2005；Okamura，2011；聂辉华等，2016；申广军，2016）、识别方法（Caballero 等，2008；Fukuda 和 Nakamura，2011；张栋等，2016；朱鹤、何帆，2016）、影响后果（Ahearne 和 Shinada，2005；Hoshi 和 Kashyap，2011；何帆、朱鹤，2016a；谭语嫣等，2017；）、处置方式（Nakamura 和 Fukuda，2013；Bruche 和 Llobet，2014；何帆、朱鹤，2016b；黄少卿、陈彦，2017）方面。但是，以上研究针对的都是正常企业已经变成僵尸企业这一既定状态，研究结果指导的也都是正常企业变成僵尸企业之后的处置安排，对僵尸企业的事先预警较少，这是理解僵尸企业问题完整逻辑链的缺失。这一环节的研究缺失，意味在防范企业陷入僵尸化困境方面缺乏理论和方法的指导，而这种情况的代价可能是巨大的。古籍《鹖冠子·世贤第十六》中曾有过关于扁鹊三兄弟医术高低的论述，这和预警问题有相似之处，企业从“健康”到“生病”可以大体划分为四种状态，即“健康状态”“小病状态”“中病状态”和“重病状态”。僵尸企业无疑是“病态”企业，而当企业陷入“重病状态”，往往意味着由其带来的外部性等负面影响和将投入的救治成本已经造成了经济效率的损失。如果在企业“小病状态”，甚至“健康状态”时就能预先发现“病灶”，及时铲除“病根”，就可以在企业还只有小问题时掌握解决问题的主动权，从而在很大程度上防止正常企业陷入僵尸化困境变为僵尸企业，以降低经济体中僵尸企业的数量；或者延缓僵尸化困境程度较轻的僵尸企业向僵尸化困境程度更严重的僵尸企业转变的过程，以降低群发性僵尸化困境的危害。与正常企业成为僵尸企业后再来解决问题相比，提前对可能陷入僵尸化困境的企业做好防治是一个性价比更高的工作。因此，结合现有文献研究视角，理解我国僵尸企业问题的完整逻辑链应至少包含五个方面：（1）僵尸化困境的评估；（2）僵尸化困境的成因；（3）僵尸化困境的危害；（4）僵尸化困境的应对措施；（5）僵尸化困境的预警。

当前，学术界关于僵尸企业的演化过程以及事前预警缺乏探索，导致监管机构、企业管理层、投资者、债权人等对僵尸企业进行预警的手段匮乏，难以对僵尸企业的出现从源头上进行遏制。本书试图在已有研究成果的基础上，提出僵尸化困境概念，明确僵尸企业的演化是一个困境状态由无到重的动态过程，并对僵尸化困境阶段划分进行理论分析，同时建立合理有效的僵尸化困境预警指标体系以及僵尸化困境预警模型。通过本书以期为政府部门合理配置监管资源、企业管理层建立预警机制、投资者改善投资决策提供理论依据和现实工具。因此无论从理论还是现实而言，本书都具有较大的研究意义。

1.2 研究意义

僵尸企业侵占正常企业的各类资源，造成资源配置扭曲，影响经济健康稳定的发展。深入研究企业陷入僵尸化困境的原因，及时准确地对僵尸企业的出现进行事前预警和防控，是一项非常有价值的工作。由于正常企业成为僵尸企业的过程往往都存在预兆，是有规律可循的，对这种预兆采取科学的方法进行分析总结，并使用合适的方法建立预警模型，就可以对企业陷入僵尸化困境的严重程度进行预测。对企业陷入僵尸化困境按程度进行评估分级，相应地构建僵尸化困境预警指标体系，结合高效便利的人工智能工具，将机器学习与僵尸化困境多阶段预警相结合，既为僵尸化困境多阶段划分提供了理论依据，又为人工智能和僵尸化困境预警结合研究提供一种可借鉴的思路和范例。同时，建立有效可靠的僵尸化指数和僵尸化困境预警模型可以为利益相关者评估和预警僵尸化困境严重程度提供技术手段，对于监管机构强化对僵尸企业的掌控力度、帮助企业管理层提前建立预警机制以及保护债权人和投资者的利益都具有较大的现实意义。

1.2.1 理论意义

（1）通过研究分析僵尸企业的演化过程，为僵尸企业分阶段诊断提供了理论依据。在僵尸化困境概念的基础上，利用资本结构理论、现金流量理论、产能过剩理论、市场价值理论、企业管理理论、信息不对称理论、社会交换理论、经济环境理论等作为理论基础解释了企业陷入及加重僵尸化困境的机理，并在此基础上利用企业生命周期理论对僵尸化困境进行了阶段划分。以上分析广泛借鉴相关文献的研究成果，系统地分析了我国企业陷入及加重僵尸化困境的机制原理，深化了僵尸企业演化过程的规律解释，从发展的视角将僵尸化困境划分为多个阶段，详细描述了僵尸化困境各阶段的特征，为僵尸企业分阶段诊断提供了理论依据，有助于丰富企业困境方面的理论。

（2）通过建立僵尸化指数，为分析僵尸化困境严重程度提供了量化路径。现有研究对僵尸企业的认识仅限于企业是否为僵尸企业，并没有进一步形成评估僵尸化困境严重程度的思想和手段，导致研究结果缺乏梯度性的指导效果。本书构建的僵尸化指数可以评估企业僵尸化困境严重程度，一方面，利用主成分分析法，将多个评价指标合成为连续型综合指数，可以充分考察目标企业僵尸化指数的时间变化，帮助对目标企业进行动态评价，避免了评价结果的局限与单一；另一方面，依据僵尸化指数数值大小设定了不同僵尸化困境阶段的分界点，有助于对僵尸企业进行多阶段识别，丰富了有关僵尸企业多元识别的文献。

（3）在机器学习视角下，通过建立僵尸化困境多阶段预警模型，为相关问题的解决提供了信息化方面的思路。由于过去计算机硬件或软件的不发达，很多技术方法只能在有限条件下进行，工作的效率和效果也不甚理想。而随着信息技术的不断发展，利用计算机工具解决新问题已经成为现实。将机器学习运用到本书研究中，可以为僵尸化困境的自动化预警提供一种可操作的路径，同时也为人工智能和企业各类困境预警的结合提供了启发。

1.2.2 实践意义

（1）有助于政府部门提前防范僵尸企业的形成，促进资本市场健康发展。上市公司是资本市场上最重要的微观主体，如果上市公司都想着靠外界补贴“保壳”“养壳”，而不去参与激烈的市场竞争，长此以往，轻则影响行业生态环境，重则影响国家经济运行。政府部门作为处理僵尸企业问题的主导方，应当严密掌控僵尸企业处置全过程，力求把僵尸企业的不良影响降到最低。通过本书研究，可以帮助政府部门了解企业陷入僵尸化困境前期的风险迹象，提前掌握上市公司的经营状况，从而及时采取相应的监管措施，促进资本市场健康有序发展。

（2）有助于企业提前建立预警机制，消除隐患。陷入僵尸化困境的企业，大概率会缺少打破困境的能力，如果仅靠自身力量参与市场竞争大概率会被淘汰，因此逐渐依赖外界不合理的补贴生存。这其中，除了企业“尾大不掉”、纠正管理错误有难度之外，对外部环境变化不敏感、缺乏危机预警意识、没有准确识别管理或治理缺陷并加以动态解决，也是企业陷入僵尸化困境并选择依靠补贴生存而不是积极寻求改变的重要原因。因此，对于上市公司而言，建立僵尸化困境中期评估模型以及早期预警模型，有助于企业管理层尽早发现并跟踪解决企业存在的问题，正确认识问题的严重等级并制定相应的解决方案，从而将企业可能陷入僵尸化困境的隐患消除在萌芽状态。

（3）有助于债权人、投资者等进行科学决策，保护利益相关者的利益。上市公司属于公众利益实体，具有广泛的利益相关者。对于债权人而言，一旦将资金借给企业，对这笔借款就失去了实质控制权，若想要到期收回借款，只能依赖于企业良好的经营。而现实中，由于信息不对称，债权人很难全方位地了解企业经营现状，假如企业刻意隐瞒“劣质”信息，债权人很难察觉，一旦企业发生违约风险，债权人除非承认坏账承担损失，否则就需要提供“滚动贷款”“常青贷款”，通过借新还旧掩盖损失，这有可能使债权债务关系陷入恶性循环。对于有投资需求但不了解信息的中小投资者来说，“上车”之后不能控制“方向盘”，如果发现问题要求“下车”，所支付的“车票”也代价高昂。因此，建立合理有效的僵尸化困境预警模型，可以为利益相关者提供企业业绩的评价工具，帮助利益相关者作出科学决策，这是对债权人、投资者保护机制的极大完善。

1.3　研究结构与内容

国内外学者对僵尸企业的研究侧重点各有不同。就国内官方和学术界而言，对僵尸企业的认识也存在不同观点，政府部门更多是从产业结构的视角认定和寻找僵尸企业，目的是为了更快地将不符合当下政策的企业处置完毕，为经济转型腾出空间，而学术界则更加关注量化指标的制定，通过不同定量指标的组合来识别僵尸企业，目的是利用计量手段更加准确地找出僵尸企业的有关规律。但由于实证检验所选取的样本数据和评价指标不同，加之各地区、各行业的实际情况存在差异，致使相关研究结论为企业管理实践以及资本市场监管提供决策支持的作用有限。

本书在现有文献研究的基础上，结合我国资本市场环境，以制造业上市公司为样本，建立了反映企业僵尸化困境严重程度的僵尸化指数，并建立了 T－1 期和 T－2 期僵尸化困境预警模型。在关键研究设计上，大多数学者采用净利润、资产负债率、常青借贷率、利息缺口、政府补贴率等 5 类指标对僵尸企业进行识别，但使用少数指标的识别方法存在识别标准不够全面的缺点，本书并未简单参照现有方法，而是将以上指标作为企业陷入僵尸化困境的重要指标，同时纳入更多符合我国实际情况的微观指标如固定资产周转率、超额雇员率、亏损惯性等，综合评估企业僵尸化困境严重程度，在此基础上形成僵尸化困境预警输出指标。本书共分为 8 章，主要研究内容分别如下：

第 1 章是绪论。主要阐述本书的研究主题，具体内容包括提出研究背景与研究问题、阐述研究的理论意义与实际意义、概述研究结构与研究内容、总结本书涉及的研究方法与绘制技术路线、提出本书的研究特色以及创新之处。

第 2 章是相关文献综述。围绕僵尸化困境预警这一研究主题，搜集梳理与研究主题相关的学术文献，阐述了僵尸化困境评估、成因、危害、应对措施、预警相关的研究结论，在文献梳理的基础上分析现有研究的不足，并指出本研究可提供的边际贡献。

第 3 章是与僵尸企业有关的经济事实及制度背景。在我国，对僵尸企业研究的兴起最先是因为当前我国经济结构转型迫切需要妥善且迅速处理好僵尸企业问题，官方主要通过行政主导的方式推进僵尸企业的出清或拯救。但是僵尸企业在各国各时期都存在于经济体中，只是严重程度不同，对僵尸企业的某一轮处置并不能一劳永逸，并且随着时间的推移，僵尸企业的界定标准也会有所不同。本章梳理了我国中央和地方对僵尸企业的认定标准，凝练出了官方认定僵尸企业的关键词。进一步地，汇总了中央和地方出台的处置僵尸企业的相关指导性政策文件，并简要分析了中央文件可能产生的政策效果。

第 4 章是僵尸化困境相关概念、阶段与预警理论框架。本章首先在总结官方与学术界对僵尸企业定义的基础上提出了本书对僵尸企业的界定，并对僵尸化困境进行了界定，详细阐述了僵尸化困境与财务困境的关系；其次对僵尸化困境阶段如何划分进行了深入探讨，主要内容包含僵尸化困境形成及加重的机理分析以及僵尸化困境阶段划分的理论依据、标准、数目、方法，并在此基础上对僵尸化困境基本特征以及各阶段特征进行了描述；最后基于一般意义上的预警研究理论，提出了本书的僵尸化困境预警理论框架，该理论框架包含四大块，分别是僵尸化困境理论分析、预警指标设计、预警模型建立及预警模型验证，预警理论框架的提出为本书核心章节的设置提供了依据。

第 5 章是僵尸化困境预警指标体系研究。本章在第 4 章的基础上，结合指标选取应满足的相关性、科学性、全面性、可操作性等原则，从预警输入和预警输出两个方面设置预警指标。其中预警输入指标是预警活动的警兆，本章选择了学术界较为常用的 27 个指标构成僵尸化困境预警输入指标体系，该指标体系是历史数据，既有特征性指标也有非特征性指标，指标维度、层次较为丰富；预警输出指标是预警活动的警度，也是未来警情的预测值，本章并使用主成分分析法建立了能够反映企业僵尸化困境严重程度的僵尸化指数，通过信效度测试，证明了本书计算的僵尸化指数具有可靠性和稳定性，在此基础上利用置信系数法将僵尸化指数进行分区，将未僵尸化、轻度僵尸化、中度僵尸化和重度僵尸化 4 个阶段转化为预警输出指标，根据分区结果可知，随着企业陷入僵尸化困境的程度越深，其偿债能力、获利能力、造血能力越弱，资源利用水平越低，成长性越差，需要依靠外部输血，股权结构越发失衡，冗员负担越重，且亏损年限持续增加。

第 6 章是僵尸化困境预警模型建立研究。建立僵尸化困境预警模型有助于政府、投资者、债权人、管理层提前了解企业未来可能的发展态势，通过参考预警结果提前进行决策部署，以实现目标效益最大化。本章主要有三个部分：基于遗传算法—支持向量机方法的僵尸化困境预警模型设计、样本的选取和划分以及僵尸化困境预警模型的训练。本书建立的僵尸化预警模型本质上是反映僵尸化困境不同阶段的四分类预警模型，同时构建 T－1 期僵尸化困境预警模型和 T－2 期僵尸化困境预警模型对样本进行提前 1 期和提前 2 期预警。

第 7 章是僵尸化困境预警模型验证研究。本章主要进行的是僵尸化困境预警模型的验证，共分为四个部分：预警模型的基本性能验证；改变预警输入指标的预警效果验证；改变预警方法的预警效果验证；进一步讨论。通过对预警模型的验证，证明本书建立的预警模型的泛化能力、稳定性与预警模型相关的预警输入指标设计、预警方法选取均是符合要求的。在理论状态下建立的预警模型具有一定的局限性，因此，最后一节从预警模型的应用条件、预警模型在使用时可能面临的问题、预警模型能够应用的场景等三个方面进行了讨论。

第 8 章是结论与启示。对全书进行总结，指出本书提出并阐述了僵尸化困境概念，建立了可靠有效的僵尸化指数，将原有对僵尸企业的二阶段识别拓展为多阶段识别，以及建立了基于机器学习的僵尸化困境预警模型等，并根据文中的部分研究结论提出了研究启示。

1.4 研究方法与技术路线

1.4.1 研究方法

研究方法是我们在客观世界中学习并掌握规律的工具和手段，可以帮助我们对某项规律的认知从无发展到有，从粗略发展到精细。本书研究方法主要以理论分析和实证研究为主，辅之以文献分析和统计分析，努力做到规范与实证相结合、定性与定量相结合。

(1) 理论分析法。理论分析法是指在现有理论或文献的基础上通过归纳演绎、抽象概括、分析综合、逻辑推演等方式认识事物之间联系和规律的研究方法，通过对理论的正确掌握可以避免方向性的错误。在僵尸化困境阶段划分上，借鉴企业生命周期的相关研究，确定本书僵尸化困境阶段划分标准、数目、方法；在僵尸化困境预警指标设计上，本书利用资本结构理论、现金流量理论、产能过剩理论、社会交换理论、信息不对称理论、经济环境理论、时间效应假说等理论或假说，分析了在各种理论框架下，企业陷入及加重僵尸化困境的机理，为预警指标选取的相关性、科学性提供理论依据；在预警方法的选择上，本书介绍了遗传算法—支持向量机的理论基础和工作机制，为利用机器学习对僵尸化困境进行预警的科学性、合理性提供了支持。

(2) 实证研究法。实证研究法是指通过对事物的数量关系、特征、变化等方面的深入探究以解释事物之间内在联系的研究方法。本书主要用到实证方法包括主成分分析法、多元线性回归以及机器学习。首先利用主成分分析法建立制造业上市公司僵尸化指数；其次利用多元回归分析、T 检验等方法对僵尸化指数的可靠性和有效性进行检验；再次利用僵尸化指数的分区结果，确定遗传算法—支持向量机的预警输出指标，并建立相应的预警模型，通过模型训练与模型检验，验证预警模型对真实值拟合的准确性，除此之外还利用人工神经网络和 Logit 回归的预警结果同遗传算法—支持向量机的预警结果进行对比检验。

（3）文献研究法。文献研究法是指对研究目标的相关文献利用各种途径进行检索、阅读和梳理，以了解相关问题的研究进展，并获取知识的研究方法。僵尸企业的概念最早是在 1987 年由美国学者提出，在 21 世纪初被广泛用于日韩两国经济问题方面的研究。2015 年以后，僵尸企业成为中国经济领域的热点词汇，近几年关于中国僵尸企业的文献数量呈井喷式增长。本书通过对文献检索、阅读和梳理，找到当前关于僵尸企业研究存在的空白，结合研究设计，将僵尸化困境预警指标的建立作为本书研究的关键之一。同时对比总结了学术界在企业财务困境预测、预警、诊断方面的文献，结合当下人工智能技术逐渐融入政府工作、企业管理的现实背景，为本书选取僵尸化困境的预警技术方法提供了理论和现实依据。

（4）统计分析法。统计分析法是指使用统计的方法对事物的数量特征进行描述性表达，以增强数据可读性的研究方法，统计分析法可以帮助人们以更富有驱动力和针对性的方式对数据进行处理。利用统计分析法，从社会投资规模、社会流动性状况以及企业债务水平三个方面对与僵尸企业形成相关的宏观经济背景进行了简单介绍。除此之外，还观察了僵尸化指数的分布形态，并对其进行分区，通过对比不同区间指标的均值，可以很容易地看到陷入僵尸化困境不同严重程度的样本集在单项指标上的平均显著差异，为各方了解上市公司中僵尸企业的现实状况提供直观的分析信息。

1.4.2 技术路线

根据本书的研究内容和研究方法，绘制了本书的技术路线，具体如图 1－1 所示。

研究步骤
技术路线
研究类型
绪论
分析研究背景、阐述研究意义、确定研究方法
文献综述
梳理研究历史及研究现状
背景分析
经验研究
汇总研究不足、确立研究价值：阶段划分、僵尸化指数、多阶段预警、新方法
概念界定
僵尸企业、僵尸化困境、僵尸化困境与财务困境的关系
阶段划分
阶段划分的理论依据、标准、数量、方法
预警框架
预警指标的确定、预警模型的建立、预警模型的验证
理论分析
规范研究
计算僵尸化指数并进行僵尸化困境预警：僵尸化困境形成及加重的机理分析、阶段划分的合理性、僵尸化困境不同阶段的特征
基于主成分分析法计算僵尸化指数
实证分析
基于遗传算法—支持向量机建立僵尸化困境预警模型
量化研究
预警模型的性能验证与结果分析
研究结论与研究启示

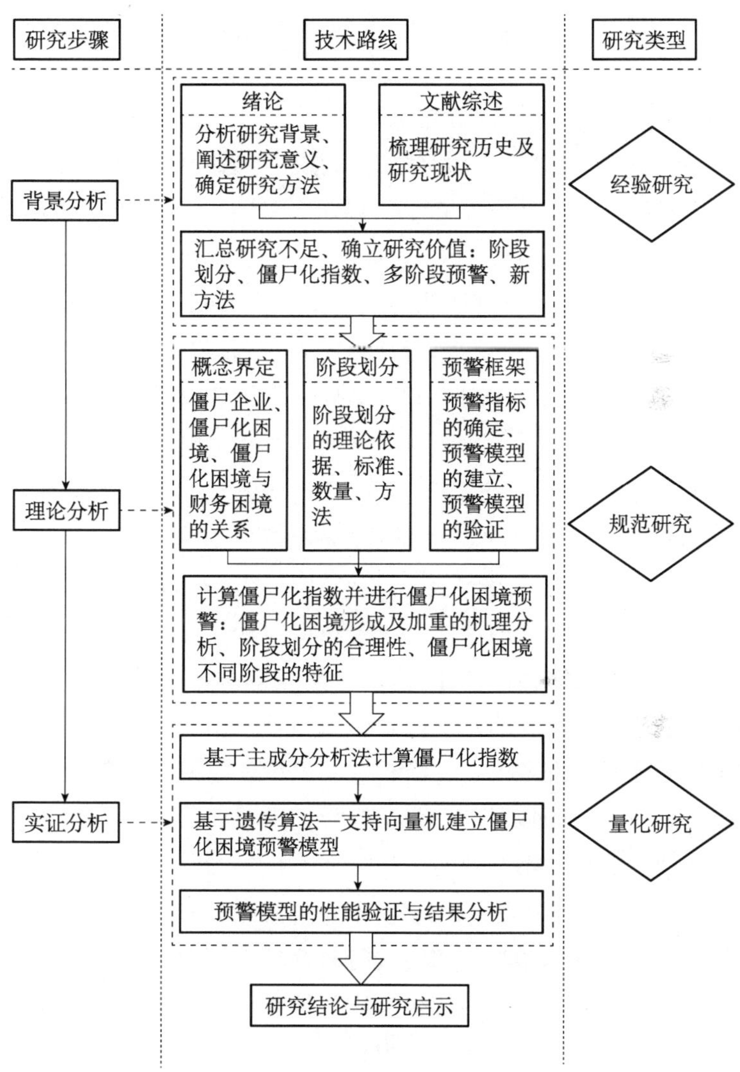

图 1－1　本书技术路线图

1.5 本书的创新点

本书在以下三个方面存在创新之处：

（1）提出了僵尸化困境阶段划分概念。本书通过对大量政府文件以及学术文献进行梳理，凝练出官方与学术界对僵尸企业定义的相似部分，总结了评估企业僵尸化困境严重程度需要考虑的10个方面：偿债能力、获利能力、营运能力、成长性、市场反映、持续经营保障、外界补贴输血、社会负担性、治理结构、僵尸化惯性，并将企业生命周期理论嵌入僵尸化困境阶段划分，指出僵尸企业生命周期的四个阶段：未僵尸化、轻度僵尸化、中度僵尸化、重度僵尸化，并从以上方面详细描述了僵尸化困境基本特征以及僵尸化困境各阶段特征。

（2）建立了僵尸化困境预警指标体系。预警输入指标层面，在特征性指标之外，创新加入了经济环境指标以及组织属性指标，提升了预警模型的性能。预警输出指标层面，建立了制造业上市公司僵尸化指数，在此基础上量化划分了僵尸化困境的阶段，并以所划分出来的4个阶段作为预警输出指标。僵尸化困境预警指标体系综合考虑了我国制造业上市公司的发展现状与行业特点，提高了对制造业上市公司僵尸化困境评估及预警的科学性与全面性，也更加贴合现实。

（3）建立了僵尸化困境多阶段预警模型。通过对遗传算法和支持向量机两种机器学习方法进行整合，使用遗传算法—支持向量机方法建立了僵尸化困境多阶段预警模型，生成了一种利用机器学习技术解决实际问题的应用场景，深化了机器学习在僵尸化困境预警中的应用，为监管部门、企业管理层、投资者、债权人的智能化决断提供参考，也为学术界提供了一种会计学与信息学结合研究的范例和启发。

第 2 章　相关文献综述

僵尸企业的相关研究起源于20世纪八九十年代储贷危机中的美国，兴起于日本和韩国。20世纪末至21世纪初，经历了十多年经济衰退的日本和韩国伴随着房地产泡沫、资产价格暴跌、政策失败，深受僵尸企业问题的困扰。之后的十几年间，国际上关于僵尸企业的相关研究大多是以日韩企业为研究对象。对中国僵尸企业问题的研究不能照搬国外研究成果，应当基于国情，在国内外学者既有研究的基础上进一步推进。僵尸企业是僵尸化困境的主体，两者属于同一概念范畴的不同方面，前者是性质描述，后者是状态描述，在进行文献综述时可以相互转化，由于目前尚未有学者提出僵尸化困境概念，因此在进行僵尸化困境文献综述时主要是借鉴学术界关于僵尸企业的研究。本章全面梳理与僵尸化困境有关联的评估标准、成因、危害、应对措施的文献，同时借鉴学术界关于企业困境预警意义及方法的启示，在此基础上形成文献评述。

2.1　僵尸化困境评估的相关研究

目前学术界关于僵尸化困境的评估仅仅是判断企业是否为僵尸企业，也即僵尸企业的二元识别问题。美国经济学家 Kane 是首位将影视作品中“僵尸”形象引入经济学领域的学者（Kane,

1987)。20 世纪的八九十年代，美国正处于储贷危机中，有大量的储蓄贷款银行（S 和 Ls）本身资不抵债，但是依靠联邦储蓄与贷款保险公司（FSLIC）的保险而免于破产，这很像 George Romero 电影里的那些“吸血”的僵尸，因此 Kane 将这类金融机构称为“僵尸储蓄贷款银行”，指能够进行非正常金融活动和各种不良经济行为的“尸体”。这些“不死”的实体以市场上的“活体”为食，严重破坏金融市场，也会把那些健康的竞争对手变成“僵尸”。根据 Kane 的看法，一方面，这些僵尸储贷银行会占用本应该属于健康机构的资源；另一方面，僵尸储贷银行通过挤压行业利润边际和向健康机构转移保险费用方式，使健康储贷银行变为僵尸储贷银行。Hoshi（2006）认为，经济学中的僵尸企业是指那些资不抵债的公司，它们几乎没有复苏的可能，但是由于银行的支持而避免破产；而且僵尸企业会伤害健康企业，在极端的情况下使健康企业也变为僵尸企业，这说明 Hoshi 和 Kane 都认为僵尸企业具有传染性。另外，作者通过对日本企业进行实证研究后发现，相较于健康企业，僵尸企业的盈利能力更低，负债水平更高，更依赖于银行的支持，而且更有可能出现在非制造业行业，更多地出现在大城市以外的区域，并且规模越大的公司陷入僵尸化困境的可能性越低，但在小公司中，那些规模相对较大的公司由于可能受到更多的保护而成为僵尸企业。Peek 和 Rosengren（2005）采用多维的财务指标向量来评估僵尸化困境，具体包括：资产报酬率、股价变化率、流动资产占比等。Tanaka（2006）将实际利息费用低于理论利息下限的企业识别为僵尸企业，同时剔除本期分红高于上期、债券发行期限高于 11 年、资本与资产的比率超过 40% 的企业。这些学者在量化评估僵尸化困境时主要考虑的是财务指标。Wilcox（2008）认为僵尸企业就是指经济上破产但仍持续经营的企业。Papava（2010）也认为僵尸企业主要是指资不抵债、几乎破产，但仍能继续存在的企业。

Caballero 和 Hoshi 和 Kashyap（2008）把僵尸企业问题的研究带到了一个新的高度，他们创造性地提出了一种明确的僵尸企业识别方法。作者没有从企业的生产率和收益率角度去定义僵尸企业，而是从企业是否获得补贴性信贷来定义其是否为僵尸企业。由此，作者提出了一种明确的识别方法，可以通过比较企业参与正常市场竞争时应当支付的最低利息与实际利息的差额来判断其是否为僵尸企业，由于三位作者的姓名首字母分别为 C、H、K，因此，学术界称这种识别方法为 CHK 标准。具体而言，利用 CHK 标准识别僵尸企业的步骤如下：第一步，计算每家企业当年利息支付下限 R^*（Lower Bound for Interest Payments）；第二步，将实际利息支付 $R_{i,t}$ 和利息支付下限 $R^*_{i,t}$ 进行标准化（利率化）；第三步，计算利率缺口（Interest Rate Gap）。当利率缺口为负数时，企业 i 则被评估为僵尸企业。

此外，作者还提出了一种基于模糊集合理论的僵尸企业识别方法。他们认为，对僵尸企业的识别不一定要采用“非黑即白”的策略①，某些企业按性质来说没有僵尸企业那样严重，但也不能识别为非僵尸企业，因此可以在一定程度上属于僵尸企业，一定程度上属于非僵尸企业，这类企业处于模糊集合（Fuzzy Set）中，可以用区间［0，1］中的取值表示。采用模糊集合理论识别僵尸企业，需要确定隶属函数和对应的阈值组合。作者在本书中分别设置两种阈值组合，$(d_1, d_2) = (0, 50BP)$ 和 $(d_1, d_2) = (-25BP, 75BP)$②，如果企业的利率缺口 gap 大于 d_2，则取值为

---

① 即采用（0，1）二分类法来识别僵尸企业。

② BP 指金融学领域所说的基点（Basis Point），1BP 等于一个百分点的百分之一，100BP 等于百分之一。

0；gap 小于 d_1，则取值为 1；gap 在［d_1，d_2］区间内，则取值为（d_2 - gap）/（d_2 - d_1）。

由于 CHK 标准设定的识别条件过于单薄，有可能存在大量的第一类统计错误和第二类统计错误，因此后来多有学者对 CHK 标准进行了修正。Fukuda 和 Nakamura（2011）在他们的研究中，提出了基于 CHK 标准的更加准确的僵尸企业定量识别方法。作者认为，CHK 标准吸引人的地方在于，它可以根据一个较为简单的标准来识别僵尸企业，但是这个方法有一些“噪音”，其中有两个问题特别值得注意。一是，CHK 标准可能会将相当健康的公司视为僵尸企业。因为 CHK 标准利用优惠贷款利率作为无风险利率来识别僵尸企业，但是会有一些健康的公司的利率低于优惠贷款利率（而在 20 世纪最初十年，日本经济在定量宽松货币政策下稳步复苏，有很多健康的公司的利率低于优惠贷款利率）。二是，CHK 标准可能不能将那些不健康的企业识别为僵尸企业。银行允许对一些陷入困境的借款人进行利息救济。每当借款人陷入严重的财务困境时，银行就会给予债务减免以维持其运转（比如说，在日本的银行业危机期间，陷入困境的银行向陷入困境的借款人发放了常青贷款，以掩盖其不良贷款的实际价值。这种常青贷款允许相当不健康的公司以低于市场利率的利率来支付利息）。为了避免以上两种情况发生，作者在 CHK 标准的基础上又提出了“盈利能力标准”（Profitability Criterion，指如果企业的息税前利润超过 CHK 标准的利息支付下限 $R_{i,t}^*$，则这家企业不应被识别为僵尸企业）和“常青借贷标准”（Evergreen Lending Criterion，也可叫作“僵尸借贷标准”，指如果企业的息税前利润低于 CHK 标准的利息支付下限 $R_{i,t}^*$，且上期外部债务总额超过资产总额的一半，本期借款增加，则这家企业应当被识别为僵尸企业），学术界称这种识别方法为 FN - CHK 标准。

Hoshi 和 Kim（2012）定义僵尸企业是那些盈利能力很低，在正常的市场竞争条件下要被淘汰，但由于债权人的帮助而能生存下来的企业。因此，企业陷入僵尸化困境后有两个特征：低盈利能力；高负债但依旧能得到债权人的帮助。他们认为，如果使用 CHK 标准识别僵尸企业，可能会将那些虽然能够取得超低借款利率但业绩良好的企业识别为僵尸企业。这种错误的分类可能在日本情况不那么严重，但将 CHK 标准用在韩国会将很多业绩良好的企业识别为僵尸企业。针对韩国的特殊情况，他们认为识别僵尸企业需要考虑“低盈利高负债”（FES）和“能够从债权人处获得援助”（BH）两个维度。其中，FES 维度：为了识别出业绩不佳且负债较高的企业，他们使用了财务费用与销售比（Financial Expenditure to Sales Ratio，FES），即财务费用（包括负债利息支出及相关费用）除以销售总额，业绩不佳且负债较高的企业具有很高的 *FES*。*BH* 维度：为了衡量银行的帮助力度，作者通过观察企业本年度银行借款的增加额除以上年末的短期银行借款与一年内到期长期银行借款来确定，数学表达式为 $(TL_t - TL_{t-1})/(SL_{t-1} + CLL_{t-1})$，其中 TL_t、SL_t、CLL_t 分别表示企业在 t 年末的银行借款总额、短期银行借款、一年内到期的长期银行借款。这个指标叫作 *BH*（Bank Help）。如果银行将上年贷款滚动到下一年，且不提供新增贷款，则 *BH* 等于 0。如果银行不提供滚动贷款（贷款展期），且没有新增贷款，则 *BH* 等于 -100%。如果新增贷款多于到期贷款，则 *BH* 大于 0。如果一家企业 BH 很高，则意味着企业获得了银行帮助。

笔者定义僵尸企业是同时具有很高 *FES* 和 *BH* 的企业。参照以下识别方程式，如果行业 j 中的企业 i 在 t 年为僵尸企业，则指标 z_{ijt}（f，h）取 1 见（2-1）式：

$$z_{ijt}(f,h) = \begin{cases} 1, & if\ FES_{ijt} > f and\ BH_{ijt} > h \\ 0, & otherwise \end{cases} \quad (2-1)$$

其中，FES_{ijt}为行业 j 中的企业 i 在 t 年的财务费用与销售比，BH_{ijt}为行业 j 中的企业 i 在 t 年从债权人处获得援助，f 和 h 是两个阈值，作者分别定为 5% 和 -10%。如果假设已经负债累累而又业绩不佳的不可能获得任何新的贷款，$h = -10\%$ 则意味着 90% 的到期贷款将会被展期。这种识别僵尸企业的方法简称 HK 标准。

Kwon 等（2015）使用财务支持标准（Financial Support Criterion）和破产标准（Insolvency Criterion）来识别僵尸企业。

财务支持标准：（F-1）实际利息支付低于假定最低利息支付，或（F-2）本年的未偿债务较上年有所增加。财务支持标准可以检测企业是否收到了常青借贷。

假定最低利息支付 $R_{i,t}^{*}$的计算公式见（2-2）式：

$$R_{i,t}^{*} = \frac{1}{2}\sum_{j=0}^{1}(r_{t-j}^{S}D_{t-j}^{S}) + \frac{1}{2}\sum_{j=0}^{1}(r_{t-j}^{L}D_{t-j}^{L}) \quad (2-2)$$

其中，$R_{i,t}^{*}$为企业 i 在 t 年的假定最低利息支付，r_{t-j}^{S}和 r_{t-j}^{L}分别代表短期和长期的最优贷款利率；D_{t-j}^{S}和 D_{t-j}^{L}分别代表 $t-j$ 年末的短期债务金额（不足一年）和长期债务金额（一年或一年以上）。财务支持标准中的 $R_{i,t}^{*}$相比 CHK 标准而言没有考虑可转债因素。

破产标准：在至少连续 3 个会计年度，（P-1）营业利润和营业外收入的总和低于 $R_{i,t}^{*}$，或（P-2）息税前利润低于 $R_{i,t}^{*}$。破产标准是为了检测特定利润是否低于假定最低利息支付。P-1 和 P-2 中利润的差别在于是否考虑了利得和损失。之所以作至少连续三年的限制，是因为如此就能捕捉企业长期的流动性问题，进而分析企业是否可能出现资不抵债问题。

同时满足财务支持标准（F－1 或 F－2）和破产标准（P－1 或 P－2）的企业则识别为僵尸企业，这种识别僵尸企业的方法简称 KNN 标准。

何帆、朱鹤（2016a）总结了国内学术界识别僵尸企业的三种标准：官方标准、武汉科技大学标准和 CHK 标准。其中，官方标准由国务院提出，内容是“不符合国家能耗、环保、质量、安全等标准，持续亏损三年以上且不符合结构调整方向的企业”，只要是满足这些内容则可以认定为僵尸企业，官方标准主要是通过定性的方法来确定僵尸企业。武汉科技大学认定僵尸企业标准是指那些“扣除非经常损益后，每股收益连续三年为负数的企业”，这种识别方法扣除了非经常损益的影响，是对官方标准的一种改进，但是没有考虑银行低息补贴的问题，因此没有从根源上解释何为僵尸企业。CHK 标准从企业是否获得银行补贴性信贷来定义其是否为僵尸企业，是国际识别僵尸企业的通行方法。朱鹤、何帆（2016）进一步归纳总结了僵尸企业七种定量识别方法，包括只考虑银行补贴的 CHK 法、同时考虑政府和银行补贴的 CHK 标准、基于正常经营净利润的实际利润法、扣除政府补贴的实际利润法、过度借贷法、连续亏损法、综合性方法。张栋等（2016）认为僵尸企业的主要特征包括：无法恢复生气（主要体现为净利润为负、负债率很高）；吸血性（必须长期依靠财政补贴、银行贷款才能生存）；绑架性（僵尸企业一旦破产，会对社会稳定产生影响，银行只能被迫不断对其贷款，但随着银行不良贷款增多，银行也会成为僵尸企业）。另外，作者提出了适用于我国的僵尸企业识别标准，即在 FN－CHK 标准的基础上将企业初步分类为僵尸企业、僵尸性企业和非僵尸企业；考察僵尸企业扣除政府补助后的净利润，如果调整后净利润为正则不认定为僵尸企业；考察僵尸性企业和非僵尸企业扣除政府补助后的净利润和扣除非经常性损益后的税前利润，如果调整后的利润为负则认定为僵尸企业。聂辉华等（2016）在 FN - CHK 标准的基础上提出了人大国发院僵尸企业认定标准：如果一家企业在某一年度和该年度的前一年度都被 FN - CHK 标准认定为僵尸企业，那么该企业在当年就被认定为僵尸企业。人大国发院标准等于是考虑了僵尸企业的持续性，因为只看企业一年的表现还不足以说明该企业是否就是僵尸企业。刘奎甫、茅宁（2016）通过对国外僵尸企业文献的梳理后总结认为僵尸企业有两个重要特征：陷入财务危机（资不抵债）和仍然能够获得债权人信贷支持。这两个特征缺一不可，否则就不能真正理解僵尸企业的含义。李霄阳、瞿强（2017）认为僵尸企业是指那些难以自立生存，但由于外部扭曲因素而没有被淘汰的企业，进一步，他们总结其他学者提出的僵尸企业的两类识别标准（“信贷补贴支持类”标准和“经营不善类”标准），并在此基础上通过实证发现，这两类识别标准下的僵尸企业在产权性质、行业分布和决定因素方面具有显著不同，而且我国目前两类僵尸企业均存在，这不同于 20 世纪末日本仅存在“信贷补贴支持类”僵尸企业。因此他们提出识别我国僵尸企业时不可“一概而论”，应当区分其符合哪类识别标准，进而根据这两类僵尸企业的特征分别处理应对。黄少卿、陈彦（2017）认为上市公司的退市警示制度会催生企业的盈余管理行为，因此针对上市公司而言，应当连续计算其 3 个三年（t - 2 至 t 年、t - 1 至 t + 1 年以及 t 至 t + 2 年）的扣除补贴后的实际利润总额，只要有一个阶段的实际利润总额小于 0，就在 t 年将该上市公司识别为僵尸企业。栾甫贵、赵磊蕾（2017）创造性地提出了使用“输血率”这一单指标识别僵尸企业，如果企业的“输血率”超过 100%，则识别为僵尸企业。其中，输血率 = （当年银行借款总额 + 当年政府补助总额）/ 当年经营活动现金流出总额，当年银行借款总额为现金流量主表中的“取得借款收到的现金”项目，当年政府补助总额为报表附注中披露的“计入当期损益的政府补助”金额。另外，栾甫贵、刘梅（2018）认为僵尸企业界定应该考虑 3 个特征：“造血功能弱”——企业财务能力差、负债高、“吸血性”——长期靠各种补贴生存、“持续性”——以上两种特征持续存在。因此，笔者从造血功能（净资产收益率、资产负债率、应收账款周转率、营收增长率）、输血标准（输血率、超额利息支付率）、时间标准（累计亏损年限、累计吸血年限）3 个方面识别僵尸企业。可以认为笔者在前人研究的基础上将僵尸企业识别标准的深度和广度都做了一个提升。

2.2　僵尸化困境成因的相关研究

目前学术界关于僵尸化困境成因的研究主要是探索企业为什么会陷入僵尸化困境而成为僵尸企业。Hoshi 和 Kashyap（1999）认为日本金融管制放松的不平衡性，加之日本经济自 20 世纪 70 年代中期开始的增长放缓，造成了银行非均衡发展的局面，这也为企业陷入僵尸化困境埋下了隐患。Kashyap（2002）认为政府对问题银行缺乏重组意愿，以及银行为了拒绝承认账面坏账而向僵尸借贷人提供滚动贷款造成了企业陷入僵化困境，而且这种情况会造成恶性循环。Sekine 等（2003）发现，日本在资产价格泡沫破裂后，即使在企业偿还贷款前景渺茫的情况下，银行也依旧发放贷款。这种提供“宽容贷款”的行为滋生了大量盈利能力低下的企业。Wessel 和 Carey（2005）发现，在美国，本应破产的航空公司并不会被淘汰，它们放弃昂贵的定价，继续营业，使得竞争对手无法提高价格。而这些航空公司生存的关键就是各类金融机构和飞机制造商不断借钱给它们，因为借款人们认为它们继续存在比破产淘汰更有价值。Kato 等（2006）提出，在日本经济漫长的低迷期中，许多银行参与了众所周知的“常青借贷”中，这种行为可以使银行避免承认存在相关的不良贷款，而这为僵尸企业的生存提供了资源。Hoshi（2006）认为，银行通过给予利息优惠或者直接的债务减免来补贴公司是企业陷入僵化困境的重要原因。Fukuda 等（2006）认为，正常情况下，当银行健康状况出现问题时，其对中小企业的贷款往往会受到限制。财务状况恶化的银行可能会为了复活而进行赌博，进而增加对僵尸企业的高风险借贷。当银行健康状况越差、资本充足率恶化和不良贷款率恶化，银行对外贷款金额就可能越高，这时的贷款就是僵尸贷款，而僵尸贷款是企业陷入僵化困境的重要成因。Fukuda 等（2011）之后深化了他们的研究。他们认为，受到预算软约束的影响，陷入困境的日本银行受到激励，为那些无力偿债的公司提供信贷，其中一些公司已经资不抵债。银行继续向社会效率低下的僵尸企业提供贷款看似合理，但是由于这些常青贷款，一些效率低下的公司仍能继续存活，而这就是企业陷入僵化困境的原因。Tanaka（2010）关注了银行对那些产品竞争市场中业绩不佳公司提供贷款所产生的影响。通过使用日本公司层面的数据，作者发现银行贷款可以使那些陷入困境的企业在低于利润最大化的水平的基础上与其他企业进行激烈的竞争，随着银行贷款增长率的提高，此类影响会更加显著，这为僵尸企业的形成提供了证明。Hirata（2010）认为，20 世纪 90 年代初商业地产价格突然大幅度下跌是引发僵尸借贷的一个因素；所谓的“监管宽容”是导致僵尸借贷的另一个因素。而且日本僵尸借贷激励机制与宏观经济效应是相互作用的，这是由于缺乏协调机制来解决不良贷款问题所产生的，而这一现象也凸显了日本十年经济衰退和金融崩溃之间的关系。Watanabe（2010）认为，20 世纪 90 年代末日本银行大量的资本损失使得其风险资本降至接近监管要求的下限水平，导致监管机构对银行态度强硬，诱使银行重新向低质量的借款人提供更多贷款资源，以避免核销不良贷款，从而催生了大量常青借贷。Brown 和 Dinc（2011）利用 21 个新兴市场国家的数据也发现了"监管宽容"会产生僵尸借贷的效应。Ridzak（2011）分析了克罗地亚金融危机期间银行对个别企业信贷供给的情况，认为银行有时会对拖欠贷款的借款人延长还款期限，并隐瞒贷款的实际状况，以应对贷款质量的急剧恶化；同时，危机期间信贷创造减少了，但信贷规模没有缩减，这说明贷款期限被延长了。而这些做法催生了企业陷入僵化困境的情况。Hoshi 和 Kim（2012）通过对韩国的调查也发现了韩国僵尸企业的成因。在 21 世纪初韩国房地产繁荣时期，为了限制国内抵押贷款融资规模的扩展和房价的快速上涨，韩国政府出台了针对银行"贷款与价值比率"和"债务收入比率"的限制政策。然而，银行为了谋求发展，绕过了当时的限制政策而发展信用贷款，这些银行最终竟然向中小企业提供贷款（很多企业的质量存在问题）。而韩国银行这种对业绩不佳的中小企业提供僵尸贷款，正是韩国僵尸企业问题发生的根源。Yamada（2015）从供应链网络的角度考察了僵尸借贷形成的原因。作者调查了 2001 年至 2012 年间日本上市公司供应链信息后发现，如果一家公司以及上游供应商或下游客户向同一家银行借款，那么当公司出现亏损时，公司的利率会下降，原因是银行为了防止亏损企业对供应链上其他客户产生负面溢出效应，会主动向面临亏损的公司提供廉价贷款。也就是说，供应链上的负面溢出效应影响了银行的贷款定价，从而有可能导致僵尸借贷的发生。Jaskowski（2015）认为，僵尸借贷是市场不完善情况下的一种副作用，会阻碍社会福利的改善。在某些情况下，僵尸借贷可能是银行的最佳策略，因为僵尸借贷可以扩大贷款规模，从而使银行的销售收入变得更多（显然是没有考虑坏账的影响）。Imai（2016）发现，在日本，很多地方金融机构和政府信用担保体系会保护当地不良中小企业。因此，僵尸企业大多存在于中小企业中，特别是存在于那些资本金不足1000万日元的企业中。Willam（2015）则提出，僵尸银行也会向僵尸企业提供滚动贷款、常青贷款以隐藏其资产负债表上的坏账。Calderon和Schaeck（2016）发现政府干预行为（如政府担保、流动性支持、资本重组和国有化）使本应破产的银行继续存在，成为僵尸银行，并且政府干预措施的频率和僵尸银行的份额成正相关关系，可以说，政府对破产银行长期错误的支持，阻碍了僵尸银行的退出，银行和政府的“共谋”加剧了僵尸企业问题。

程虹、胡德状（2016）从企业微观角度出发，探究了企业陷入僵化困境的原因。他们基于倾向匹配得分发现，如果企业产品质量较低、没有技术创新和缺乏企业家精神，那么这个企业很有可能陷入僵尸化困境。朱舜楠、陈琛（2016）利用Logit模型对2012—2014年上市僵尸企业的成因进行实证分析，结果发现，从财务指标看，负债率越高、偿债能力越弱、规模越大的公司较容易陷入僵尸化困境；从行业和所有权属性看，制造业企业和国有企业较容易陷入僵尸化困境。申广军（2016）利用比较优势理论解释了僵尸企业的成因，他认为，企业的自生能力是企业能否长远发展的关键因素，而按照自身比较优势进行生产经营的企业则更有自生能力，如果企业违背自身比较优势进行生产，则会减损自生能力，直到自生能力丧失，一旦企业丧失自生能力，那么结局只有两个：利润枯竭导致破产；依赖政府和银行提供资源而成为僵尸企业。因此违背比较优势理论的企业更有可能成为僵尸企业。进一步地，他发现企业违背禀赋比较优势和技术比较优势是僵尸企业形成的深层次原因，因为违背禀赋比较优势和技术比较优势的企业生产效率更低、盈利能力更差，为了维持生存必然要从外界吸取资源，成为僵尸企业。郭莹（2016）认为政府过度保护是企业陷入僵化困境的重要原因。由于政府过度保护，僵尸企业在获取政府和银行资源时存在便利，不需要过多参与市场竞争就能获益，扭曲了市场资源的分配，造成了更多的僵尸企业，从而恶性循环。陈运森、黄健峤（2017）发现企业陷入僵化困境与政府官员的“地域偏爱”“地域情结”有关。实证发现：（1）国有企业、规模更大的企业更有可能成为僵尸企业；（2）省级领导曾经主政过的地级市的企业更容易成为僵尸企业；（3）如果省级领导与地市级领导有过共事经历，那么该地市的企业更有可能成为僵尸企业；（4）当地级市同时享有省级领导主政关系，又享有省级领导与地市级领导有过共事经历时，能加剧僵尸企业的形成。鲍世赞、蔡瑞林（2016）认为企业成本外部化是陷入僵尸化困境的根本原因。成本外部化使企业内部成本转化为外部社会成本，企业成本压力得到减轻，丧失创新能力的不良企业因此获得喘息甚至发展，企业的经营逐渐僵尸化，最终成为僵尸企业。钟宁桦等（2016）侧面证明了给企业提供大量贷款可能会导致僵尸企业的发生。蒋瑜洁、蔡达贤（2017）总结了 20 世纪日本经济泡沫破灭后僵尸企业剧增的原因。其中与政府有关的原因有：政策规定不完善、金融监管体系欠妥和对僵尸企业治理不及时；与金融机构有关的原因有：日本的“主银行制度”、企业破产成本过高导致的银行被动“供血”；与企业自身有关的原因有：盲目扩大生产规模、缺乏创新效果、随意降低员工福利导致人才流失。张亮等（2018）认为，选择性产业政策导致的市场扭曲、资本市场发育滞后、地方政府过度保护以及商业银行不合理的信贷供应是我国各行业僵尸企业形成的共性原因。饶静、万良勇（2018）提供了一个较为巧妙的研究设计，他们证实了在不同强度的政府补助对僵尸企业的形成具有异质影响，具体而言，适度的政府补助有助于企业降低陷入僵尸化困境的概率，而高强度的政府补助则是我国僵尸企业形成的重要原因。宋建波（2019）深化了政府补助对推动僵尸企业形成的机制研究。方明月等（2018）从“传染性”的角度考察了企业陷入僵尸化困境的原因，他们发现一个地区的僵尸企业越多，则更容易连累这个地区的中小民营企业陷入僵尸化困境，而传染的通道主要包括三个方面：融资、投资和用工。

2.3 僵尸化困境危害的相关研究

目前，学术界关于僵尸化困境危害的研究主要是探索企业陷入僵尸化困境而成为僵尸企业后有什么负面经济后果。Hoshi 和 Kashyap（2004）发现，来自银行的补贴不仅使许多亏损的僵尸企业继续生存，它们还抑制了行业中新企业的出现。由于缺乏对不良企业的重组，那些效率低下的企业将会排挤生产率更高的企业。僵尸企业的大量出现导致了总体生产率的下滑，而且陷入僵尸化困境企业比例更高的行业生产率的降幅大于比例较低的行业生产率。Ahearn 和 Shinada（2005）通过对日本市场的研究发现，在有大量僵尸企业聚集的行业，行业生产率的增长速度很低，而且在陷入僵尸化困境更为严重的行业，僵尸企业的市场占有率甚至比非僵尸企业高，说明僵尸化困境的存在会导致市场份额的错误分配，这种异象产生的重要原因就是日本银行业对陷入僵尸化困境企业的资金支持。因此，他们认为，政府应当促使银行撤销对僵尸企业的支持，以迫使僵尸企业进行有意义的重组或关闭。另外他们还发现，日本非贸易商品行业的生产率增速较低，这表明日本在这些行业中有相当大的成长空间，而这可能是未来日本经济增长的一个潜在重要来源，但如果要利用这个潜在的经济增长源，那么这些行业中效率最低的公司就必须倒闭或进行大规模重组，这样剩下的公司才能提高业绩。Fukao 和 Kwon（2006）利用日本经济产业省的企业层面数据，考察了为什么日本制造业的 TFP 增速会放缓。通过实证发现，日本企业的市场退出效应是负向的，也就是说企业越是陷入僵尸化困境越不会退出市场，而这在很大程度上导致了制造业 TFP 增速的下降。Hoshi（2006）发现，当一个行业中陷入僵尸化困境的企业数量增加时，这个行业的整体就业机会会减少，而且这种负面影响更多针对的是健康企业。Schüle（2007）认为，由于银行经常对实质上资不抵债债务人进行再融资以代替对这些不良贷款的核销，因此，这种“宽容贷款”可能会给债务人带来软预算约束，并增强他们的违约动机，结果使得僵尸企业问题得到恶化。Caballero 等（2008）解释了 20 世纪 90 年代初的资产价格崩溃之后，日本经济持续 10 年放缓的重要原因：僵尸企业存在于经济体中所造成的拥堵，会阻碍健康企业进入市场和进行投资，从而减少它们的市场收益。陷入僵尸化困境企业主导的行业会表现出更萧条的就业，带来更大的就业破坏和更低的生产率。Caballero 等通过控制公司层面的回归表明，僵尸企业的增长会抑制健康企业的投资和就业增长，并拉大两者之间生产率的差距。Lin（2011）和 Lin（2014）利用日本上市公司的数据，调查研究了僵尸企业财务报告的质量问题。他得出了三个结论：（1）陷入僵尸化困境企业的财务报告透明度比正常企业低；（2）接受了银行资本注入而与银行关系更加密切的僵尸企业，在资本重组后，财务报告的透明度会更大程度地降低；（3）如果一个行业是由僵尸企业主导，那么正常企业会采取更加不透明的财务报告。Hoshi 和 Kim（2012）利用韩国公司层面和行业层面的数据进行回归后发现韩国僵尸企业对经济体的危害与日本相似：当一个行业中陷入僵尸化困境企业的比例增加，会阻碍正常企业的投资、会剥夺正常企业的就业机会，且这个行业内僵尸企业和正常企业的生产率（TFP）差距会越来越大。总之，僵尸化困境会阻碍健康企业的发展，进而阻碍经济增长。Kawai 和 Morgan（2013）认为日本经济经历了“失去的二十年”，最主要的原因之一就是僵尸企业获得了政府“监管宽容”和银行“贷款宽容”，陷入僵尸化困境企业的大量存在也导致了日本金融体系杠杆率过高，金融复苏乏力。Arrowsmith 和 Griffiths（2013）也有类似观点，即“贷款宽容”虽然有助于一些企业在金融危机中生存下来，但这也可能给货币和金融稳定带来风险，并会阻碍对健康公司的资源配置，以及限制总体生产力的增长。Ota（2013）认为“贷款宽容”会带来不菲的经济成本，比如减少对生产部门的新贷款，在降低非生产部门去杠杆速度的同时会加快生产部门去杠杆的速度，最终导致社会总产量的减少。Pessoa 和 Reenen（2014）分析了一些导致英国生产率下降的原因，其中就有僵尸化困境导致了资本的错配。Kwon 等（2015）使用反事实分析法表明，银行向失败企业提供僵尸借贷是僵尸化困境产生的直接原因，如果没有僵尸借贷，20 世纪 90 年代日本生产增长率将会高出一个百分点。由于僵尸借贷在日本非制造业中更为普遍，因此，僵尸借贷对非制造业的负面影响可能比对制造业行业的负面影响更为显著。Tan 等（2016）利用 2005—2007 年中国工业企业数据库中的数据，发现政府投资会“促进”僵尸企业的发展，同时对民营企业的发展具有挤出效应。具体而言：（1）政府投资会提高僵尸企业的投资率，但是会降低非僵尸企业的投资率；（2）随着僵尸企业被清理，行业的产出增长率、资本积累率、就业增长率和全要素增长率都会提高；（3）如果一个地区国有银行和国有企业的聚集度越高，则这个地区越有可能出现僵尸企业。Imai（2016）利用 1999—2008 年中小企业的面板数据，估算了日本中小型僵尸企业的借贷和投资行为的情况，他发现，当企业陷入僵尸化困境后，其借款和投资比率呈正相关关系，但是投资收益率与投资比率没有显著关系，说明常青贷款催生了僵尸企业投资行为，但是这种投资行为没有带来任何收益（说明日本的中小僵尸企业存在投资过度的现象）。加之当时日本国内土地价值下跌，导致了健康企业的银行信贷紧缩，但是这种信贷紧缩没有减少僵尸企业的借款，因此，僵尸企业获得常青贷款的现象是十分普遍的，常青贷款反过来又会加剧僵尸企业非生产性和非营利性的投资行为。Shen 和 Chen（2017）结合当下中国实际，分析了产能过剩和僵尸化困境的关系，他们发现，中国东北和西部地区、重化工业、国有企业的产能过剩问题较为严重，而僵尸企业的分布在地区、行业和所有权方面都与产能过剩问题的分布特征十分相似。通过实证发现，僵尸化困境与产能利用率高度负相关，这说明僵尸企业存在严重的产能过剩问题，而且僵尸企业还恶化了产能过剩问题，一方面，僵尸企业比健康企业的产能利用率更低；另一方面，僵尸企业通过扭曲资源的分配对健康企业产生挤出效应。他们的结论和主流的认识一致，僵尸企业是中国产能过剩问题的“罪魁祸首”。

何帆、朱鹤（2016a）认为僵尸化困境有三个主要危害：阻碍行业进步、加剧产能过剩和挤占好企业的生存空间。程虹等（2016）侧面论证了僵尸化困境的存在是企业转型升级的主要障碍。邓洲（2016）认为僵尸化困境危害巨大，一方面会加剧产能过剩问题，造成资源浪费；另一方面会对债务、就业等方面产生连锁效应，造成社会发展的系统性风险。谭语嫣等（2017）利用中国工业企业数据调查了僵尸企业的“投资挤出效应”。作者发现，如果一个省份中僵尸企业数量占比越高，那么当地非僵尸企业的投资规模越小，而且这种效应对私有企业更强；如果一个省份受国家政策干预越强、一个行业对外部融资的需求越高，那么这个地区、这个行业的投资挤出效应越强。作者的发现说明僵尸企业对民间投资有很大的负面效应，它的存在对实体经济有较大损害。张季风、田正（2017）总结了20世纪90年代中后期日本僵尸企业对经济造成危害：僵尸化困境会导致银行机构不良债权数量上升；僵尸化困境会影响市场竞争机制，降低整体的全要素生产率（TFP）；僵尸化困境扭曲了资源配置，拖缓产业升级步伐。孙丽（2017）也通过对日本经济危机时期僵尸企业进行调查，发现僵尸化困境会阻碍经济体恢复的速度，同时也会导致市场中生产要素配置效率低下、降低经济体全要素生产率和阻碍社会整体就业率的提升。李旭超等（2018）发现，由于财政对僵尸企业进行补贴需要收入来源，僵尸企业的存在会显著提高正常企业的税务负担，使得正常企业承担了不必要的经济支出，从而降低了正常企业的活力。王海林、高颖超（2019）则从资金链角度深入考察了僵尸企业对银行系统的“捆绑效应”，认为由于大量陷入僵尸化困境的企业存在，会对金融系统产生风险外溢，从而对国家金融稳定造成不利影响。

2.4 僵尸化困境应对的相关研究

目前，学术界关于僵尸化困境应对的研究主要是探寻什么方式可以有效清理、控制、拯救陷入僵尸化困境的僵尸企业。Kane（1987）认为，应对僵尸储蓄贷款银行，应当考虑三个政策问题：（1）如何解决僵尸机构已经积累的损失；（2）如何在处置过程中有效地控制僵尸机构，以至于它们不会积累更多的损失；（3）如何阻止现有的僵尸机构产生更多的僵尸机构。Kane（1993）认为监管机构有动机不及时承认金融系统坏账问题，因此应当强化政策选择的透明度，以让外界得以监督政策的形成。Aoki 和 Dinc（1997）认为，加强商业银行间的竞争，可以在一定程度上发展健康的银企之间关系型融资，使得银行能够及时了解企业信息，提升贷款质量。Kashyap（2002）认为针对日本的僵尸企业问题，银行、保险公司和政府监管机构应当同时且协调地解决各自面对的问题，如果三者步调不同，任何改革计划都将会失败。Fukuda 等（2006）认为，保持一个健康的银行业是对抗危机的重要自我保护机制。如果存在严重的不完善契约或不完全信息的情况，银行将无法履行其资金中介的职能，这样会损害企业从外部获取融资的能力。而在 2011 年的研究中，他们发现公司重组（比如减少僵尸企业的员工，出售资产）有利于僵尸化困境的减少，但是，如果会计信息不透明或者存在阻碍经理人激励措施的情况将无助于僵尸企业的复苏，此外，在缺乏良好的宏观经济环境以及外部资金支持的情况下，企业重组也会没有什么效果（Fukuda 和 Nakamura，2011）。Hoshi 和 Kashyap（2008）认为当金融体系出现问题时，政府应当注资成立资产管理公司以收购银行的坏账，帮助银行进行资本重组。Hoshi 和 Kashyap（2010）进一步总结了日本政府在经济衰退时期拯救银行业的八条经验，这些经营可以防止僵尸借贷的发生：银行增资、援助计划规模足够大、购置银行不良资产时设置上限、将援助计划和检查计划相结合、考虑不良资产重组、决策部门要有足够的决策权威、防止具有政治导向的贷款、发挥宏观经济增长在银行业复苏过程中的重要性。Peek（2009）提出应当辩证地看待银行对僵尸企业提供贷款的行为，虽然僵尸借贷被很多学者认为是日本经济长期停滞的重要原因，但他认为，向陷入困境的僵尸企业提供贷款，也可能帮助其复苏。因为影响企业生存和恢复能力的一个重要因素是它们调整业务的意愿和能力。只要银行给还有复苏可能的僵尸企业提供必要的信贷缓冲，则企业就有机会克服临时的流动性问题或通过重组来恢复财务健康。Albertazzi 和 Marchetti（2010）通过利用雷曼兄弟破产后 6 个月意大利的详细资料数据进行分析后发现，银行的资本充足率对信贷质量有重要影响，规模较大、资本充足的银行会避免向高风险的公司贷款，而受到资本约束的银行则会向高风险借款人提供过度宽松的信贷政策。研究结论提示我们，银行保持较高的资本充足率可以抑制其提供常青贷款的动机。Watanabe（2011）研究了日本政府实施各类审慎金融监管措施的后果（如全面存款保护措施和向银行注入公共资金），实证研究表明：提供全面存款保护措施可能助长银行的道德风险；充足的公共资金注入资本短缺的银行可能减轻银行不愿放贷的风险，而少量公共资本的注入却没有这种减轻风险的效果。Chakraborty 和 Peek（2012）利用借款公司及为其提供贷款机构的匹配数据，重新审视了日本信贷资源的错配与银行掩盖账面贷款损失的相关问题。他们细分了僵尸化困境的两种类型：财务困境和结构性困境。财务困境可能是财务状况暂时变弱，比如公司资产的平均回报率低于该时期同行业平均水平。而结构性困境则会降低公司的营运能力，而且是长期难以逆转的，比如公司的全要素生产率低于行业的中位数水平。他们认为，由于财务困境是暂时的，因此从某种程度上来说，银行提供新的贷款有助于出现暂时困难的僵尸企业复苏。Ueda（2012）对比了 20 世纪 90 年代以来的日本和 2007 年以来的美国在化解银行不良贷款率方面所作的工作。日本在资产价格下跌、金融动荡的情况下，政府没有及时地向银行注入足够资本，导致日本的银行只是对不良贷款冷处理，同时停止给有前途的新项目提供贷款，导致经济停滞和僵尸借贷陷入了恶性循环，为经济的长期停滞埋下了隐患。而美国当局应对 2008 年的金融危机则更加迅速，他们明白及时向金融机构注入足量的资本可以遏制银行提供僵尸借贷的动机。Giannetti 和 Simonov（2013）也认为，在金融危机的背景下，向银行进行大规模充足地注资对于银行救助取得成功至关重要，相比之下，如果对银行注资的规模太小，将不仅不能救助银行，而且还会鼓励不良贷款的“常青化”发展，为僵尸企业的生存提供机会。Rawdanowicz 等（2013）则提醒到，长期的扩张型货币政策会放松银根，并削弱银行处理不良贷款的决心，而且扩张型货币政策会使资不抵债的银行继续生存，并持续向僵尸企业发放贷款。因此，在危机的初期采取一些扩张型的货币政策可以减少危机对实体经济和金融体系的破坏，但不能对此产生依赖。Nakamura 和 Fukuda（2013）利用实证探讨了在持续通缩情况下，日本僵尸企业如何复苏。实证结果表明，一些削减企业成本的措施（比如削减员工数量、出售未使用的固定资产等企业重组措施）对促进僵尸企业脱离僵尸化困境比较有利。从外部金融支持的角度看，大量的债务减免也是僵尸企业脱离僵尸化困境的重要有益因素。他们特别指出，在经济增长停滞的情况下，企业重组并不能帮助僵尸企业脱离僵尸化困境。Bruche 和 Llobet（2014）认为，由于有限责任制，资不抵债的银行为了掩盖损失或是为了复活而赌博，它们有动机继续向资不抵债的借款人继续提供贷款，即使它们知道这么做是低效的。因此，Bruche 等提出了一个设立监管机构来解决这类问题的方案。这个方案可以促使银行披露不良贷款以及曝光银行财务报表上不良贷款规模的信息，从而避免银行为股东通过不合理手段获取暴利收益。Jaskowski（2015）认为，至少在某些情况下，政策制定者实施严格禁止任何僵尸借贷的规定可能不会带来最优结果，这会导致银行贷款的减少，但没有真正解决市场不完整的问题。政策制定者如果要强行限制银行进行僵尸借贷，很可能会带来更大的负面影响。从银行的角度来看，它们提供僵尸贷款主要是担心公司破产有传染效应，一家公司的破产可能会带来其他公司的破产。决策者必须在各种非预期后果中找到适当的平衡。Homar 和 Wijnbergen（2015）认为对于出现问题的银行，及时进行资本重组是一条可行路径，这可以大大减少常青借贷导致的经济衰退的持续时间。Lin 等（2015）考察了日本国有银行和私有银行对企业信贷约束的影响，他们发现日本国有银行贷款增加对企业投资有很强的增量影响，当国有银行提供贷款时可以刺激投资，企业未来会有更好的会计业绩。而私有银行由于和僵尸企业关系更紧密，这种效应不明显。研究结果表明国有银行的直接干预可能可以使僵尸企业加快转型。

Mcgowan 等（2017）利用跨国数据来探讨破产制度的设计特征与僵尸企业的潜在联系。实证结果表明，不过度地增加企业重组障碍以及与创业失败相关的个人成本的破产制度可以减少僵尸企业的资本沉陷，并刺激生产资本再分配。国家破产法制越规范、市场竞争越充分，则僵尸企业越没有存在的空间。作者同时建议，可以建立一种将企业经营数据与银行报表数据相连接的机制，以帮助监管部门分析僵尸企业和困境银行之间的联系，以及这种关系如何受破产制度的制约。

何帆、朱鹤（2016a）认为，应对企业的僵尸化困境政府、银行和企业间要通力合作，各自做好自身工作，简而言之，政府应当加强金融监管，同时在银行剥离不良资产后要及时对银行注资；银行要对资产进行重新估值，下决心剥离不良资产（主要是不良贷款），进而减少支持僵尸企业的动机；企业也要主动通过裁员、出售固定资产和降低高管福利性分红等方式来减少冗余投入。进一步地，何帆、朱鹤（2016b）提出应对企业的僵尸化困境需要政府、银行和企业三方通力合作，比如，政府应当“统筹规划、政策托底”；银行应当“做实账目”；企业应当“积极自救”。朱舜楠、陈琛（2016）认为针对中国僵尸企业，应当秉承“分类处理”总体策略，从立法、债务重组、安置员工等方面入手处理僵尸化困境带来的问题：（1）立法部门应当在《中华人民共和国破产法》（以下简《破产法》）中添加有关僵尸企业破产重整或出清的实施细则；（2）通过资管公司推动僵尸企业债务重组；（3）针对僵尸企业破产重组、出清而造成部分员工下岗的情况，政府应当完善社会保障机制，妥善安置下岗员工；（4）深化供给侧改革，为僵尸企业“脱僵”创造条件。熊兵（2016）将事件、模式、时机、政策、法规和监管机构几个维度进行组合，全方位总结了美国和日本历史上处理僵尸企业的经验，为我国僵尸企业治理提供了建议。熊兵认为，借鉴美日处理僵尸企业的经验，我国至少要从三个方面入手以处理僵尸企业问题：（1）尽快建立破产法庭，并完善《破产法》；（2）成立负责僵尸企业的出清或者复活的机构；（3）建立完善的僵尸企业退出机制。破产是僵尸企业退出市场的一种重要方式，但是由于僵尸企业涉及面甚广，其破产问题又有别于其他企业的破产，所以“法律先行”的理念十分重要，也就是说僵尸企业的破产必须以完善的法律作为指导并遵守。郭莹（2016）针对僵尸企业员工安置难、资产变现难、清算程序难、并购阻碍多等困境，提出政府应当按照“有序引导—提供资金与政策支持—制定合理退出机制—计划与市场协同配置”的科学路径帮助陷入僵尸化困境的企业出清。鲍世赞、蔡瑞林（2016）基于去成本外部化的视角提出了我国政府在治理陷入僵尸化困境的企业问题时应注意的五点问题：（1）应当树立正确的企业破产观念；（2）要逐步减弱政府项目在经济中的杠杆作用；（3）地方政府政绩考核不能唯“GDP 论英雄”；（4）硬化预算软约束；（5）加快诸如劳动者权益保护、环境保护、破产法等相关配套制度的改革。郑志来（2016）建议对于过剩行业的僵尸企业，可以由中央统一制定淘汰标准，并分行业制定淘汰细则，将任务分解到地方政府作为其考核指标，同时加大对陷入僵尸化困境中的国有企业的兼并重组力度。申来津、张中强（2017）提出，政府要减少对企业的行政干预，该破产的企业就破产；针对僵尸化困境的处置不能“一刀切”，要根据具体情况采用拯救、预重组、出售式重组、破产等方式；税务、银行、社保等相关部门通力合作，妥善处理好僵尸企业在税务减免、信用监管、员工安置等方面的问题，确保僵尸企业重组方案的实施效果。王勇（2017）认为僵尸企业在国有企业中占比较高，因此，国企改革可以加快僵尸企业退出市场速度，从而提高我国去产能任务的效率。僵尸企业的破产有诸多问题尚未厘清，其中破产涉税问题处理是一个需要仔细斟酌的话题，郑汀、徐战成（2017）借鉴国际经验，提出了僵尸企业破产过程中税务问题的处置办法：（1）税务机关可以以债权人身份对欠税企业提出破产申请；（2）税务机关实行税收债权时应符合我国《破产法》《中华人民共和国税收征收管理法》《中华人民共和国物权法》等既有法律规定；（3）破产撤销权不应该影响税款清缴；（4）破产重整中的债务豁免应给予税收优惠。如果陷入僵尸化困境的企业执行破产重组程序，那么银行的债权该如何实现？杨松（2017）提出了银行在实现自身债权时应享有的法律保障，为相关部门决策提供了参考：在企业破产重整草案批准前，给予银行发表意见的机会；而企业破产重整草案批准后，债权人也应当对此保留异议权。赵树文、王嘉伟（2017）从立法、执法和司法层面对僵尸企业处置的法制化改革提出了建议，在立法层面上要从国家立法、部委立法和地方政府立法三个方面入手；在执法层面上要推进与司法的联动机制建设；在司法层面上要推进专业性的破产审判体系建设。尹嘉啉、邹国庆（2017）根据日本在其经历的三次大规模“僵尸企业潮”时的应对方法，提出了我国企业僵尸化困境应对启示：服从市场优胜劣汰的竞争规律；提高社会保障水平，完善下岗职工再就业体系；加强法制建设，提高执法机构行动效率；对不同产业和类型的僵尸企业采取区别处理的方法。黄少卿、陈彦（2017）系统地提出了我国僵尸企业应采取“分类处置”的思路，将陷入僵尸化困境的企业分为应破产组、应重组组、应改组组等，再在分组的基础上，对不同类别的企业采取不同的处置方式。蒋灵多、陆毅（2017）认为在处置现有僵尸企业的同时，也要防止新的企业陷入僵尸化困境。他们发现国家发布的最低工资标准有助于企业精简雇员结构，提升企业生产率和利润率，并帮助企业降低杠杆，以抑制企业陷入僵尸化困境。因此，他们提出企业和政府需要共同努力，企业应当优化内部人员配置，提升资源使用效率；政府应当运用市场机制处置僵尸企业，同时继续深化国有企业改革。韩飞、田昆儒（2017）通过实证后发现，内部控股质量越高、公司治理水平越高，企业越不容易陷入僵尸化困境，因此提升内部控制质量以及公司治理水平是防止企业陷入僵尸化困境的重要手段。梁双陆、张梅（2018）从并购的视角提出了化解僵尸化困境的方案，提出政府可以对外资提供优惠政策，鼓励优质外资或民营企业并购僵尸企业，从而释放僵尸企业拥有的资源，同时利用外资先进的技术和理念，为新企业注入新的发展活力。曾皓等（2018）发现我国僵尸企业普遍存在投资不足的现象，对“自我救赎”持消极态度，政府可以积极引导僵尸企业开拓创新，为僵尸企业提供技术和人才方面的支持，帮助僵尸企业迈出转型步伐；同时政府应当慎用政策扶持之手，摒弃父爱主义，建立动态监测政府补助使用情况的长效机制。

2.5 僵尸化困境预警的相关研究

2.5.1 预警的经济意义

根据现有资料显示，经济领域的预警研究最早可以追溯到1888年法国学者 Alfredde Fourille 对法国宏观经济波动的预警(梁永礼，2018)。而 Fitzpatrick（1932）进行了单变量破产预测则可以视为最早的微观层面的经济预警。经济领域的预警研究已持续了上百年之久，且至今依旧蓬勃发展，除了经济、社会、技术的发展引发了新思考、带来了新视角以外，更为重要的是，经济领域的预警研究一直具有宏观上和微观上的重要意义。

宏观层面上，经济健康平稳发展是每个经济体的基本目标，而影响经济稳定发展的因素错综复杂，包括但不限于财政赤字引发的货币危机、主权债务违约、金融体系的脆弱性、外生性金融危机传染等方面。因此，宏观经济领域主要是以一个经济体的经济（金融）波动、经济（金融）危机为预警内容，此时，预警的经济意义在于提醒政府监管部门运用恰当的政策手段确保经济体的平稳运行。刘代民（2017）认为，宏观层面的经济预警一方面可以加强我国对外投资风险的识别防范，另一方面也有助于国家对自身债务违约的管控。叶康为（2017）认为宏观经济预警能够在一定程度上控制系统性金融风险的传染和扩散。赵雪瑾(2018）认为，宏观经济预警有利于为金融市场审慎监管提供帮助。王克达（2018）认为通过预警，可以提前防范金融危机的国际蔓延，阻止本国金融风险的上升。

微观层面上，生存、发展、成功是企业的基本目标，以企业财务为核心的各项经济状况影响着企业基本目标的实现。因此，微观经济领域主要是以与企业有关的经济活动表现为预警内容，此时，预警的经济意义在于可以有助于投资者进行合理决策、有助于债权人保护资产安全、有助于企业差错防弊（赵国忠，2008；秦志敏，2012；卢永艳，2012；朱兆珍，2016）。而通过加强微观主体利益相关者的利益归属，最终有助于社会资源的有效配置，提升社会经济水平，进而稳定宏观经济发展（赵艳芳，2007）。

总而言之，宏观经济预警与微观经济预警是统一且融合的研究范畴。微观个体的集合组成宏观整体。因此，大规模有效的微观预警有助于宏观经济的稳定，反过来，有效的宏观预警则有助于为微观企业运行提供一个良好的经营环境。以本书为例，本书研究的主要内容是企业僵尸化困境预警，研究对象为制造业上市公司，这属于微观领域的经济预警，但是在设计预警指标时，本书也纳入了宏观指标，目的就是为了更好地促进宏观经济意义与微观经济意义的统一。

2.5.2　预警方法

目前，国外学术界尚未出现僵尸企业、僵尸化困境的预测、预警、诊断等方面的研究，而国内关于这类主题的文献也是寥寥无几。利用中国知网分别对“僵尸企业/僵尸化困境 + 预测”“僵尸企业/僵尸化困境 + 预警”“僵尸企业/僵尸化困境 + 诊断”进行关键词检索，截至本书行文时，尚未有博士论文涉及僵尸化困境预警这个主题，各有 1 篇 CSSCI 来源期刊（周琎等，2018），CSSCI 扩展版来源期刊（孙莹、崔静，2017）以及全国中文核心期刊（赵静、赵荔，2017）涉及类似主题，但只是提出了一些预警方法或对是否会成为僵尸企业进行预警，与系统性的僵尸化困境预警相比存在诸多不足，因此现有研究存在很大的空白。虽然僵尸化困境和财务困境不是完全相等的概念，但两者在表现特征、识别策略等方面存在诸多相似之处，并且财务困境和僵尸化困境同属于会计学或经济学的概念范畴，两者在研究视角、研究方法、研究范式等方面存在高度的统一。目前，学术界对财务困境预警的相关研究成果已近乎完善，通过对成熟研究领域的恰当借鉴可以避免自身研究出现方向性错误，因此，学术界已经持续讨论了近 87 年的财务困境预警可以作为僵尸化困境预警的参照对象，本节从技术方法的角度梳理国内外关于财务困境预警的相关文献，旨在通过对比各类主要技术方法特点的基础上，为本书所使用的预警方法提供参考。

（1）一元判别分析。一元判别分析（Univariate Discriminant Analysis，UDA），是指利用单个指标来判定样本所属组别的方法。Fitzpatrick（1932）是公认的世界上首位实证研究如何预测企业财务困境的学者，由于当时缺乏辅助工具，他以单个财务指标预测企业是否会处于破产状态，结果发现，权益净利率和产权比率对企业破产的预测能力最高。Beaver（1966）也沿用了 Fitzpatrick 以单个财务指标来预测企业财务困境的思路，Beaver 对 30 个财务指标筛选后发现现金流量与负债比率、总资产净利率、资产负债率等几个指标对财务困境具有很好的预测能力。虽然单变量判别分析操作简单，容易理解，但可能存在以下问题：①根据同类型财务指标得出的结论可能截然相反；②单个财务变量难以反映企业综合状况；③单变量判别非困境的准确度可能高于判别困境的准确度；④一旦确定预测指标，管理层便有动机和能力粉饰这个指标，使预测失效。

（2）多元判别分析。多元判别分析（Multiple Discriminant Analysis，MDA），是指利用多个指标来判定样本所属组别的方法。由于一元判别分析存在诸多缺陷，Altman（1968）改进了单个指标预测财务困境的思想，创造了多个指标共同预测破产的做法。他从 22 个指标中选出 5 个指标，并确定这些指标的系数，以计算 Z 值，看 Z 值所属区间来判断企业陷入财务困境的可能性，这个预测模型学界称为 Zscore 模型。之后 Altman 等（1973）在 Zscore 模型的基础上又对美国铁路公司的 Z 值进行了测算。为了提高模型的预测精度，Altman 等（1977）又设计出了准确度更高的 7 指标预测模型——ZETA 模型，进而丰富了多指标预测企业财务困境的模型体系。Altman 通过对比 ZETA 模型和 Zscore 模型发现，ZETA 模型对破产公司前一年的预测准确度能够达到 96.2%，高于 Zscore 模型的 93.9%，但是对非破产公司前一年的预测准确度低于 Zscore 模型。多元判别分析的产生改进一元判别分析的缺陷，在接下来的几十年间国外出现了许多基于多元判别分析的研究（Deakin，1972；Blum，1974；Dambolena 和 Khoury，1980；Gombola 等，1987；Laitinen，1993；Zhang 等 2010）。我国针对企业困境预测的研究起步较晚。20 世纪 90 年代，周首华、杨济华、王平的论文《论财务危机的预警分析——F 分数模式》是可查的国内最早研究企业困境预测的文献（周首华等，1996）。直到 21 世纪初，国内的相关文献才丰富起来。张玲（2000）利用多元判别分析模型划分了财务危机公司和财务健康公司，从 15 个财务比率中推导出 4 个解释力度最高的指标组成判别函数。蔡红艳、韩立岩（2003）使用财务指标对比了一元判别分析和多元判别分析的预测企业财务困境的能力，结果发现后者的效果比前者更好。多元判别分析克服了一元判别分析的局限，综合了企业多个方面的状况，提升了预测诊断的可靠程度，但是使用多元判别分析时应当确保样本总体的预测变量服从正态分布，并且配对样本的预测变量应当具有相同的协方差矩阵，因此使用多元判别分析存在较为严格的统计条件限制，这也降低了学者使用这个方法的兴趣。

（3）逻辑回归。逻辑回归（Logit Regression Model，LRM），是推断某一事项发生概率的一种方法。Meyer 和 Pifer（1970）较早地使用了逻辑回归模型来预测银行破产问题。Martin（1977）使用逻辑回归预测企业财务困境的发生，发现总资产净利率等 6 个指标能够比较准确地预测企业财务困境发生。Ohlson（1980）也使用逻辑回归来预测企业财务困境，他发现企业规模、资本结构、企业业绩和流动性对财务困境预测准确度能够达到 95% 以上，他所构建的 Logit 回归模型在后来为大多数学者借鉴，学界称之为 Oscore 模型。在之后的较为典型的国外研究中，Zavgren（1983）；Casey 和 Bartczak（1985）；Johnsen 和 Melicher（1994）；Laitinen 等（2000）；Wijst 和 Westgaard（2001）；Jones 和 Hensher（2004）均使用过该方法进行预测诊断及扩展研究。国内学者中，吴世农、卢贤义（2001）选定 6 个财务指标分别使用线性判定分析、多元线性回归和 Logistic 回归对 70 家财务困境公司和财务健康公司进行困境预测，结果发现三种方法都能进行财务困境预测，但是 Logit 回归效果最佳。国内一些学者也将逻辑回归用于股票业绩、并购目标、信用风险等方面的预测诊断（陆正飞、宋小华，2006；张金鑫等 2012；方匡南等，2016）。孙莹、崔静（2017）从财务视角利用 Logit 回归模型对僵尸企业进行了预警研究。作者利用因子分析将 14 个财务指标进行降维，之后将系数显著的 4 个因子带入 Logit 模型中进行僵尸企业的预测。周琎等（2018）从 21 个财务和非财务指标中选取了 11 个指标利用 Logit 回归模型对僵尸企业进行预测，得到的结果是样本内和样本外预测的整体准确率分别为 90.49% 和 88.39%。逻辑回归模型的因变量一般是二分的，自变量不需要满足多元判别分析的统计限制，这使其应用范围更广，但是其计算过程较为繁琐，存在较多影响准确度的近似处理，且对于多分类诊断的处理在理论上存在一定缺陷。

（4）概率单位回归。概率单位回归又叫 Probit 回归，也是用以推断某一事项发生概率的一种方法。由于概率单位回归模型要求因变量服从累计正态分布，统计限制上没有逻辑回归模型自由，因此其应用的范围不及逻辑回归模型广泛（刘彦文，2009；秦志敏，2012）。Zmijewski（1984）采用 Probit 回归对 75 个变量进行筛选，发现投资回报率、资产负债率等 4 个指标对财务困境的预测最有效。Lennox（1999）对 1987—1994 年英国 949 家上市公司的破产原因进行了分析。破产最重要的决定因素是盈利能力、杠杆率、现金流、公司规模、所属行业和经济周期。异方差检验表明，现金流和杠杆具有显著的非线性效应，考虑到这些非线性，可以提高模型的解释力。与以前的研究相比，Lennox 认为，Logit 模型和 Probit 模型能够比判别分析更准确地识别失败的公司。国内学者利用概率单位回归模型进行企业困境诊断的研究较少。宁青青、祖明（2013），蒋亚奇（2014）利用 Probit 模型进行了企业财务危机的预测分析。

（5）风险模型。风险模型（Hazard Model）也有学者称之为危机模型，其最显著的特点就是同时整合了企业会计信息和市场信息对企业危机进行诊断。有学者指出，会计信息反映企业的历史状况，市场信息反映企业当前与未来的发展走势，将两种信息来源结合使用有助于相互补充各自的短板，提升危机诊断的准确度，因此建议将两类信息进行融合（Mcquown，1993；Sloan，1996；Pope，2010）。Shumway（2001）提出了一种预测破产的风险模型。他认为风险模型在理论上优于传统模型，因为它可以校正风险期间，并允许协变量的时间变化。它使用所有可用的信息来估计所有公司在每个时间点的破产概率，同时避免了传统静态模型中固有的选择偏差。Beaver（2005）使用风险模型后发现仅利用财务比率预测企业破产的长期概率的能力会随着时间的推移而下降，但是加入非财务信息之后可以改善预测能力的下降趋势。之后外国学者也开发改进了一些新的风险模型（Bharath和Shumway，2008；Campbell等，2008；Charitou等，2013；Bauer和Agarwal，2014）。陆志明等（2007）利用含依时协变量的Cox风险模型进行预测建模，但是作者利用了财务指标，未选取市场指标，因此并未完全发挥风险模型的效用。邓晓岚（2008）利用Logistic离散时间风险模型检验了财务指标和股票市场指标对我国上市公司财务风险的解释力度。邓晓岚发现相对市值规模、股票换手率及股票收益率的波动性均对企业财务风险的发生有解释力。我国学者也有利用违约距离来衡量财务风险的风险模型，比如马若薇（2006）将KMV模型运用到我国上市公司财务困境的预测研究，取得了不错的效果；蔡玉兰（2016）利用默顿违约距离模型对我国上市公司财务困境进行预测。

以上几种方法属于主流的传统统计类困境预警模型，这些传统模型主要是利用财务指标进行相关问题的预测，最终使用的指标数量和维度较少，计算量也不太大，这在研究方法和计算机技术均不成熟的年代较为可行，但可能的代价就是事前预测的准确度和稳定性有待提升。随着社会经济的不断发展，企业所处的环境变得更加不稳定，能够衡量企业综合状况的信息不仅仅来源于财务指标，大量涉及公司治理、内部控制、业务流程、股票价值、宏观经济环境等方面的信息隐藏着能够解释公司发展状况的“密码”，仅仅依靠少数指标去预测企业可能出现的问题已经变得十分困难。因此，为了更加准确地预测企业状况，就必须及时且全面地获取企业各方面的信息，同时对预警模型进行动态调整与修正，从而保证诊断模型的判别规则在当前环境下是有效可行的

（朱兆珍，2016）。利用现代智能方法工具，既可以挖掘多维度信息的内在规律，提升信息利用能力，也可以较快地对诊断模型进行训练调试，提升信息处理效率。因此面对方法和技术的日趋完善，学者们也开始使用一些现代化、智能化的方法来进行相关研究。

（6）人工神经网络。人工神经网络（Artificial Neural Network，ANN）也简称为神经网络，是一种通过模仿人脑运行机制来解决实际问题的人工智能方法。Odom 和 Sharda（1990）首次利用人工神经网络进行困境预测，他们利用三层前馈神经网络和传统的财务困境预测方法进行比较，结果发现人工神经网络在预测企业财务困境方面具有更高的准确性。Coats 和 Fant（1993）认为传统多元判别模型的统计限制在实践过程中不合理，因此受到学者严厉的批评。Coats 等建立了神经网络模型对企业财务困境进行诊断，结果表明神经网络方法比多元判别模型更有效地用于企业财务困境的早期检测。神经网络模型在超过四年的时间里始终能在 80% 的可能性上有效预测企业的财务困境，这个概率超过使用多元判别模型所得到的结果。Wilson 和 Sharda（1994）也认为相较于传统统计方法，神经网络在预测准确度上得到了显著的改进，并且神经网络代表一种分类技术，在预测企业的稳定性方面是一种稳健的和有前途的方法。Leshno 和 Spector（1996）认为通过对神经网络参数进行不断调试可以优化其预测能力，并且优选的神经网络模型的预测能力比经典判别分析模型的预测能力更精确。Tsai 和 Wu（2008）认为人工神经网络作为重要的人工智能和机器学习技术，已经可以被用来解决各类财务决策问题。人工神经网络模型已经逐渐成为商业诊断的新兴技术，并很可能引领智能化经济决策的潮流。在国内学者的研究中，周敏、王新宇（2002）提出了基于模糊优选和神经网络的财务危机预测模型，这种方法可以对数据进行推理知识式的学习，并随着样本信息的增加，可以定期更新学习信息，实现困境的动态预测，因而这种方法比功能单一的传统预测方法更有优势。李秉祥（2005）通过将模糊神经网络、多元线性回归模型、Fisher 模型和 Logistic 模型对比研究后发现，模糊神经网络相较于其他方法具有预测准确度高，容错率强等优点，在预测企业财务困境方面比其他方法更具优势。杨淑娥、王乐平（2007）以企业 T－2 年、T－3 年的面板数据作为研究样本，发现采用神经网络的预测准确度比以往的研究更高，且能够保持较高的准确度和稳定性。之后，也有国内学者使用了改造的神经网络模型用于财务危机预测（庞清乐、刘新允，2011；鲍新中、杨宜，2013；李光荣、李风强，2017）。

（7）遗传算法。遗传算法（Genetic Alogrithm，GA），是指通过模仿生物遗传进化规律以寻找目标最优解的技术。Back 等（1996）分别采用了多元判别分析、Logit 模型和结合遗传算法的神经网络模型对企业破产问题进行预测诊断，样本来自 1986—1989 年的芬兰 37 家破产企业和 37 家非破产企业。Back 等发现基于遗传算法的神经网络模型预测准确度最高，对企业破产前一年的预测准确度可以达到 97%。Varetto（1998）认为遗传算法是一种非常有效的破产诊断工具，与传统的判别分析相比，遗传算法可以获得优化的线性函数，它不依赖于关于统计分布的正态性或协方差矩阵的相等性的限制性统计假设，这使得遗传算法具有很大的潜力。Shin 和 Lee（2002）认为使用遗传算法的一个优点是它能够生成易于理解的规则，因此利用遗传算法进行破产预测建模的规则生成是有前景的。Ahn 和 Kim（2009）提出了一种将遗传算法与案例推理相结合的破产诊断模型，基本思路就是通过参考更多的相关案例和消除噪声来提高诊断性能。他们应用这个模型到实际发生的案例中，实验结果表明，利用该模型可以显著提高企业破产的预测精度。从国外的研究来看，遗传算法可以单独用于目标诊断，也可以与其他模型混合使用，体现出了良好的兼容性。遗传算法在商业决策层面还处于快速发展阶段，影响力不及人工神经网络模型。孙洁、李辉（2009）提出了一种叫遗传算法优化灰色案例推理的方法来预测企业财务困境，并且用实证结果证明这种方法比其他主流方法在预测准确度上有较大提升。周辉仁等（2010）提出了一种基于递阶遗传算法结合 BP 神经网络的财务预测模型。这个模型利用遗传算法优化了神经网络的诊断性能，并用我国上市公司实证检验了模型的可行性。遗传算法作为一种性能提升算法，单独情况下并不用于困境预警，而是与神经网络或支持向量机等分类器算法进行结合，以提升预警性能（赵明渊等，2010；李锋等，2010）。

（8）支持向量机。支持向量机（Support Vector Machine，SVM）是一种基于统计原理的机器学习方法，它可以将初始空间里的非线性函数转化为高维特征空间里的线性函数，从而解决了样本维数问题。Fan 和 Palaniswami（2000）提出了支持向量机可以应用于企业破产预测，同时将支持向量机和传统统计模型进行了对比，发现支持向量机进行破产预测得到的效果更佳。Shin 等（2005）探讨了使用支持向量机预测破产问题的有效性，认为传统的统计方法具有一定的限制性假设，比如预测值或输入变量之间必须要求线性、正态分布和相互独立。考虑到变量经常不满足这些假设，这些方法在有效性上会受到限制。而支持向量机等人工智能方法则不易受这些假设的影响，并且这些技术可以从训练样本中自动提取知识，并使用不同的假设和算法来生成知识结构。Min 等（2006）提出了一种遗传算法和支持向量机的混合模型，并将其用于韩国企业的破产预测问题。与遗传算法类似，支持向量机在商业决策层面也处于快速发展阶段，许多学者正在不断努力设计与调试新的支持向量机模型，支持向量机的诊断性能正在不断提高。杨海军、太雷（2009）为了克服传统支持向量机误分类风险和过拟合问题，采用模糊支持向量机进行上市公司财务困境预测的实证研究。结果表明模糊支持向量机能够较好地解决误分类风险和过拟合问题，提高了预测准确率。宋彪等（2015）利用支持向量机建立了引入大数据指标的财务风险诊断模型，通过实证后发现基于大数据的财务风险诊断模型的效果较好。

2.6 研究现状评述

本书认为，完整的僵尸化困境研究逻辑框架至少包含五个部分：僵尸化困境评估、成因、危害、应对措施、预警，具体如图2-1所示。通过对现有相关文献进行梳理，可以发现目前学术界在僵尸化困境成因、危害、应对措施相关方面的研究相对而言更为完善，而对僵尸化困境评估和僵尸化困境预警两个方面存在研究不足，具体而言：

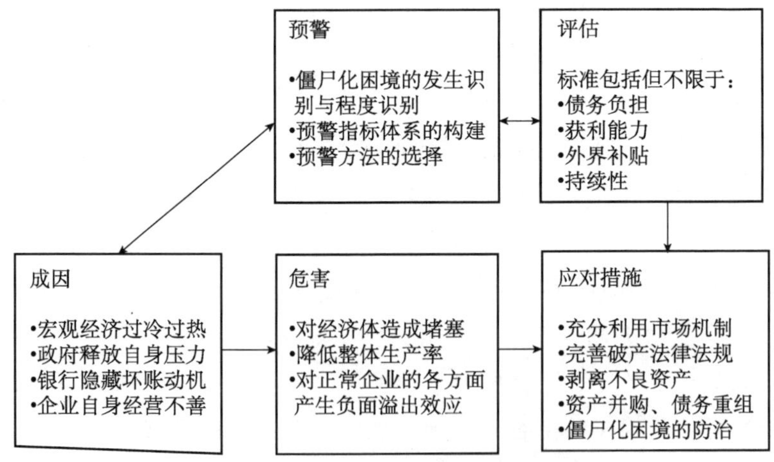

图2-1 僵尸化困境研究基本框架

一方面，僵尸化困境评估研究存在不足。这主要体现为两点：按僵尸化困境严重程度进行多阶段划分的研究不足、评价僵尸化困境严重程度的指标不合理。其一，对僵尸化困境阶段划分过于简单，没有反映僵尸化困境动态变化的过程。如果把陷入僵尸化困境的企业称为僵尸企业，那么目前的研究基本是对僵尸化困境进行二阶段划分，即仅仅探讨企业是否为僵尸企业。但是从企业生命周期和困境发展的角度而言，企业从生到死是一个连续的过程，即使企业陷入僵尸化困境后，困境从轻度到重度也是一个动态演化的过程，并不会一蹴而就，因此对僵尸化困境进行二阶段划分是一种简略的处理方法，这将对了解企业陷入僵尸化困境之后的发展规律造成障碍。其二，对僵尸企业的识别标准过于简单，导致评价僵尸化困境严重程度的指标不合理。目前研究焦点只集中在净利润、资产负债率、常青借贷率、利息缺口等几个指标上，没有考虑具有我国实际情况的指标，也未考虑其他能够反映僵尸化困境特征的指标，造成评价僵尸化困境严重程度的指标与现实状况、演化规律之间的脱节。

另一方面，僵尸化困境预警研究存在缺失。首先，目前研究尚未建立僵尸化困境多阶段预警模型，不利于利益相关者利用预警信息作出决策，也不能帮助利益相关者采取有梯度的应对策略。其次，现有相关研究的合理性存在一定疑问。比如有学者建立的僵尸企业提前 1 期至 3 期预警模型，每期预警模型的预警输入指标存在变动且相互之间没有明确的勾稽关系，预警输入指标对预测企业是否会成为僵尸企业的作用机理没有进行阐述。再次，目前尚未有研究考虑经济环境指标和组织属性指标作为预警输入指标时对僵尸化困境预警的作用。由于僵尸化困境的形成与经济环境的变化必密不可分，并且组织属性指标可以为僵尸化困境的预警提供额外信息含量，因此有必要考虑将这两类指标纳入预警输入指标体系中以提升预警效果。最后，在预警方法选择上，国内学术界还是采用传统回归进行僵尸企业预警模型建立。随着时代的发展，学术界对僵尸化困境的预警方法应当从传统走向现代。技术工具的革新带来的是信息处理能力的提升，以及模型诊断性能的提升。有许多学者将现代方法与传统方法进行比较，大都发现基于改进后的机器学习方法建立的预警模型在预警性能和预警效率上要比传统方法更优（Koh 和 Tan，1999；Atiya，2001；胡锦明、吕俊，2009；李清、于萍，2012），因此在预警方法的选择上还可以更加前沿。

基于以上分析，之前文献的研究成果为本书提供了研究基础，而现有研究存在的不足则可以成为本书继续研究的方向与可能的理论创新。本书拟在前人研究的基础上在僵尸化困境评估与预警方面提供边际贡献。

第3章　与僵尸企业有关的经济事实及制度背景

任何研究主题都是来源于学者对现实问题的考察，因此需要将研究问题置于特定情境中。本章阐述了近十几年我国与僵尸企业形成相关的基本经济事实，并且针对最近一轮政府部门主导的僵尸企业处置热潮，梳理了从中央到地方的关于僵尸企业认定和处置有关的政策文件，以此加深在宏观经济层面和制度层面对中国情境下僵尸企业问题的了解。

3.1　与僵尸企业形成有关的基本经济事实

自2002年到2011年的10年间，我国GDP均以超过9%的增速高速增长，但与此同时，固定资产投资规模、企业负债率、短期外债和外汇储备比、全口径外债余额等指标处于历史较高水平，而全社会研发投入水平不高，经济由此形成投资拉动、杠杆高企的特征，加之房地产行业粗放式发展、企业制度性交易成本过高，因此，我国经济逐渐出现产能过剩、房地产供需失调、金融风险提升、经营实体压力过大、发展短板明显五大困境，其中产能过剩、企业债务高企等经济现实与僵尸企业的形成关系密切。

（1）多年以来“三驾马车”中投资拉动经济增长明显

根据支出法 GDP 计算规则，一个经济体的经济增长由三部分决定：最终消费支出、资本形成总额以及货物和服务净出口。图 3－1 展示了 2000—2018 年我国消费、投资、净出口对 GDP 增长的拉动率与贡献率，其中左侧为贡献率，右侧为拉动率。从长远来看，一个经济体要想健康可持续发展，消费应当占据主导地位，其对 GDP 的拉动与贡献应当高于投资与净出口。但是可以看到 2001—2013 年的大部分年度，投资对 GDP 增长的拉动与贡献最为明显，其中 2009 年的投资拉动率和贡献率最高，整个统计期内，消费对经济增长的拉动和贡献也并未占据主导地位，由此说明我国经济发展存在驱动力失衡的情况，依靠投资拉动经济增长的现象十分明显。

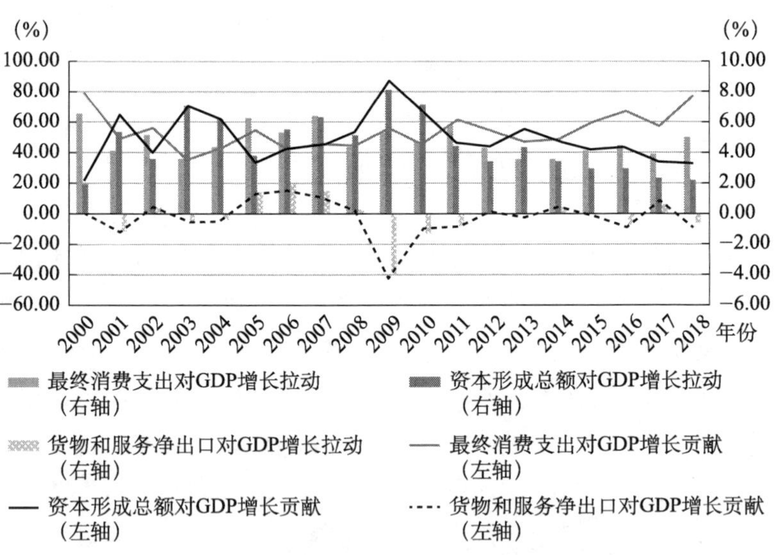

图 3－1　三大支出对 GDP 增长的拉动与贡献

资料来源：国家统计局，经本书整理。

图 3－2 显示，1998 年亚洲金融危机后的第 5 年，即 2003

年，我国 GDP 增长率突破两位数，同时全社会固定资产投资增速达到 27.74%，并且在 2015 年之前一直维持高位数增长。与此相呼应的是，上市公司平均固定资产增长率以及上市公司制造业固定资产增长率也居于高位。固定资产投资增速长期远高于经济发展速度，投资拉动经济增长的特征明显。虽然 2016 年和 2017 年社会整体以及上市公司固定资产投资增速放缓，但由于前期大量规模扩张，面对近几年经济下行，许多经营实体扩张式发展导致的产能过剩问题也显露出来，而社会投资上的“潮涌现象”则进一步加剧产能过剩问题（林毅夫等，2010）。根据国家统计局的数据，我国工业产能利用率长期保持在 75% 左右，产能过剩与投资拉动的经济增长模式之间存在重要联系，经济发展的驱动力失衡也成为产能过剩的关键因素之一。

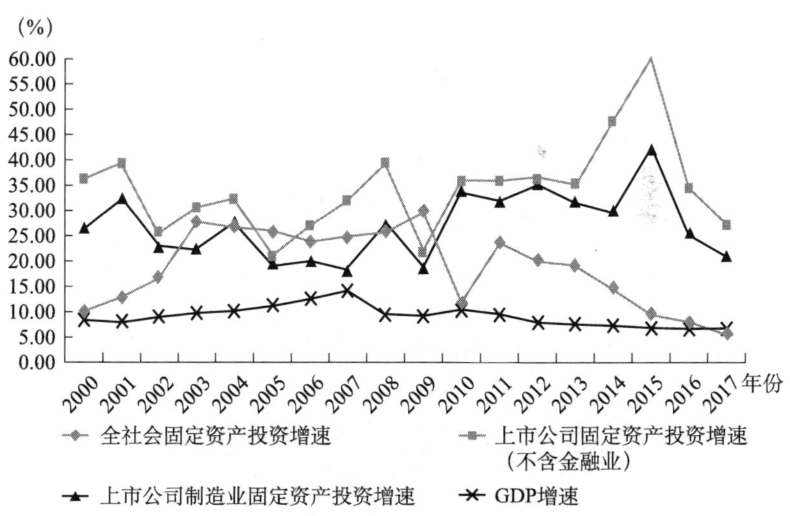

图 3－2　固定资产投资增速与 GDP 增速

资料来源：国家统计局，CSMAR 数据库，经本书整理。

（2）货币政策效果与经济发展初衷有所背离。图 3－3 显示，

2004 年第一季度至 2008 年第三季度，我国 M2 供应量与经济增速变化趋势基本一致。但受美国次贷危机影响，我国政府于 2009 年向市场投放了 4 万亿流动性，试图缓解金融危机带来的影响，更好地拉动经济增长。但是扩张型货币政策的效果与初衷有所背离。2009 年以前，M2 与 GDP 的比值均在 1.6 以下，而 2009 年起 M2 与 GDP 的比值突破 1.7，达到 1.75，且逐年递增。虽然最近几年 M2 同比增速逐渐接近 GDP 同比增速，但前期流动性大量积累的影响力一直持续至今，因此到 2017 年末 M2 与 GDP 的比值超过 2，M2 增加并未带来经济更快增长。流动性的大量投入未能提升经济发展的一种可能性解释是这些流动性通过某些方式进入了低效率领域（包括僵尸企业），导致信贷资源产生了较高的机会成本。

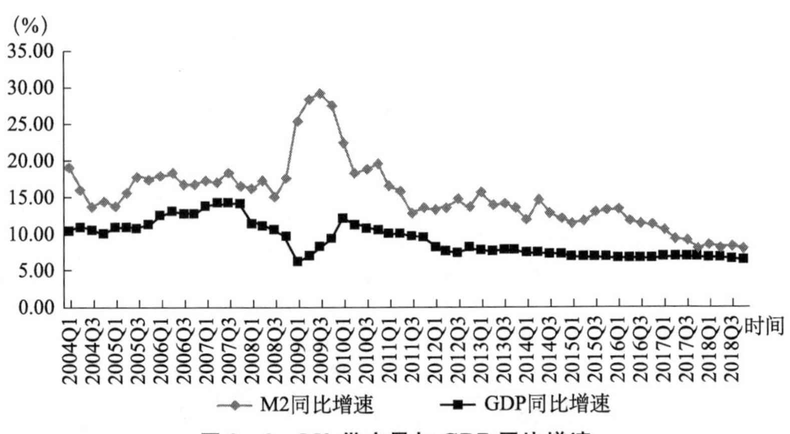

图 3－3　M2 供应量与 GDP 同比增速

资料来源：中国人民银行，CSMAR 数据库，经本书整理。

图 3－4 展示了我国信贷比率缺口数据，其中左侧为信贷与 GDP 实际比率和最佳比率，右侧为信贷比率缺口。信贷比率缺口是国际清算银行（BIS）设计的用以监测经济体信贷系统风险的指标，其数值等于一个经济体的信贷与 GDP 实际比率减去其信贷

与 GDP 最佳比率，根据国际经验，当信贷比率缺口超过 10% 时，银行系统就可能诱发风险。2008 年第四季度信贷比率缺口为 -11.6%，伴随我国投放大量流动性进入市场，该指标在 2010 年第二季度飙升至 15.1%，其后虽有所回落，但从 2013 年第一季度起一直维持在较高水平。在同一期间欧美国家基本上是在去杠杆，而我国恰恰相反，政策刺激企业多融资，由于 M2 流入市场的主要渠道是商业银行，M2 高发行量会大大增加经济体的信贷扩张程度，使非金融企业信贷规模剧增，这会加大银行未来回收贷款的压力，并成为银行从事“贷款宽容”、支持僵尸企业的潜在诱因。

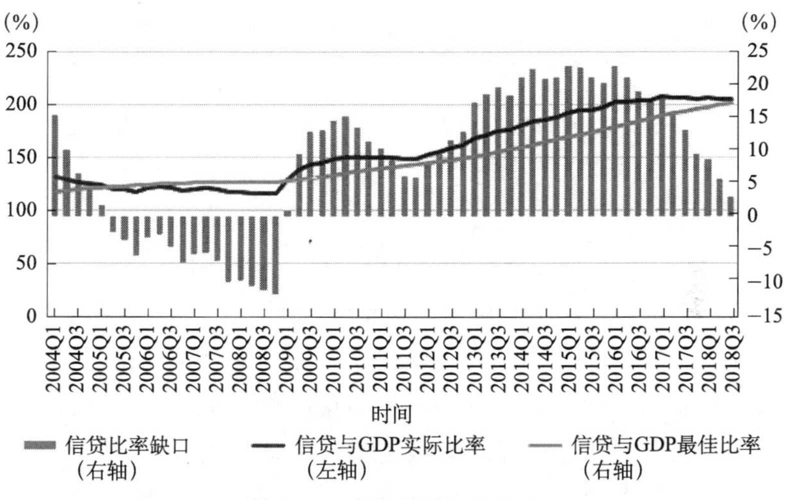

图 3-4　我国信贷比率缺口

资料来源：国际清算银行，经本书整理。

图 3-5 展示了我国商业银行不良贷款规模及不良贷款比率的变化情况。我国于 2005 年就开始剥离国有商业银行的不良资产，在 2012 年之前商业银行不良贷款规模和不良贷款比率持续降低，但与图 3-3 相呼应的是，从 2013 年起，伴随着信贷规模的扩张与

经济增速放缓，实体经济出现困难导致我国不良贷款规模持续增加，不良贷款比率呈反弹态势，这些情况为银企共谋以及银行资助僵尸企业提供了条件。

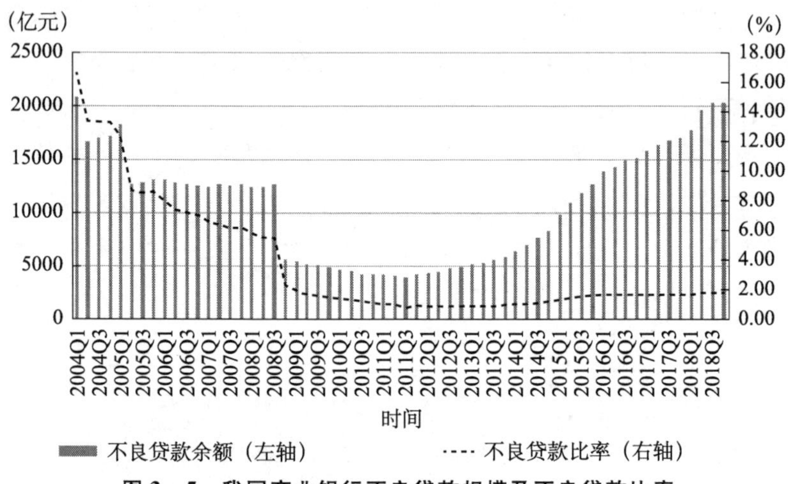

图 3－5　我国商业银行不良贷款规模及不良贷款比率

资料来源：银保监会，经本书整理。

（3）企业加杠杆行为导致负担过重，债务风险处于历史较高水平。投资拉动以及宽松的货币政策虽然可以为实体经济注入“血液”，帮助企业改善现金流状况，但也迅速增加了企业债务规模。表 3－1 反映了我国社会融资规模的变化情况及融资结构占比。从 2004 年起，我国社会融资规模逐渐扩大，其中，人民币贷款是社会融资的主要方式，其占比在 2004 年至 2018 年呈“U”形变化，但人民币贷款的对象包含住户和实体经济，不能很好地反映实体经济债务的变化情况。而能反映企业债务情况的企业债券规模从 2008 年起迅速飙升，截至 2018 年底，企业债券融资年均增量达到 1.6 万亿元，这在一定程度上反映企业债务负担在逐年加重。

表3-1　社会融资规模结构

年度	社会融资规模（亿元）	结构占比						
		人民币贷款	外币贷款	委托贷款	信托贷款	未贴现银行承兑汇票	企业债券	非金融企业境内股票融资
2004	28629	79.20%	4.80%	10.90%	—	-1.00%	1.60%	2.40%
2005	30008	78.50%	4.70%	6.50%	—	0.10%	6.70%	1.10%
2006	42696	73.80%	3.40%	6.30%	1.90%	3.50%	5.40%	3.60%
2007	59663	60.90%	6.50%	5.70%	2.90%	11.20%	3.80%	7.30%
2008	69802	70.30%	2.80%	6.10%	4.50%	1.50%	7.90%	4.80%
2009	139104	69.00%	6.70%	4.90%	3.10%	3.30%	8.90%	2.40%
2010	140191	56.70%	3.50%	6.20%	2.80%	16.70%	7.90%	4.10%
2011	128286	58.20%	4.50%	10.10%	1.60%	8.00%	10.60%	3.40%
2012	157631	52.00%	5.80%	8.10%	8.20%	6.70%	14.30%	1.60%
2013	173168	51.30%	3.40%	14.70%	10.60%	4.50%	10.50%	1.30%
2014	164133	59.60%	2.20%	15.30%	3.20%	-0.80%	14.50%	2.70%
2015	154063	73.15%	-4.17%	10.33%	0.28%	-6.86%	19.08%	4.93%
2016	178159	69.81%	-3.17%	12.27%	4.82%	-10.95%	15.59%	6.97%
2017	194445	71.19%	0.01%	4.00%	11.60%	2.76%	2.27%	4.50%
2018	192584	81.37%	-2.18%	-8.34%	-3.58%	-3.29%	12.85%	1.87%

资料来源：中国人民银行，经本书整理。

图3-6展示了进行数据披露的债券发行人的债务情况，可以看到，样本债券发行人的债务规模从2009年的1.23万亿元飙升至2017年的398万亿元。与此同时，样本债券发行人加权平均资产负债率自2009年起持续上升，中途虽有所回落但依旧处于高位。2016年及2017年，样本债券发行人加权平均资产负债率分别高达61.66%、64.10%。2008年后，政策不断刺激企业加杠杆，导致企业债务负担加重，偿债能力恶化，财务风险处于历史较高水平。企业若资不抵债又无法有效退出市场，就会陷入僵尸化困境，并造成经济堵塞、资源浪费。

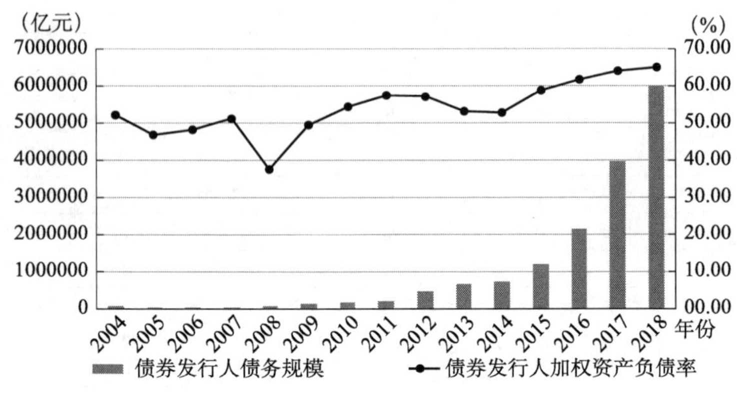

图 3－6 债券发行人债务规模与杠杆率

资料来源：CSMAR 数据库，经本书整理。

3.2 与僵尸企业认定有关的制度背景

僵尸企业现象不是近些年才有的现象，历史上，美国、日本和韩国也深受僵尸企业的困扰。我国经济多年高速增长的同时，僵尸企业也在悄然生长，我们在之前很长一段时间并没有察觉它的存在，而当经济下行，产能过剩问题成为我国经济发展过程中必须解决的重大问题时，僵尸企业问题才逐渐浮出水面。2015 年 12 月 9 日，国务院部署促进央企增效升级常务会议提出要清理处置“僵尸企业”，这是我国首次从国家层面开始正视僵尸企业问题，其后与僵尸企业有关的话题成为官方和学术界的热点话题。其中，官方的角度更多的是如何认定僵尸企业以及如何处置僵尸企业。国务院和各省、自治区、直辖市在去产能调结构的文件中多次提出僵尸企业的认定标准，本书对其进行了梳理汇总，详细认定标准见附录 A。根据附录 A 的内容，可以总结出一些官方认定僵尸企业的关键词，具体见表 3－2。

表 3－2　　各地区官方认定僵尸企业的关键词分析

关键词	地区
亏损	北京、天津、河北、山西、内蒙古、辽宁、吉林、黑龙江、江苏、浙江、安徽、福建、山东、河南、湖北、广东、广西、海南、重庆、贵州、云南、陕西、甘肃、青海、宁夏、新疆
债务负担	北京、天津、河北、内蒙古、辽宁、吉林、黑龙江、江苏、安徽、福建、山东、河南、湖北、广东、广西、海南、重庆、贵州、云南、陕西、甘肃、青海、宁夏、新疆
补贴续贷	天津、河北、内蒙古、辽宁、吉林、黑龙江、上海、浙江、安徽、福建、湖北、广东、广西、重庆、贵州、云南、甘肃
停产、半停产	北京、天津、河北、内蒙古、辽宁、吉林、黑龙江、江苏、浙江、安徽、福建、山东、河南、湖北、广东、广西、海南、重庆、四川、贵州、云南、陕西、青海、宁夏、新疆
产能落后	江西、陕西、青海、宁夏、新疆
“两链”断裂①	河北、浙江、陕西、青海、新疆
“三无”②	河北、浙江、广西
“四欠”③	河北、吉林、江苏、湖北、广东、广西、重庆、甘肃、新疆
其他关键词	湖南、西藏、甘肃、宁夏、新疆

结合附录 A 官方提出的僵尸企业认定标准可以发现，不同地区提出的认定标准并不是完全相同，有些地区提出了定量认定指标，有些地区仅从性质上对僵尸企业予以认定，但基本都是站在政府治理的角度。除了连年亏损、债务负担过重、靠外界补贴三项基本认定要素外，还涉及生产状态、产能状况、节能环保、产业结构、职工薪酬、税款缴纳等方面的认定要求，除此之外有些地区也存在特困企业、问题企业的叫法，所描述的认定标准与僵尸企业十分相近，可以等同于僵尸企业。在当前制度背景下，僵尸企业被认为是未能依据市场化原则及时淘汰、仅仅依靠外部资

① “两链”指资金链、担保链。

② “三无”指无人员、无资产、无场地。

③ “四欠”指欠薪、欠税、欠息、欠费。

源支持而继续生存的失败企业。这些企业给社会造成了巨大的负担，并且聚集了大量风险，对社会经济的发展存在很大的威胁。

3.3 与僵尸企业处置有关的制度背景

僵尸企业的处置效果关系到社会发展的方方面面，具有“牵一发而动全身”的特点，如何科学合理地处置好僵尸企业是政府部门十分关心的问题。广义上来看，处置僵尸企业包括三条主要路径：拯救、出清与控制。其中，拯救路径需要面临兼并重组、产权转让、增资减债等方面的问题；出清路径需要面临员工安置、债务清理等方面的问题；控制路径属于特殊路径，部分企业承担了公共物品的职能，即使具有僵尸企业的属性，也不适合采取出清方式，而应对其负面影响进行控制，因此需要面临节约成本、提高收益的问题。根据熊兵（2016）的统计，日本在 20 世纪末面对僵尸企业问题时，设计了一套包含稳定金融体系、扩张型财政政策、银行改革、公司再生、劳动保护、人力资源开发的混合型政策框架，并成立了整理回收机构和产业再生机构；美国应对僵尸企业问题时，也出台了不良资产救助计划、经济紧急稳定法案，成立了金融稳定办公室、金融稳定监管委员会等专门机构。有别于日本和美国当时经济危机的时代背景，我国未发生系统性经济危机，处置僵尸企业是基于自身经济转型升级的需求。因此，本轮僵尸企业处置更多的是在供给侧结构性改革战略背景下，与去产能、降杠杆相结合进行。在我国，与僵尸企业处置有关的制度既包括一般性的法律和部门规章，也包括与供给侧结构性改革相关的中央政策与地方政策，但我国并未成立负责僵尸企业处置的专门机构，更多的是靠政府各部门依职责处置。

3.3.1　我国相关法律法规、部门规章对处置僵尸企业的一般性规定

中央明确要求，各地在处置僵尸企业时要尽可能多兼并重组、少破产清算，因此对僵尸企业的处置可能涉及不良资产的剥离、兼并重组、重整、破产和解、解散清算等问题。《中华人民共和国公司法》（以下简称《公司法》）第 172 条至第 179 条对公司的合并、分立、增资、减资作出了一般性规定，《公司法》第 180 条至第 190 条对公司的解散和清算作出了一般性规定。《中华人民共和国企业破产法》（以下简称《企业破产法》）第 8 章至第 10 章分别对破产企业的重整、和解以及破产清算作出了详细规定。如果僵尸企业同时又是上市公司，那么与其有关的兼并重组也要符合证监会《上市公司收购管理办法》（证监会令第 108 号）与《上市公司重大资产重组管理办法》（证监会令第 127 号）的规定。僵尸企业兼并重组也会涉及财税政策，财政部与国家税务总局发布的《关于企业重组业务企业所得税处理若干问题的通知》（财税〔2009〕59 号）是企业兼并重组涉税政策的基础性文件，明确了企业进行兼并重组所要执行一般性税务处理与特殊性税务处理的条件。国家税务总局发布的《关于纳税人资产重组有关增值税问题的公告》（税务总局公告 2011 年第 13 号）以及财政部与税务总局发布的《关于全面推开营业税改征增值税试点的通知》（财税〔2016〕36 号）则规定了企业在进行资产重组时不征收增值税的优惠条件。

除此之外，对僵尸企业的处置还可能涉及员工安置、社会稳定方面的问题，《中华人民共和国社会保险法》（以下简称《社会保险法》）第 45 条至第 52 条对失业保险领取条件、领取期限、发放标准、终止条件等方面作出了规定。《中华人民共和国就业

促进法》(以下简称《就业促进法》)第52条至第57条也明确了对就业困难人员实施就业援助的相关条款。对于产能过剩较为严重的钢铁煤炭等行业,中央出台了相关财税政策,实行了钢铁产品增值税出口退税,并取消加工贸易项下的进口钢材保税,同时加大力度落实煤炭采掘企业进项税额抵扣以及能源用地的城镇土地使用税减免等(刘尚希等,2018),以缓解这些行业内企业的经营压力,帮助企业健康复苏。

3.3.2 与处置僵尸企业相关的中央供给侧结构性改革方案与政策

本轮对僵尸企业的处置主要是结合去产能、降杠杆一同进行的,对中央层面主要政策进行梳理后发现,当前中央关于处置僵尸企业的政策文件是包含在供给侧结构性改革文件中的,时间上与“三去一降一补”措施实施基本同步,简而言之可以分为6个阶段:提出供给侧结构性改革战略→出台钢铁、煤炭两大产能严重过剩行业去产能纲领性文件→陆续出台钢铁煤炭去产能配套政策→出台供给侧结构性改革配套措施陆续→出台处置僵尸企业专项方案→发布进一步深化供给侧结构性改革政策措施。这些方案政策的实施效果可能呈现以下四个特点:(1)中央淘汰僵尸企业的发力点主要集中在钢铁和煤炭两大行业,具体做法是通过淘汰过剩产能以改善行业供需状况。结合钢铁协会和煤炭协会的统计,截至2015年底,我国钢铁行业和煤炭行业产能分别达到12亿吨和57亿吨,但产能利用率均不到70%,产能过剩严重。因此,国务院要求从2016年起,钢铁行业要用5年时间压减粗钢产能1亿—1.5亿吨(也即将产能利用率提升至73%—76%),煤炭行业要用3—5年退出产能5亿吨左右、减量重组5亿吨左右(也即将产能利用率提升至79%左右)。需要注意的是,如果去产能任务得到坚决执行，目标圆满完成，尽管能够缓解钢铁煤炭行业供过于求的问题，但产能利用率仍低于 80%，所以这两个行业还是会存在供大于求的情况。加之煤炭行业属于钢铁行业的上游行业，清洁能源逐步替代煤炭能源，钢铁去产能、环境保护等因素会导致煤炭需求疲软。因此，煤炭行业的产能过剩问题比钢铁行业更加棘手，且这个问题很可能会长时间存在。（2）中央将供给侧结构性改革目标分解到各个地区，因此，各地区的执行力度对于本轮处置效果十分重要。目前去产能任务与处置僵尸企业任务同时进行，在政绩压力下地方政府对僵尸企业的保护激励有所下降。除此之外，由于经济下行，地方财政收入下降，特别是钢铁煤炭大省的财政收入明显下滑，地方政府支持僵尸企业的力度也有所降低。因此在供给侧结构性改革背景下，地方政府、集团公司“保大放小”的激励明显，可能引来地方国有企业、小型企业“倒闭潮”，但大型国有企业依然不会被轻易出清。（3）一行两会（原为一行三会）多次提出对工业企业实行“差别化信贷政策”，对产能过剩行业企业“有扶有控”，虽然相关文件中对“扶”“控”对象有方向性的指导，但并没有明确具体的统一标准。钢铁煤炭行业虽然产能严重过剩，却依旧存在许多优秀企业，并且当前阶段的经济转型升级、“中国制造 2025”均离不开钢铁煤炭等行业的支持，但目前金融市场对产能过剩行业普遍持观望态度，甚至存在金融机构对特定行业企业断贷的现象，产能过剩行业企业资金保障与再融资存在障碍，国家战略的执行需要更加有效的金融政策和金融创新产品的配合。同时，确定“扶”“控”对象需要在符合政策思路的前提下依靠金融机构进行合理判断，执行细节需要贷款方自行掌握。（4）从 2016 年算起，处置僵尸企业已经持续 3 年有余，由僵尸企业引发的问题虽然较之前有了很大化解，但也带有明显的行政化特征。具体而言，当前处置僵尸企业主要是依靠行政力量驱动，上级主管部门对下级部门处置僵尸企业的情况具有监督和问责权力，采用行政化方式去产能和处置僵尸企业的优点是周期短、见效快，但在这个过程中劣质资产没有真正退出市场，债权人作出了巨大让步，化解旧债务风险的同时带来了新债务风险，即使部分产能过剩行业企业盈利能力增强也是供给量减少的原因，而并非源自自身经营效率和产品质量的提升或治理结构的改善。采取行政化主导而非市场化主导的方式处置僵尸企业，会增加未来去产能的工作难度，将企业债务风险后移，同时难以建立起抑制僵尸企业再生的长效机制，可能为将来僵尸企业“死而复生”埋下风险隐患。中央处置僵尸企业主要政策文件见文末附录 B。

3.3.3 与处置僵尸企业相关的地方政策

根据中央部署，各地区也相继出台了相关政策文件，从政策文件出台的单位级别和文件数量可以看出各地区对处置僵尸企业的决心和力度，部分地区由省委省政府制定相关指导文件，部分地区仅由职能部门出台文件；部分地区将处置僵尸企业的任务包含在当地去产能调结构的综合性文件中，部分地区则在综合性文件的基础上出台了专门文件以处置僵尸企业，还有部分地区仅在其他文件中提到应当处置僵尸企业。总体而言，各地区能根据当地具体情况部署处置僵尸企业的工作，虽然处置僵尸企业的工作方式、侧重点以及工作力度有所不同，但基本上与中央政策思路一致，且基本上满足中央所下达的要求，特别是部分传统能源、钢铁生产大省，其去产能、淘汰僵尸企业的目标高于全国平均水平，但目标执行情况和最终效果还需要时间验证。各地区处置僵尸企业主要指导性文件见文末附录 C。

3.4 本章小结

本章首先从近年来社会投资增速、市场流动性状况以及债权发行人杠杆水平简要分析了僵尸企业形成的宏观经济背景，认为投资拉动经济造成了产能过剩、过于宽松的货币政策增加了外界向僵尸企业“输血”的机会、企业加杠杆行为加剧了自身债务风险。其次，本书汇总了僵尸企业认定有关制度，对国务院和各地区认定僵尸企业的标准进行了总结，发现各地区认定标准不统一，有些地区提出了详细的定量认定指标，有些地区仅从性质上对僵尸企业予以认定。最后，从法律法规、部门规章、中央政策、地方政策四个方面对僵尸企业处置的制度背景进行了深入梳理，其中，中央对处置僵尸企业政策文件的发布主要分为 6 个阶段：(1) 供给侧结构性改革战略的提出；(2) 钢铁煤炭两大产能严重过剩行业去产能纲领性文件出台；(3) 钢铁煤炭去产能配套政策陆续出台；(4) 供给侧结构性改革配套措施陆续出台；(5) 处置僵尸企业专项方案出台；(6) 发布进一步深化供给侧结构性改革政策措施。本章最后分析了中央层面方案与政策实施效果可能呈现出的四大特点：(1) 中央淘汰僵尸企业的发力点在钢铁和煤炭两大行业，通过淘汰过剩产能以改善行业供需状况；(2) 各地区供给侧结构性改革目标的执行力度对于本轮处置效果十分重要；(3) 对产能过剩行业企业“有扶有控”有方向性的指导，但并没有明确具体的统一标准；(4) 本轮僵尸企业的处置行政主导的特征十分明显。

第4章　僵尸化困境相关概念、阶段与预警理论框架

僵尸化困境的预警需要解决的问题有：什么是僵尸化困境、僵尸化困境与传统意义上的财务困境有什么关系、僵尸化困境形成及加重的机理是什么、僵尸化困境的程度如何区分、如何进行僵尸化困境预警研究，等等。为了解决以上问题，本章拟从三个方面展开：首先是僵尸化困境相关概念论述；其次是僵尸化困境阶段划分研究；最后提出了僵尸化困境预警理论框架，本书将基于该理论框架开展研究。

4.1　僵尸化困境相关概念界定

4.1.1　僵尸企业

僵尸企业是僵尸化困境的主体，学术界关于僵尸企业识别标准在表4－1进行了梳理汇总。

表4－1　　　　僵尸企业识别标准汇总

文献来源	识别标准
Kane (1987)	同时满足三个条件：资不抵债，获取了外部金融机构保险，持续存在

续表

文献来源	识别标准
Peek 和 Rosengren (2005)	多维财务指标向量
Tanaka (2006)①	用 CNK 标准识别出僵尸企业，再剔除满足以下任意一个条件的企业：本期分红高于上期；债券发行期限高于 11 年；资本/资产超过 40%
Caballero 等 (2008)	计算每家企业当年利息支付下限 R^*，将实际利息支付 $R_{i,t}$ 和利息支付下限 $R^*_{i,t}$ 进行标准化，计算利率缺口，小于 0 则识别为僵尸企业
Caballero 等 (2008)	利用模糊集合理论将企业的僵尸化程度用区间［0，1］表示，越接近 1，说明企业的僵尸化程度越高
Kwon 等 (2008)	同时满足“财务支持标准”和“破产标准”两个条件
Fukuda 和 Nakamura (2011)	用 CNK 标准识别出僵尸企业，在此基础上考虑“盈利能力标准”和“常青借贷标准”
Hoshi 和 Kim (2012)	同时满足“低盈利高负债”（FES）和“能够从债权人处获得援助”（BH）两个条件
Banerjee 和 Hofmann (2018)	同时满足三个条件：企业利息保障倍数至少连续 3 年小于 1；至少成立了 10 年；总资产市值与托宾 Q 之比低于其所在行业任意一年的中位数
聂辉华等 (2016)	如果一个企业在 t 年和 t－1 年都被 FN－CHK 标准识别为僵尸企业，那么该企业在 t 年被识别为僵尸企业
朱鹤、何帆 (2016)	满足下列条件之一：（最优利率支付－实际支付）÷借款总额大于 0；（最优利率支付－实际支付＋政府补贴＋税收返回＋税收减免）÷借款总额大于 0；（净利润－非经常性损益）小于 0；（净利润－政府补贴－税收返还－税收减免）小于 0；当年资产负债率排名前 30%、当年外部融资规模超过上年、（净利润－非经常性损益）小于 0

① Tanaka 于 2006 年就参考了 CHK 标准是因为当时的 CHK 标准是以工作论文的形式出现，直到 2008 年 Caballero 等三位学者才将论文正式发表。

续表

文献来源	识别标准
张栋等（2016）	根据 CHK 标准中的相关指标将企业初步认定为僵尸企业、僵尸性企业和非僵尸企业，再根据盈利指标以及贷款指标对初步认定的僵尸企业进行修正；考察僵尸企业扣除政府补助后的净利润指标，判断政府补助依赖度，对僵尸性进行修正；考察非僵尸企业和僵尸性企业扣除非经常性损益后的税前利润、扣除政府补助后的净利润等指标，根据指标判断企业自身造血能力及政府补助依赖度，对僵尸性进行修正
李霄阳、瞿强（2017）	“信贷补贴类僵尸企业”包括三种认定标准：CHK 标准、FN - CHK 标准、KNN 标准；“经营不善类僵尸企业”包括四种认定标准：持续亏损标准、营业外收入调整的持续亏损标准、潜在连续亏损标准、证监会特别处理标准
黄少卿、陈彦（2017）	对连续三年扣除补贴后实际利润总额进行平滑计算，分别加总 t - 2 至 t 年、t - 1 至 t + 1 年、t 至 t + 2 年的实际利润总额，若以上三个总和有一个小于 0，则该企业在 t 年被识别为僵尸企业
栾甫贵、赵磊蕾（2017）	若企业的“输血率”超过 100%，则识别为僵尸企业。其中，输血率 =（当年银行借款总额 + 当年收到政府补助总额）÷当年经营活动现金流出总额 × 100%

资料来源：本书整理。

目前，学术界对僵尸企业的识别标准并不完全统一，但存在 4 点共识：经营状况不佳、债务负担过重、需要依靠外部“输血”生存、持续性。其中，经营情况不佳体现在企业净利润金额较低、获利水平在行业排名靠后、持续亏损等；债务负担过重体现在偿债能力差，甚至资不抵债；需要依靠外部“输血”生存体现在盈利不佳但依旧能够获取银行续贷、债务型用资费用低于市场正常水平、获得大量政府补贴等。结合官方对僵尸企业的认定标准（文末附录 A 及前文表 3 - 2）可知，官方与学术界对认定和识别僵尸企业的基本条件看法一致，即必须考虑经营状况、债务负担与外界补贴因素。此外，不同地区、不同学者对僵尸企业识别的量化指标数值设定不一，比如，对于什么情况下才能称之为债务负担过重，具有资产负债率超过 50%、85%、100% 三种认识。另外，许多识别并没有考虑符合我国实际情况的标准，比如与我国僵尸企业形成息息相关的产能过剩问题，基于社会交换承担了社会负担导致的超额雇员问题。除此之外，大量研究识别标准过于简单，对僵尸企业的识别变成了对常青借贷、特惠利息、政府补贴的识别，也会遗漏僵尸企业的重要成因。僵尸企业的不同条件特征会在其演化过程中发生不同程度、不同方向的变化，对此难以统一考虑，因此对于僵尸企业的定义至少要列出其最基本和最受到公认的几个基本特征，即严重的生产经营困难、债务高企、接受外界不合理补贴、持续性。综上所述，本书将至少存在以下 4 个条件的经营实体定义为僵尸企业：生产经营出现严重问题，债务负担过重，接受外界不合理补贴，且以上情况具有持续性。

4.1.2　僵尸化困境

辞海将困境定义为困难的处境，基于此，本书将僵尸化困境定义为僵尸企业正在经历的一种长期依赖外界补贴生存且难以恢复健康或难以退出市场的困难处境。僵尸企业是僵尸化困境的主体，僵尸化困境是僵尸企业所处的状态。企业如同生命体，具有从蓬勃发展（健康）到奄奄一息（生病），从持续经营（生存）到退出市场（死亡）的动态过程，从企业陷入困境的过程来看，其具有由未僵尸化到不同严重程度僵尸化困境的演化历程，僵尸化困境是企业最终重组、清算、破产前的特定阶段，且这个阶段的状态会有起伏变化。僵尸化困境概念的提出有以下必要性：

（1）有利于更加合理地认识僵尸企业演化过程。僵尸化困境概念可以帮助辩证看待僵尸企业的演化过程，避免在僵尸企业认识上走向极端。正常企业成为僵尸企业再到最终重组、清算、破产，是一个逐步陷入并加重困境的演化过程，在此过程中，有的企业因为经营能力的本质改善又逐渐恢复，有的企业因为长期陷入困境泥潭难以自拔，加上各种诱因，逐步陷入程度不一的僵尸化困境。企业陷入僵尸化困境越深，其各方面状态的综合表现就会更差。因此，提出僵尸化困境，按照严重程度划分多个阶段，用来反映困境状态的动态变化过程，比仅采用0—1二分类来确认企业是否为僵尸企业更为合理。

（2）有利于更加准确全面地评价僵尸企业所处困境严重程度。僵尸化困境的提出为准确、全面地评价僵尸企业所处困境严重程度提供了条件。根据模糊集合理论，僵尸企业就性质来说没有破产企业那样严重，但也不能认定为正常企业，因此可以在一定程度上视为破产企业，一定程度上视为正常企业。在模糊集合中的僵尸企业，困境程度有重有轻且不单单表现在盈利能力、偿债能力、外界补贴等方面。僵尸化困境的提出解决了僵尸企业概念只能界定最低标准的问题，同时允许对僵尸企业所处的困境状态进行更加全面的表达，综合考虑了资源利用率低下、成长性差、社会负担性重、公司治理质量不佳等其他方面的僵尸化特征，最终保证在评价僵尸化程度时更加准确、全面且符合国情。

（3）为僵尸企业的分阶段诊断提供概念支撑。明确僵尸化困境概念，可以使我们根据企业在不同时期的状态表现，按照严重程度区分不同级别的困境阶段，以突破现有认知的局限，进一步为僵尸企业的分阶段诊断提供概念上的支撑。由此可以从理论上为利益相关者提供信息含量更加丰富的信息输出，进而为利益相关者采取梯度性的预警策略或处置策略提供支持，有助于利益相关者提升决策收益，减少决策损失。

4.1.3　僵尸化困境与财务困境的关系

企业困境问题是财务领域一个历久弥新的话题，因为企业在完整发展、成长、成熟、衰退的周期过程中，由于经营管理、商业模式或者产品本身等缺陷必然会经历陷入困境状态的过程。而企业困境最重要的方面即财务困境，因为财务健康是企业健康发展的最根本保证，一旦陷入财务困境，企业各方面都会受到影响。明确僵尸化困境与财务困境的关系，是僵尸化困境阶段划分以及预警指标设计的基础之一。在后文划分僵尸化困境阶段及确定预警指标时，需要加入一些与财务状态有关的因素或指标，这些因素或指标与其他类别的因素或指标相结合，可以保证僵尸化困境既具有一般性财务困境的特征，又具有其独特的特征。

学术界对财务困境的相关研究一直在持续进行，而不同学者对财务困境的特征和界定也有些许不同。早如 Beaver（1966）就定义了企业陷入财务困境的四种情形：逾期不能偿还银行债务；不能支付优先股股息；逾期不兑付债券本息；破产。之后 Zmijewski（1984）、Ohlson（1989）、Ward 和 Foster（1997）等都从企业债务逾期或者破产的角度定义了财务困境。Lau（1987）将企业的财务状态分为五种情形：财务稳定、取消或减少股利、技术性违约或债券违约、接近破产、破产清算。后四种情形代表企业陷入财务困境。围绕企业的债务，Wruch（2004）认为财务困境是指企业当前的现金净流量不足以偿还当前及未来债务的情形。大多数西方学者都是基于债务偿还可能性来定义财务困境，这与西方国家破产制度强调对债权人的保护不无关系。国内学者对财务困境的界定也有较多讨论。谷祺、刘淑莲（1999）认为财务困境是企业对支付到期债务无能为力的一种经济现象，主要包括了从技术性失败到破产之间的各种状况。刘红霞、张心林（2004）认为财务困境是企业不能履行经营义务时的状态，具体包括资产流动性差、无法变现偿还债务、现金净流量低、经营绩效差、净利润小于零、股东权益低于注册资本、资不抵债等情形。吕长江、赵岩（2004）认为，财务困境是指企业偿付到期债务发生困难的状况，但还未到达财务破产。任惠光（2007）从三个方面定义了财务困境：从盈利上来看，企业盈利能力实质性削弱，持续经营难以为继的状况严重；从债务上来看，企业偿债能力严重削弱，资金周转出现严重困难；企业失去或接近失去持续经营能力，进而导致破产或接近破产。刘彦文（2009）认为，只要企业销售收入降低、效益降低、存货周转率下降、现金流量不足就可以认为企业陷入财务困境。秦志敏（2012）认为，财务困境是指由于公司现金流量不足所导致的到期债务逾期，以致影响企业正常运作的状态。我国资本市场设有特别处理制度，当上市公司出现财务状况异常或其他异常，导致相关指标不能满足监管要求而股票简称被冠以“*ST/ST”的标记。因此，国内绝大多数学者直接将“财务状况异常而被特别处理”界定为财务困境，主要包含三个标准：“最近两个会计年度经审计的净利润连续为负值或者被追溯重述后连续为负值”；“最近一个会计年度经审计的期末净资产为负值或者被追溯重述后为负值”；“最近一个会计年度经审计的营业收入低于1000万元或者被追溯重述后低于1000万元”。综合学术界对财务困境的认识，本书认为财务困境是指企业陷入了由财务问题引发的危及企业发展甚至生存的困难处境。

对比学术界对财务困境企业和僵尸企业的观点看法，本书认为财务困境与僵尸化困境是一种包含与被包含的关系，僵尸化困境是财务困境发展的一种特殊阶段，企业陷入了僵尸化困境就一定陷入了财务困境，但企业陷入财务困境则可能未陷入僵尸化困境，财务困境的其他部分，则可以称之为“一般性财务困境”。

僵尸化困境和一般性财务困境具有以下共同点：(1) 盈利能力出现问题，且暂时找不到破解办法；(2) 资不抵债，或者债务负担过重、偿债能力差，存在债务逾期风险；(3) 企业流动性不足，“造血”功能出现问题；(4) 都存在经营管理方面的问题；(5) 受宏观经济环境等外部因素的影响。僵尸企业和一般性财务困境企业都是财务不健康的企业，财务状况恶化是两者共同的原因。因此对于上市公司而言，可能存在*ST/ST 企业和僵尸企业交织重叠的情况。

僵尸化困境和一般性财务困境至少存在以下区别：(1) 两者的成因侧重点不同，一般性财务困境企业更多的是由于缺乏市场竞争力、管理不佳等原因导致的，因此想要走出困境更多的是靠自我变革；而僵尸企业除了可能缺乏市场竞争力、管理不佳等原因之外，更为重要的是有政府、银行等外部力量的介入，或参与其他社会交换，使得企业依靠自我变革改变处境的激励不强；(2) 两者持续的时间不同，一般性财务困境企业的出路通常只有两个：复苏和破产，市场上不存在一直亏损但不靠外部“输血”而长期存在的企业，而僵尸企业按照正常的市场竞争规则本应退出市场，但可以依靠外部“输血”而持续存在。基于上述分析，图 4－1 展示了僵尸化困境与财务困境的关系。

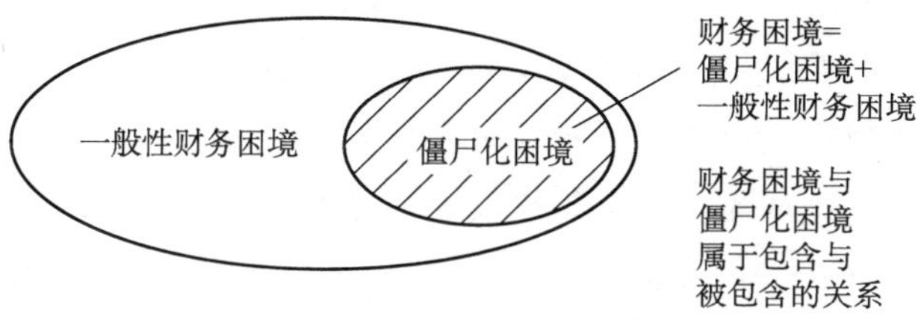

图 4－1　僵尸化困境与财务困境的关系

4.2 僵尸化困境阶段划分

4.2.1 僵尸化困境形成及加重的机理分析

总体而言，企业陷入僵尸化困境的机理较为复杂，微观层面的企业主体内部活动、政府行为、金融机构行为，宏观层面的经济变化、政策导向等等，这些因素将直接或间接导致企业陷入僵尸化困境或加重陷入僵尸化困境的程度。从僵尸化困境产生的内因和外因来看，大量举债、获利能力变差、核心资源利用效率变差、发展前景不明、管理层机会主义、流动性匮乏、乐于接受外部不合理资金的支持、承担社会负担性、公司治理结构不完善、困境的“沼泽效应”等都可能成为僵尸化困境形成及加重的内因。除此之外，经济周期、经济政策等经济环境变化也可能促使僵尸化困境形成及加重，还有一些通常意义上的组织属性，也可能与僵尸化困境形成及加重存在关系。

（1）大量举债引发资本结构失衡及高额代理成本。大量举债可能会从两个方面对僵尸化困境的形成及加重产生影响。其一，大量举债会打破最优资本结构从而加大企业陷入僵尸化困境的概率和程度。资本结构理论认为，过高的债务负担会降低偿债能力并打破企业资本结构的平衡，提高加权平均资本成本，导致企业产生不必要的损失，因为负债在为企业提供税盾保护的同时也会增加企业破产风险（Robichek 和 Myers，1966）。其二，代理问题会进一步减损企业价值，从而对僵尸化困境的形成及加重产生影响。代理理论认为，股东与债权人由于利益出发点不同，而存在利益冲突（Jensen 和 Meckling，1976）。当企业大量举债导致财务风险过高时，代理问题更加容易引发投资过度和投资不足的问题。所谓投资过度问题，指当企业陷入困境时，由于业绩压力，股东倾向于把资金投入 NPV 为负的高风险项目中，增加企业损失的概率和程度。因为项目失败时股东只承担有限责任，债权人需要承担失败的大部分责任，而项目成功时股东可以获取全部剩余收益，而债权人只获取固定利息收入。反过来，投资不足问题指当企业陷入困境且存在风险债务时，股东可能没有动机把资金投入 NPV 为正的项目，因为项目产生的收益要先用于偿还大额风险债务，项目的全部剩余收益低于股东初始投入，股东更有可能放弃参与项目，从而进一步减损企业价值。

（2）管理不善引发盈利恶化。管理能力低下导致的企业获利能力恶化是僵尸化困境形成与加重的关键原因之一。企业的目标是生存、发展与成功，实现目标最重要的一点就是尽可能地创造更多的利润，而这与企业的战略决策能力和经营管理能力密不可分。Argenti（1976）最早从经营管理的视角探寻企业陷入危机的原因，他发现，初创企业和成长企业失败的原因主要是管理不善，而成熟企业失败的原因主要是管理结构上的缺陷，这些原因都会导致企业获利能力变差，并进一步导致企业陷入危机。Sharma 和 Mahajan（1980）认为，合理的战略分析、选择和实施，良好的经营管理水平，对突发事件的正确应对，是避免企业业绩崩溃的三大法宝。Richardson 等（1994）认为企业失败类型可以归纳为四种失败模式：煮蛙型失败、溺蛙型失败、牛蛙型失败、蝌蚪型失败，这些失败的关键原因就是以收益为导向的业绩变差。Collett 等（2014）认为，管理不善导致的市场定位失误、收入不佳、成本高企是企业陷入困境的重要原因。一方面，管理层战略决策能力低下，会使管理层对市场需求变化的感知很弱，不能根据市场形势的变化及时调整企业战略目标，也不能详细深入地研究行业发展所处的生命周期、外部环境和自身情况，导致所生产的产品或提供的服务无市场竞争力，企业的成果难以变现为收入，收入不足导致的获利能力变差就会成为僵尸化困境形成的重要原因，收入量越少，则僵尸化困境越严重。另一方面，管理层经营能力低下会导致无效生产行为、管理行为严重浪费资源，成本费用难以得到控制，以致失控。成本高企导致的获利能力较差也会成为僵尸化困境形成的重要原因，且成本费用越失控，则僵尸化困境越严重。总而言之，战略决策能力和经营管理能力低下会导致企业获利能力变差，可能导致企业持续亏损，失去了继续留存在市场的必要，如果强行留在市场，将导致僵尸化困境的形成与加重。并且由于获利能力较差，企业将不能准备足够的留存收益面对风险和迎接挑战，企业缺乏转型升级的资本，则会进一步影响僵尸化困境的形成与加重。

（3）资源利用效率变差伴随的高额机会成本及产能过剩。资源利用效率在财务上体现为营运能力，核心资源利用效率变差一方面会伴随企业机会成本过高（陈收等，2013）。在资源有限的情况下，企业对核心资源的利用效率越高，在相同时间内获得的收益就会越大。如果企业对核心资源利用效率越低，会使固定资产不能发挥最大效用，可能存在设备闲置的情况，从而产生机会成本；或者会使存货堆积，占用资金利息，也会产生机会成本。当机会成本过大，则企业会面对严重亏损，从而可能陷入僵尸化困境，随着机会成本的增加，陷入僵尸化困境的程度也会越深。另一方面，核心资源利用效率变差伴随着生产部门的产能过剩（程俊杰、刘志彪，2015；付东，2017）。产能过剩是由于资源利用效率过低，生产部门实际生产量小于既定条件下的最大产出量，打破企业供需平衡，产生负面经济后果。基于产能过剩理论的经济学解释，产能过剩导致企业陷入僵尸化困境包括两条作用渠道：其一，价格渠道。大量企业产能过剩导致宏观层面上的产品供大于求，进而导致供需曲线交点处的市场均衡价格向下移动，企业若按照均衡价格下调产品单价，在单位成本不变的情况下会使单位利润减少；企业若保持产品单价稳定，则会带来存货堆积，并有很大可能造成实质性的资产减值损失。无论作出哪种选择，都会损害企业盈利能力，增加陷入僵尸化困境的概率和程度。对于钢铁、水泥、煤炭等重工业行业而言，这些行业企业对地方经济发展的影响大、吸收就业量大，在经济下行周期，政府为了防止这些行业企业退出市场，有动机向其提供大量补贴，用于填补产品实际价格与均衡价格之间的缺口，导致供给价格弹性畸形。久而久之，这些产能过剩行业中许多企业丧失核心竞争力，产品失去竞争地位，只能依靠政府补贴继续生存，成为僵尸企业出现的重灾区。其二，成本渠道。产能利用率降低引起产能过剩，如果企业不能采取手段降低成本、提升产品竞争力，将导致入不敷出，这会使企业投产阶段的固定成本以及生产阶段的变动成本难以收回，且企业为投产生产的举债资金将不断累积，使企业债务高企，甚至出现债务违约，需要依靠外界支持才能生存，从而陷入、加重僵尸化困境。

（4）企业成长性降低带来的未来发展前景不明。成长性较低会导致企业未来发展前景不明，对僵尸化困境的形成及加重产生影响。可持续增长理论认为，成长是企业的内生需求，良好的成长性可以帮助企业在既定利润率水平下通过规模增长、规模效应来增加收入、降低成本，从而提升利润，并且良好的成长性可以吸引投资者以扩大投资，进一步增强企业实力（Higgins，1981；Van Horne，1988）。成长是企业的需要达成的目标之一，企业发展的好坏事关利益相关者的福祉，而企业成长性降低会导致企业未来发展前景不明，主要体现在业务发展状态不佳导致的利润成长性低以及企业业绩的可持续性较低。一方面，在有限的市场容量里，谁拥有更多的市场占有率，谁就获得了获取更多利润的主动权。若企业发展状态势头下跌，市场占有率降低，价格竞争十分激烈，这类竞争往往是无利润竞争（Moulton 等，1996），企业不得以采取收缩战略，通过缩减职能部门规模、放弃部分经营业务与经营分部等方式维持企业的正常开支，而被动地采取收缩战略又会反过来继续降低企业的利润成长性，会增加被市场淘汰的风险。若企业持续收缩，到某一时刻企业通过业务获得的收入将不能维持其正常运转，此时如果企业不退出市场则可能陷入僵尸化困境，企业越收缩，其恢复健康的驱动力越差，陷入僵尸化困境的程度也就会越高。另一方面，业绩可持续增长的内生驱动力是良好的经营效率和财务政策（曹玉珊，2007），企业业务发展状态不佳所导致的业绩可持续性较低表明企业经营效率和财务政策出现问题，如果维持这种状况不改变，企业活动将一直处于低效率中；而要提升企业增长的可持续性，则需要寻找更好更有前景的投资项目以获取更多的内源性收入，但寻找这种项目十分艰难，而强行采取短期行为拔高业绩增长率，会造成实际增长与内生实力之间的脱节，基于非内生实力支撑的业绩增长对企业来说非常危险（陈建，2008），这会加大企业陷入僵尸化困境的概率或程度。

（5）资本市场中的管理层机会主义。管理层机会主义行为包括道德风险、逆向选择以及非效率投资，可能导致僵尸化困境形成及加重。信息不对称理论认为，经济活动中，不同个体所拥有的信息是不同的，拥有信息较为充分的一方在经济活动中会居于有利地位，而拥有信息更少的一方在经济活动中会居于不利地位（Akerlof，1970）。由于资本市场存在天然的信息不对称，上市公司管理层就有可能利用对利益相关者的信息不对称优势而引发机会主义行为（曾皓、赵静，2018）。

首先，信息不对称引发的管理层道德风险可能导致僵尸化困境形成及加重。我国《公司法》《证券法》《上市公司信息披露管理办法》《企业会计准则》等一系列规章制度对上市公司的信息披露有着较为严格的规定，某些事项也允许上市公司自主选择是否披露。对于经营情况不太好的上市公司而言，其披露越多的信息越会让利益相关者了解自己，关注自己，如果其经营上的某些问题细节被公众熟知，可能会引发舆论压力，使自身处于被动地位。因此，这类上市公司对于披露更多的信息持有不积极的态度。由于上市公司信息披露存在道德风险，外界力量对其关注的力度有限，容易导致上市公司对自身问题缺少重视，任由问题发展从而导致企业陷入僵尸化困境或加重僵尸化困境。

其次，信息不对称引发的管理层逆向选择也可能导致僵尸化困境形成及加重。我国监管机构对公司新股发行上市的资格控制一直较严，从 2007 年以来，证监会年均审批通过的上市公司数量不到 200 家。对已经上市的公司而言，其享有的资源和机会比上市前有较大提升，尤其“壳”资源是一笔重要财富。因此，经营出现严重问题的上市公司倾向于通过盈余管理等手段粉饰财务报表，向外界传递其运作一切正常的信号，避免不符合监管机构的规定而终止上市。当外部的利益相关者不能对信号作出有效甄别时，上市公司就可以利用营造的健康形象向市场寻租，在获取贷款、获取补贴、维持股价、并购重组等方面占据优势地位。比如山东墨龙（002490）被曝光于 2015—2016 年连续两年对披露财务报表进行虚假记载，寿光市政府在不知情的情况下于 2017 年向其提供 1.5 亿元的财政补贴。这种通过粉饰财务报表而隐瞒问题信息的逆向选择行为严重地损害了公众利益，更为重要的是，当企业沉溺于这种逆向选择所带来的“利益”时，将无意于通过战略转型、改善管理等正确的方式转危为安。随着逆向选择的程度加深，企业经营问题越难以得到解决，企业也越依赖于外界补贴，从而导致企业陷入僵尸化困境或加重僵尸化困境。

最后，信息不对称引发的管理层非效率投资也可能导致僵尸化困境形成及加重。上市公司如果陷入困境且不具备打破困境的能力，只能继续生产超出市场需求的产品，并以低价销售，以负担日常固定成本的支出，企图通过优质企业的资产注入和股权收购从而实现逆转颓势。这种情况下，企业实际是将自由现金流投入净现值为负的项目中，在这个过程中，股东承担有限责任的同时可能获得超额收益，但债权人只能获得约定利息收入同时面临兜底相关的损失风险。通常情况下，由于要使企业重新获得强大的市场竞争力需要付出很大的努力，股东或管理者将没有太大激励进行转型升级的工作，加之上市公司和外界的信息不对称会使其凭借上市公司的头衔轻易地获得救援，因此更加倾向于采取"维持现状，等待救援"的态度。企业采取的非效率投资行为会使自身进一步丧失发展机会，随着时间的推移会使企业陷入僵尸化困境或加重僵尸化困境。

（6）持续经营能力不稳定。现金流匮乏以及最低债务偿还力不足都会导致持续经营能力不稳定，进而导致僵尸化困境形成、加重。一方面，根据现金流量理论可知，现金流是企业机体的"血液"，公司的一举一动都涉及现金的流通。企业缺乏必要的流动性，其交易动机、预防动机和投机动机都难以得到满足。企业其实就是流动资产的"蓄水池"，如果对流动性的管理不当，使得流入量减少，流出量增加，导致"蓄水池"水位逐渐下降，从而增加企业失败的风险（Blum，1974）。一般而言，现金流代表了盈余中质量更高的部分（Sloan，1996），其产生主要通过经营活动实现。一旦生产经营出现问题，就意味着其核心"造血"能力丧失，长期来看会导致机体的"血液"不断枯竭流失。企业缺乏必要的现金流，则其交易动机、预防动机和投机动机都将受到影响，企业的活力将会逐渐丧失，并难以逆转。在这种情况下，企业持续经营能力将变得十分不稳定，破产概率陡升（Lennox，1999；赵国忠，2008）。随着现金流愈加匮乏，企业陷入僵尸化困境的程度就越深。另一方面，根据金融不稳定性理论可知，最低债务偿还力不足使企业面临更高破产风险，动摇企业持续经营的根基（Minsky，1964）。Minsky 认为，市场中存在三种类型的企业债务人：第一种是企业将借款用于投资，企业的未来现金流完全可以用于偿还债务本息，这类企业的财务状况比较安全；第二种是企业将借款用于投资，企业的未来现金流能支付利息，但不能或不完全能支付本金，这类企业短期来看不存在违约风险，但贷款到期就容易暴露风险，这类企业往往就是债务本金太多，债务利息已经侵蚀了大量利润，本金偿还的能力极弱，若没有外力支持，债务本金只能不断滚动下去；第三种是企业即使借款投资，所产生的现金流不足以覆盖本息，所以要么借新还旧，要么变卖资产还债，结果就是深陷债务泥潭不能自拔。企业的负债较多，偿债能力普遍较弱，这类企业的目标由“利润最大化”逐步转向“债务最小化”，属于第三类债务人甚至第二类债务人。最低债务偿还力不足使企业面临更高破产风险，动摇企业持续经营的根基，管理层看到企业偿债无望又会降低工作激情和自信心，多重因素叠加增加企业陷入僵尸化困境的概率或者加重僵尸化困境的程度。

（7）政府与银行提供不合理补贴。政府与银行对企业的不合理补贴是僵尸化困境形成及加重的关键原因之一。社会交换理论认为，组织或个体在获得回报的预期前提下，会涉入并维护与他人的交换关系（Blau，2017）。在社会体系中，任何组织和个人都具有他人需要资源，资源的类型包括经济资源和社会资源等，对应的交换方式也分为经济交换与非经济交换。这些交换具有双边、交互、互惠互利的特征（Emerson，2003）。一旦这些特征不能实现，那么社会交换的过程就会中止，因为利益交换或者给与他人价值增值是一切双边关系的基础（Homans，1961）。随着时间的推移，交换双方从对方得到的收益增加会加强双方的信任基础，并进一步促进交换，特别是基于非经济交换产生的社会关系会加强双方相信对方对自己长期履约（Holmes，1981）。按照正常的市场运行逻辑，生产状况不佳、负债负担过重、毫无生机的僵尸企业应该被市场淘汰，而其之所以会出现并存续，原因之一就是参与了同政府、银行的社会交换，从而获得不合理补贴以持续生存。

从政府角度而言，其对企业有维护社会稳定、实现政绩目标、响应国家政策号召等方面的诉求（唐清泉、罗党论，2007）。首先，企业在维护社会稳定方面发挥了巨大的作用。特别是当企业属于公众利益实体时，其所涉及的利益面较广，比如上市公司的投资者和债权人众多，上下游供应商和客户群体庞大等，一旦这些公众利益实体出现问题，其广泛的利益相关者也会受到牵连。因此，政府更会把精力放在保证企业维持稳定运作上面。其次，企业是当地政府官员重要的政治资源。企业特别是上市公司可以为当地政府创造更多的纳税收入，当上市公司为国有企业时，其获取的利润也可以成为当地政府财政收入的重要来源。再次，特别对于上市公司而言，其声誉较好，一般是当地的“明星企业”，上市公司经营的好坏往往会在一定程度上影响政府官员升迁，某任官员如果能充分利用好上市公司这一种牌，就增加了一条获取上级政府关注的途径。最后，如果国家规划中需要大力发展某一产业，那么目标行业的企业必然是政府实现国家战略规划的“主力军”，地方政府有动机对这类公司的经营活动进行倾向性指引。当地政府基于上述诉求，必然会要求企业在维护社会稳定、增加就业岗位、实现政府政策等方面作出贡献，但也会提供相应的扶持，比如对上市公司进行“救穷”（王红建等，2015）、容忍上市公司的违规行为（周黎安，2007）、对企业提供更多的财政补贴作为补偿（薛云奎、白云霞，2008），使补贴僵尸企业成为政府“释放自身压力”的“迂回方式”（Hoshi，2006）。在不断放大的“政治竞标赛”激励下，地方政府对生产要素的态度发生改变（周黎安，2007），为了维持就业机会、吸收就业人口、维护社会稳定、帮助官员升迁，地方政府不倾向于出清问题企业，而是继续补贴（包括政府直接补贴以及要求银行间接补贴）这些企业，造成企业陷入僵尸化困境。更进一步地，企业的最终目标在于参与市场竞争并获取利润，但接受政府的补贴会使企业产生依赖性，管理层会认为保持良好业绩是理所当然的事，长此以往将使企业散失战略规划性和经营自主性，随着补贴的持续，其陷入僵尸化困境的程度越深。

从银行角度而言，银行基于社会交换对企业不断进行不合理的信贷支持，引发了预算软约束的问题，从而导致企业的微观行为被逐渐扭曲。银行对企业持续提供不合理的信贷资源除了顺应政府的号召外，还与其利用向企业提供贷款而满足自身“掩盖坏账动机”有关，即银行为了保持自身会计报表的稳定，对出现风险的企业提供所谓的“滚动贷款”或“常青贷款”，用新贷款或修改贷款条件掩盖可能的大规模账面损失，这种动机在企业是上市公司或国有企业时尤为明显（曾皓、赵静，2018）。以上市公司为例，根据我国新修订的《股票上市规则》，当上市公司规定财务指标和非财务指标未达到监管要求时，则会被冠以退市风险警示的标记，若在规定期限内未扭亏为盈，则会被强制退市。上市公司属于公众利益实体，退市除了对自身有影响外，对关联银行也会造成较大的冲击，之前的贷款将无法收回，容易造成银行不良贷款率飙升，牵连自身的经营。因此，为了确保自身安全，银行有动机在贷款审批、贷款条件上作出让步，通过提供特惠利息贷款、常青贷款等方式持续帮助上市公司，以期未来上市公司业绩好转时能够偿还款项。在这种情况下，企业的资源配置合理性和经营效率会不断降低（林毅夫等，2004），内生发展力弱化，会逐步陷入或逐步加重僵尸化困境。

（8）承担社会负担性。基于上述社会交换理论的观点，可以认为僵尸企业之所以“僵而不死”的重要原因是企业与社会其他主体之间存在社会交换。企业根植于社会体系之中，社会其他主体与企业之间存在利益交换的机会与动机。对社会其他主体而言，与企业之间的利益交换目标不仅是企业提供的商品和服务，还包括企业提供的就业岗位、企业存续给地方带来的声誉名望等。而企业能够从中得到外界资源的庇护，进而引发企业债务的预算软约束等问题。

从企业角度而言，由于政府在社会众多领域具有垄断性的支配权力，其具有迎合政府部门的诉求以获得补贴资源、贷款资源、税收减免、政策支持、职位升迁等方面的收益（廖冠民、沈红波，2014）。为了帮助政府实现其政策目标，上市公司会承担更多的社会责任，响应中央和地方产业政策的号召，维持雇员冗余，目的就是在国企系统内的职位晋升、获取政府补贴和银行贷款、获取相关资质等方面得到庇护和帮助。但这样做的后果也是显而易见的，上市公司不能按照效率最大化的原则执行人力资源计划，使得其在人力资源成本方面付出更多；迎合政府的产业政策，而没有寻找和发挥真正的比较优势和资源禀赋，可能造成上市公司核心竞争力发生不可逆转的丧失，内部创造力不足从而失去长远发展的驱动力；企业获取的政策优惠并不能弥补经济效率的下降，此时上市公司的目标由利润最大化转变成获取支持最大化，加之退出机制受阻，从而陷入僵尸化困境，企业的社会负担性越重，效率损失越高，则僵尸化困境程度越深。

（9）公司治理结构不完善。公司治理理论认为，公司治理结构的优劣是企业竞争力形成的直接决定因素之一，是企业完成战略规划的内生动力（孙晓琳，2010）。公司治理结构不完善主要体现为治理结构的失衡（赵艳芳，2007；钱忠华，2009），治理结构直接从顶层影响企业活动，对于企业绩效而言至关重要。治理结构失衡导致的治理效率低下和公司非理性行为将减损企业绩效（文拥军，2011），可能对僵尸化困境的形成及加重产生影响。

一方面，治理结构对其他股东能力发挥、监督约束、战略应变等方面发挥决定性作用，治理结构越失衡，参与公司最终决策的人数就越少，权力高度聚集，占股不高的股东能人难以对决策产生关键性影响，越容易陷入“一言堂”的境地，也难以存在有效的监督约束机制制约大股东私利行为或管理层机会主义行为，导致治理效率低下，进而可能打破股东之间利益分配的均衡从而没有公平满足多数人的利益，或者难以发挥董事会集体决策的作用从而耽误企业进行战略转型的最佳选择。以上问题会严重减损企业价值、降低企业绩效，并最终导致企业陷入僵尸化困境，当公司治理效率一直低下则会加深僵尸化困境的程度。

另一方面，治理结构对企业战略决策、经营目标发挥决定性作用，从而影响企业融资活动、投资活动、生产活动、交易活动、分配活动等一系列企业行为。由于控制权存在溢价，有决策权的大股东会作出有利于自身的私利行为，造成公司的非理性行为。治理结构失衡导致的非理性行为会减损利益相关者整体利益，损害企业绩效。更为严重的是，治理结构失衡可能导致前期制定的战略计划不能落地，甚至会出现混乱无序的状态，企业对生产成本的分析改进、产品质量的日常监管、资金的周期配置、销售渠道的开发维护都难以做到最好，最终影响企业获取利润的能力。当企业整体风气恶化，也会使管理层面的内部控制活动丧失应有的功能，导致不相容岗位未分离、员工行为不规范、资金挪用、核心设备未按要求进行维护等。当公司非理性行为所产生的问题不断累积，最终会导致僵尸化困境的形成及加重。

（10）困境的时间效应假说。学术界在对企业陷入困境的相关机理进行研究时，大多都是从内部或外部角度入手去寻找影响因素。但是这些研究总结的是影响企业发展过程中的截面因素，为了更好地探究时序因素对企业发展的影响，国内已有部分学者将时间角度纳入研究框架中，并开始关注上市公司相关问题的时间效应，即研究指标的时序积累与企业业绩之间的变化关系（赵晶，2012；丁志国等，2014；张洋，2017）。根据这些学者的观点可知，随着时间的推移，并非所有微观层面的企业特征都呈线性发展态势。基于管理者的利益诉求以及有限理性，企业在发展的不同阶段会影响管理者的心理状态，并通过一定的作用机制产生相应的经济后果，最终反映在企业状态的时变性上。丁志国等（2018）首次提出上市公司财务困境发生风险的“倒 U”形时间效应理论猜想，他认为，企业上市时间与其发生财务困境的风险呈先上升后下降的时变规律。由于僵尸化困境包含在财务困境中，因此承续该理论猜想，本书进一步提出上市公司僵尸化困境的时间效应假说：正常企业上市时间与其陷入僵尸化的风险呈先上升后下降的时变规律，其后一部分企业的风险在僵尸化困境临界值下来回波动，另一部分企业风险持续上升，当其陷入僵尸化困境后状态不断恶化，其恢复正常状态的概率随着时间的推移而下降，直至外界停止输血而退出市场。

图 4 - 2 刻画了企业僵尸化困境的时间效应假说图，图中 P 表示企业陷入僵尸化困境的风险或陷入僵尸化困境之后困境的严重程度；T 表示时间，起始时间为上市时间；A 时期为正常企业 IPO 至陷入僵尸化困境的时间段，曲线表明正常企业陷入僵尸化困境的风险变化；B 时期为企业陷入僵尸化困境后的时间段，曲线表明僵尸企业继续恶化的程度变化。

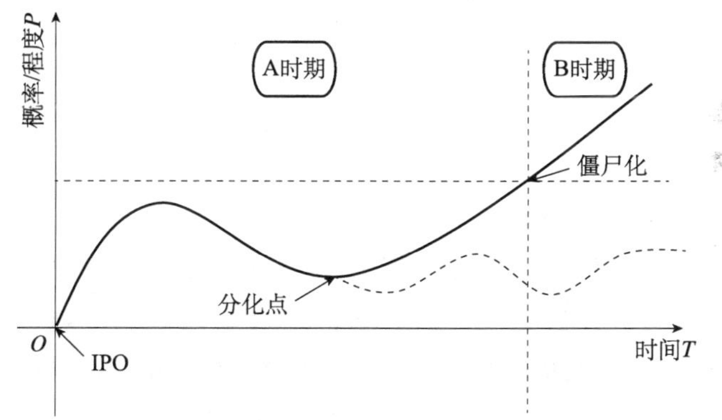

图 4 - 2　僵尸化困境的时间效应假说图

本书对僵尸化困境的时间效应给出一般性的经济学逻辑推测。在 A 时期初始，IPO 带来的成就感会使管理层产生“压抑得到释放的亢奋冲动心理”（丁志国等，2018），使得上市后一段时间内管理层的经营举措会变得更为激进；并且 IPO 可以为公司带来大量的自由现金流以及管理层声誉，管理层会产生“追逐才华得以实现的自我实现需求”。两种心理状态叠加，会促使管理层急迫想要宣泄情形并证明自己，并容易采取较为激进的扩张策略，投资于 NPV 小于 0 的项目。因此在上市后的一段时期，公司陷入僵尸化困境的风险会上升，并达到极大值。之后，激进的经营举措可能带来期望业绩低于市场预期，并通过信息披露制度被市场所捕捉，产品竞争市场、资本市场、经理人市场同时发挥作用，对管理层造成巨大压力，加之管理层之前的宣泄心态及自我满足感逐渐归于正常水平，管理层回归理性，并通过一系列决策使得公司利益与自身利益达到“激励相容”，公司业绩将会好转，这段时期公司陷入困境的风险会下降，并达到极小值。公司在长期经营过程中将会面对“波特五力”的不断挑战，任何决策上的失误都可能逐步扩大成为经营失败的严重隐患，因此，管理者能力水平的高低决定着企业是否能够抓住机会、避开危机（Philippe等，1992；Malmendier 和 Tate，2002）。管理层能力与水平的差异使得不同企业的僵尸化风险产生了分裂（Split）。对于管理者能力水平较高的上市公司，虽然一些外生因素会使其陷入僵尸化困境的风险产生波动，但整体而言风险不会超过真正陷入困境的临界值；而对于管理者能力水平较差的上市公司，过去的问题不能得到很好解决，面对新挑战也难以抓住机会，因此其陷入僵尸化困境的风险逐步提升，直至陷入僵尸化困境，成为僵尸企业。

当公司陷入僵尸化困境，则进入了 B 时期，该时期重要的特征为持续性亏损以及依靠外界输血生存。持续性亏损和外界干预会导致管理层产生“气馁心理”，并且这种困境存在“沼泽效应”。一方面，管理层很难通过努力与决心带领企业扭亏为盈，当企业既已陷入困境，证明管理层的努力并未得到显著的正向反馈，管理者会对自己的价值与能力产生怀疑，持续的困境状态会不断摧毁管理者的信心，直至产生气馁心理，对挽救公司不抱期待。另一方面，陷入僵尸化困境的企业由于接受了外界补贴，代价必然是要让渡部分自主权，并在长期依靠外界补贴的过程中产生依赖心理，直至不再具有有效的内生动力。当企业持续亏损以及受外界干预的时间越长，则其僵尸化困境程度越深，恢复至正常状态的难度越高，恶化速度也快，即困境的“沼泽效应”。这个阶段越往后，僵尸企业越僵而不死。

（11）经济波动与经济政策影响。从历史情况来看，经济环境的变化是企业陷入僵尸化困境的主要外部诱因。比如日本和韩国曾经就深受僵尸企业问题的困扰。伴随经济危机，市场需求不足，产业低迷，大量问题企业没有退出市场，而是接受外界救助，从而陷入僵尸化困境。虽然我国未发生经济危机，但经济环境的变化依然会间接影响僵尸化困境的形成及加重，这主要体现在经济波动与经济政策带来的影响。因为经济波动与经济政策通常会对企业的生产函数、供求关系、产品与服务定价、核心竞争力等方面产生系统性影响，从而成为僵尸化困境形成及加重的间接诱因。

经济在运行过程中会交替性地出现经济扩张与经济紧缩，从而形成繁荣、衰退、萧条和复苏四个阶段，特别是当经济萧条时，社会的生产、投资、消费等活动极度低迷，导致大量企业盈利的根基受到侵蚀，从而陷入困境乃至破产。Altman（1983）发现低迷的经济增长和不合理的货币政策对企业发生财务困境有显著影响。Demirguc 和 Detragiache（1998）发现在较低的经济增长率、较高的短期利率和通货膨胀率期间，企业更容易陷入危机。Bae 等（2000）发现经济波动通过影响银行财务健康进而增加与银行有密切联系的企业陷入困境的概率。Celik 和 Karatepe（2007）也认为宏观经济环境有助于解释企业危机的形成。具体而言，经济波动可以从投资、筹资、经营三个方面影响企业，影响的过程如表 4-2 所示。

表 4-2　经济波动与僵尸化困境

影响渠道	影响过程
企业投资活动	经济繁荣→行业扩张→专有投资增加→竞争饱和→经济衰退→供过于求→产能过剩→财务不健康→僵尸化困境

续表

影响渠道	影响过程
企业筹资活动	经济繁荣→正常借贷→经济衰退→企业坏账→放松银根→僵尸借贷→财务不健康→僵尸化困境
企业经营活动	经济繁荣→大量生产→存货增加→经济衰退→消费不足→产品积压→价格下降→财务不健康→僵尸化困境

当经济繁荣时，行业中的企业会通过加大投资、扩大生产以满足供不应求的消费需求，同时大量投资的涌入，行业也处在饱和状态，企业的边际利润为0，但为了抓住销售机会，企业会提前备好存货以备不时之需；同时企业为了正常投资经营的需要，会从金融机构获取贷款，此时企业通过销售收入获得利润，债务到期时有足够资金还本付息，之后再借款经营，贷款资源循环转动。当经济逐渐衰退时，社会对商品的消费需求降低，行业原有生产力所生产的产品大于原有的消费需求，大量企业产能过剩，专用性资产难以出清，加之企业产品滞销，收入不足以支付成本，进一步影响企业财务状况，此时政府倾向于通过宽松的货币政策和财政政策刺激经济、救助企业，整个社会银根充裕，从而导致政府“父爱主义”泛滥，政府补贴提高，政府干预企业生产经营力度越大，对问题企业越容易提供不合理补贴；或者导致银行主观上或客观上将资金转移到问题企业的机会增加，对问题企业形成不合理补贴。随着情况的恶化企业会逐步陷入或加重僵尸化困境。

（12）组织属性的影响。组织属性是指企业规模、产权性质及所属行业。它们是企业的一般性特征，在特定条件下也很可能导致企业的状态发生变化。因此从逻辑上而言，企业规模、产权性质及所属行业均可能会间接影响僵尸化困境的形成及加重。

就企业规模而言，新古典经济学奠基人之一阿尔弗雷德·马歇尔在其著作《经济学原理》中首次提出“规模经济”的概念。他认为，企业是一个由各种要素有机结合的整体，技术对于企业来说具有不可分性，如果企业产量过低，未到达技术荷载上限，企业生产能力就不能得到充分利用，结果就是平均成本未达到最低，所以企业规模增加就可以提高生产能力，并降低平均成本，此时规模经济阶段；但是在保持技术不变的条件下，企业规模继续增长到临界值之后，平均成本又会逐渐升高，此时为规模不经济阶段。以该理论为基础，国内外学者对企业规模和公司绩效的关系进行了大量研究，既有支持两者直接呈正向关系的学者（Hoskisson 等，1994；吕长江、赵岩，2004；孙奕驰，2011），也有支持两者之间呈反向关系的学者（Schmalensee，1989；洪道麟、熊得华，2006），还有支持两者之间不存在关系的学者（Robins 和 Wiersema，1995；霍春辉等，2009；周永源、高俊山，2010）。本书支持企业规模与公司绩效呈正相关关系，并进一步会遏制僵尸化困境的形成与加重的观点。原因在于，规模较大的企业容错率更高，即使是生产经营出现问题，由于资源丰富，也有足够的时间和空间解决问题，而规模更小的企业明显就缺乏这种容错性资源。除此之外，规模更大的企业在融资机会、投资机会、用工成本上均优于规模更小的企业（方明月等，2018），绩效表现也就会比小规模企业更优。因此，企业规模越大就越难陷入僵尸化困境。

就产权性质而言，根据最终控制人不同，我国具有国有企业和非国有企业两类产权性质不同的企业。产权性质的不同会使企业在管理方式、投资决策、经营目标、经营环境等方法存在显著差异（李焰等，2011；刘和旺等，2015）。一直以来，国有企业获取信贷资源或者政府补贴都比非国有企业更具优势。以传统的僵尸企业评判标准来看，国有僵尸企业的比例一直都是高于非国有僵尸企业的比例（聂辉华等，2016；李霄阳、瞿强，2017），究其原因在于国有企业归政府控制，需要承担一部分政府职责，接受政府兜底，出现问题更难退出市场，其受到政府和银行的支持力度会更强，陷入僵尸化困境的风险与程度高于非国有企业。比如，主营摩托车制造业务的中国嘉陵（600877）于2015年至2016年连续两年亏损，同时2016年严重资不抵债，于2017年5月被上交所冠以退市风险警示的标识，*ST嘉陵在这几年销售收入严重缩水，库存积压，设备闲置，陷入困境程度较深。但是其母公司南方工业集团公司于2017年6月向其转拨了一笔政府补助款以延缓其退市进程，截至2018年底，ST嘉陵仍未退市。若ST嘉陵没有国企背景，就很难获得外部供血。

就行业属性而言，Moulton等（1996）认为，行业成长性、资产性质、整体布局都会影响到行业中所有企业，企业失败的概率与行业属性密切相关。赵艳芳（2007）认为制造业上市公司不同程度地存在产品竞争力差、技术研发落后、市场增长速度低、设备陈旧等问题，导致行业中许多上市公司会出现危机。比如我国整体陷入僵尸化困境严重的行业就包括钢铁、煤炭行业。这类行业整体处在“夕阳期”，成长较差，资产性质较为相似，整体布局在很长时间内都没有经历过大的调整，导致如今行业整体产能过剩，行业内企业的业绩表现大都不尽如人意，陷入僵尸化困境的企业数量远高于其他行业。因此，行业属性也是僵尸化困境形成和加重需要考虑的间接原因。

4.2.2 僵尸化困境阶段划分理论依据

基于企业生命周期理论的观点，可以对僵尸化困境不同阶段进行划分。企业生命周期理论认为，企业类似于生命体，需要经历一系列不同形态的动态发展过程（Orand 和 Krecker，1990）。企业作为不断演化的经济实体，企业的各项特征指标在其发展的不同阶段有显著差异（刘燚，2014）。对于僵尸企业来说，其僵尸化困境也是一系列不同形态的动态发展过程，在这个过程中，不同阶段的状态会有起伏变化，因此，僵尸企业也有生命周期，只不过僵尸企业的生命周期是企业生命周期的特殊化、典型化。僵尸化困境属于一般性财务困境到退出市场之间的特殊状态，处在企业生命周期的末段，因此，其主体也具有企业生命周期阶段性的演化过程—僵尸企业生命周期，在这个过程中，企业的僵尸属性以及僵尸化困境程度是一个动态变化过程，随着僵尸化困境程度越高，企业活性越低，形态会逐渐发生改变，僵尸化困境不同的严重程度决定了其不同阶段。目前已有部分学者将僵尸化困境阶段划分嵌套到企业生命周期中（张如锦，2018；宋建波等，2019）。基于企业生命周期分析框架可以把僵尸企业生命周期这一典型问题转化为企业生命周期的一般性问题，有利于更加深入细致地看待企业的僵尸化过程，明确僵尸化困境“形成—加重”的逻辑路径，对于僵尸化困境不同阶段的划分标准、数目、方法具有基础性指导意义。

4.2.3　僵尸化困境阶段划分标准

对僵尸化困境不同阶段进行划分，需要考虑基于哪些因素来作为阶段划分标准。从大方面说，僵尸化困境是企业整体生命周期中位置靠后的一环；从小方面说，僵尸化困境也是财务困境中的程度偏深的一环，所以僵尸化困境是嵌入企业生命周期或财务困境演化过程中的。因此，企业生命周期或财务困境的阶段划分标准，也是僵尸化困境的阶段划分标准。只不过由于僵尸化困境的特殊性，在对其进行阶段划分时，需要考虑的因素应当更加全面。也就是说，企业生命周期、财务困境演化过程和僵尸化困境演化过程是内在统一的，企业生命周期包含了财务困境演化的各个阶段，财务困境演化过程又包含了僵尸化困境的各个阶段，因此，企业生命周期和财务困境演化过程的划分标准可以作为僵尸化困境各阶段的划分标准，同时考虑到僵尸化困境的特殊性，其又有新增的个性化标准。因此，本书在借鉴相关研究的基础上确定僵尸化困境阶段划分标准，现有相关研究的汇总如表 4－3 所示。

表 4－3　　企业所处不同阶段划分标准及数目

年度	提出者	阶段划分标准	阶段划分数目	基于视角
1969	Steinmetz	所有者对企业的控制方式	4	企业生命周期视角
1974	Tobert	组织成员心理状态	8	
1986	Flamholt	企业规模	7	
1988	Kazanjian	产品或技术运行周期	4	
1990	Timmons	销售收入、时间	4	
1994	Rowe 等	企业规模、管理风格	5	
2000	李业	销售收入	4	
2002	单文、韩福荣	可控性、应变性、企业规模	10	
2003	孙建强等	业绩增长率、科技成果转化增长率、成本降低率、规模扩展率	4	
2004	李永峰等	资产总额、无形资产、销售收入、现金净流量、生产成本、利润总额、R&D投入、营运能力	6	
2007	Daft	治理结构、产品服务周期、奖励与控制系统、创新能力、目标、管理方式	4	
2008	吴琛越	盈利能力	4	
2011	Dickinson	现金流组合	5	

续表

年度	提出者	阶段划分标准	阶段划分数目	基于视角
1987	Lau	股利、债务	5	财务困境视角
1993	Laitinen	盈利能力、偿债能力、现金流	4	
2004	吕长江、赵岩	偿债能力、盈利能力、现金流量、企业规模	5	
2009	文拥军	治理结构、净利润、时间	3	
2016	庄倩	偿债能力、盈利能力、营运能力、成长能力、市场反映	4	
2016	胡冰	偿债能力、获利能力、营运能力、持续经营能力、治理结构、现金流、外界补贴输血	4	僵尸化困境视角
2016	黄群慧、李晓华	生产能力、持续经营能力、偿债能力、获利能力、外界补贴输血	4	
2018	栾富贵、刘梅	偿债能力、获利能力、营运能力、成长能力、外界补贴输血、时间	5	
2018	张如锦	财务状况、外界补贴输血	4	
2019	宋建波等	管理决策、治理机制、创造力	4	

参考资料：王炳成．企业生命周期研究述评［J］．技术经济与管理研究，2011（4）：52－55，并经本书进一步整理。

表4－3综合梳理了不同视角下学术界采取的阶段划分标准和数目。可以看出，有的学者采用单个标准进行阶段划分，有的采用多个标准进行阶段划分，其中采用多个标准的学者占多数（王炳成，2011），原因是单个标准难以全面反映企业不同阶段的特征，在划分阶段时存在天然的缺陷，企业各项指标之间的变化关系难以统一（Ooghe，2008）。除此之外，学者们对划分阶段时所依据的标准既有差异也有重合，企业生命周期视角下最常采用的划分标准是基于盈利能力、成长能力、治理结构、现金流量等几个要素，财务困境视角下最常采用的划分标准是基于偿债能

力、盈利能力、营运能力、成长能力、现金流量、时间因素。僵尸化困境的阶段划分虽然是一个非常新的话题，但是已经有学者基于企业生命周期理论或者财务困境演化理论提出了阶段划分标准，综合来看，这些标准包括：偿债能力、获利能力、营运能力、成长能力、持续经营能力、外界补贴输血、治理结构、时间因素等。因此，这些学者虽然没有提出阶段划分的具体指标，但是对僵尸化困境进行阶段划分时需要考虑的标准进了概念性阐述，并且这些标准在逻辑上是和企业生命周期以及财务困境演化相契合的，同时融入了僵尸化困境自身的特征，因此阶段划分标准的个数更多。进一步地，现有对僵尸化困境阶段划分所考虑的标准还缺少一个重要方面：社会负担性，因为地方政府为了维持就业稳定会要求企业特别是国有制造业企业保留大量的就业岗位，作为回报，政府或者银行会对其提供额外补贴，因此，社会负担性的高低也是划分僵尸化困境阶段的重要标准。除此之外，如果划分的对象是上市公司，其股票具有市场价值，关于其股价和收益的指标可以单独列出作为市场反映，一来可以展示上市公司的特点；二来也可以作为管理层机会主义对企业真实价值扭曲程度的代理表现。

基于以上分析，本书在已有研究的基础上提出对僵尸化困境不同阶段进行划分时应当考虑 10 个方面的因素作为阶段划分标准，它们包括：偿债能力、获利能力、营运能力、成长性、市场反映、持续经营保障、外界补贴输血、社会负担性、治理结构、僵尸化惯性（时间因素）。一方面，这些标准基本能够全面地体现企业的不同程度僵尸化困境，符合逻辑；另一方面，本书 4.2.1 所分析的僵尸化困境形成及加重的机理与这些标准是基本契合的。需要说明的是，本书没有将经济环境和组织属性作为僵尸化困境阶段划分标准，原因在于：（1）经济环境因素相对于微观主体而言是外生的，其变化虽然能对微观主体僵尸化困境的形成及加剧产生影响，但其不能反映不同微观主体的实际情况和实际状态，甚至由于微观主体的异质性，同一时期、同一地区相同的经济环境变化对不同微观主体的作用方向和力度都是不同的，因此，经济环境因素不适合作为僵尸化困境阶段划分标准；(2) 与经济环境因素类似，组织属性对僵尸化困境的形成及加剧可能产生影响，但不是僵尸化困境特征的必然体现①，缺乏作为僵尸化困境阶段划分标准的逻辑，因此，组织属性同样不适合作为僵尸化困境阶段划分标准。

4.2.4 僵尸化困境阶段划分数目

僵尸化困境阶段划分数目是指需要将僵尸化困境划分为几个阶段来分析问题，这是僵尸化困境多阶段预警的基础问题之一。仅有部分学者对僵尸化困境阶段划分数目进行了探讨。胡冰 (2016) 就认为僵尸企业的演变应当分为四个阶段：正常状态下的隐患期、逐步暴露期、趋于僵尸化期以及完全僵尸化期。黄群慧、李晓华 (2016) 将僵尸企业的发展划分为隐性僵尸企业阶段、显性僵尸企业阶段和死亡阶段，对应企业不同的僵尸化程度及表现，加上非僵尸企业阶段，一共为四个阶段。栾甫贵、刘梅 (2018) 利用 8 个指标构建了僵尸企业的概率指数以反映企业陷入僵尸化困境的概率高低，该概率指数被划分为五个阶段，但并未对这些阶段命名。张如锦 (2018) 建立了多种僵尸化困境的演化路径，都基本包含从无到重的四个阶段，但也未对这些阶段命名。宋建波等 (2019) 基于 Adizes (1989) 的古典分析范式将企业僵尸化的过程划分为伪僵尸企业阶段、早衰或创业失败阶段、

---

① 例如，国有企业更容易陷入僵尸化困境，但僵尸企业并不一定都是国有企业。

创新力缺失阶段、自然的僵尸化阶段这四个阶段。将视角扩大到企业生命周期、财务困境演化，根据表4-2可以发现，对于不同视角下企业所处阶段划分的数目并没有形成统一共识，数目从三阶段到十阶段不等，但大多数学者还是主要采取的是四阶段的划分原则。Leontiades（1980）以及Cameron和Whetten（1981）根据以往的研究发现将企业演化模型划分为四个阶段是最常见和最适宜的。Kazanjian和Drazin（1989）也认为将企业演化模型划分为四阶段模型最具解释力和预测力。

本书支持将僵尸化困境阶段划分数目设定为四个阶段，本书称之为：未僵尸化、轻度僵尸化、中度僵尸化、重度僵尸化①。一方面，僵尸企业的演化属于企业演化模型的一种特殊情形，把僵尸化困境划分为四个阶段遵从了大部分学者对于阶段划分数目的观点；另一方面，考虑到预警信息含量和预警复杂度的均衡，若划分为四个以下的阶段，虽然可以降低预警复杂度，但也降低了预警信息含量，若划分为四个以上的阶段，所提高的预警信息含量边际效益可能递减，同时也增加了预警复杂度。

4.2.5 僵尸化困境阶段划分方法

僵尸化困境阶段划分方法是指基于数据以确定僵尸化困境各阶段阈值分界点的量化方法，这可以参照学术界对企业生命周期或财务困境所采用的阶段划分方法。基于单个标准下单指标的划分方法已然不科学，而针对多个标准多指标的阶段划分方法，学术界也并未达成统一的共识，目前基于多个指标的阶段划分方法主要有以下几种：

---

① 未僵尸化不属于僵尸化困境，但为了不增加概念的复杂度以及满足预警模型的建模要求，本书统一把未僵尸化作为僵尸化困境的第一个阶段，这既可以表明僵尸化困境是一个从无到重的过程，也可以反映僵尸化困境的来龙去脉。

（1）基于函数拐点划分不同阶段。这种方法的基本操作原理是，选取若干指标构建生命周期函数，并对这个函数关于时间求二阶偏导数，而二阶偏导数为 0 的时间点，作为阶段划分的分界点。采用这种方法的学者有熊义杰（2002）、汪文忠等（2003）、陶长琪（2003）、李永峰和张明慧（2004）等。这种方法的优点在于，即使将很多的指标纳入函数中，也只需要对时间求二阶导数，在更加全面考虑影响企业生命周期划分标准的基础上并不会增加计算复杂度；但缺点在于，只考虑了各阶段随时间推进的情况，没有考虑阶段的回转，同时函数表达式的确定十分关键，但这些学者并未给出明确的确定方法，因此，该方法用于僵尸化困境阶段划分的可操作性还需完善。

（2）基于指标间的关系组合划分不同阶段。这种方法的基本操作原理是，选择若干关键指标，通过比较这些指标之间的大小关系、在行业中的位置排序、指标变动的方向等方式综合确定企业处于哪个阶段。采用这种方法的学者有 Bens 等（2002）、吴琛越（2008）、李云鹤和李湛（2010）、Dickinson（2011）等。这种方法的优点在于操作较为方便，所选择的关键指标关系组合能够在一定程度上反映企业不同阶段的差异；但缺点在于关键指标的选择不能太多，否则随着指标数量的增加，指标的关系组合会呈指数增加，进而导致能同时满足指标条件的样本过小或者僵尸化困境阶段数目庞大，失去了阶段划分的意义，但较少的关键指标又不能反映僵尸化困境这一企业特殊状态的面貌，因此，全面性和特殊性都会受到影响。

（3）基于指标的 Hill 图划分不同阶段。这种方法的基本操作原理是，选择若干关键指标，对每个指标数据进行升序排列，计算前后两个数据的差分，确定差分最大的几个点作为突变点，以突变点的值作为阈值，通过这些关键指标的阈值组合确定企业处于哪个阶段。采用这种方法的学者有 Reiss 和 Thomas（2000）、宋加山（2008）、郑晓微（2012）等。这种方法的优点和缺点与上一种方法类似，不太适合成因相对复杂的僵尸化困境阶段划分。

（5）基于指数分区划分不同阶段。这种方法的基本操作原理是，选择若干关键指标，通过一定的方法将这些指标综合成一个指数，然后确定阈值对该指数进行分区，以不同的区间作为研究对象所处的阶段。采用这种做法的学者有孙建强等（2003）、孙晓琳（2010）、庄倩（2016）、梁永礼（2018）等。这种方法的优点在于能够将体现僵尸化困境方方面面的状态指标综合到一个指数中，不受指标数量的限制，综合指数能够体现企业在不同时间僵尸化困境程度的高低，既能反映企业僵尸化的动态演化过程，也能根据指数的大小确定企业是否陷入了僵尸化困境或者处于僵尸化困境的哪个阶段，对于成因相对复杂的僵尸化困境来说，是一个较为合适的划分阶段的方法。进一步地，对于指数的分区，可以采用功效系数等分法或者置信系数划分法，功效系数等分法是将综合指数转换为 0—100 的得分，并按［0，25）、［25，50）、［50，75）、［75，100）将僵尸化困境划分为四个区间，不同区间的样本占比较为平均；置信系数划分法是当指数的分布形态接近于正态分布时，根据正态分布系数表设定不同置信系数，然后根据样本总体的最大值、最小值、均值、方差、置信系数计算出不同区间的阈值，并以此进行阶段划分。

综上所述，本书拟先建立僵尸化指数，在此基础上采用置信系数划分法进行僵尸化困境阶段划分。原因在于僵尸化困境阶段划分时需考虑 10 个方面的标准，采用合成指数的方式能不受指标数量的限制，也能综合反映企业僵尸化困境的严重程度。鉴于后文建立的僵尸化指数的分布特征，采用置信系数划分法进行阶段划分，所得到的僵尸企业占比与大多数学者所作测算较为接近，不同程度的僵尸化困境样本占比也存在梯度，因此更加具有合理性。僵尸化困境阶段划分的量化结果将作为预警输出指标，具体的实证将在 5.3 中进行论述。

4.2.6　僵尸化困境特征描述

（1）僵尸化困境基本特征描述。基于上述分析，本书将企业的僵尸化困境划分为四个阶段：未僵尸化、轻度僵尸化、中度僵尸化、重度僵尸化。图 4－3 描绘了僵尸企业生命周期示意图，当企业未陷入僵尸化困境时就已经存在财务健康、财务亚健康和财务不健康等状态。对于财务不健康的企业而言，虽然可能陷入一般性财务困境，但还不具备僵尸企业形成的基本条件，不过由于财务不健康，企业已经来到陷入僵尸化困境的潜伏期，内外部

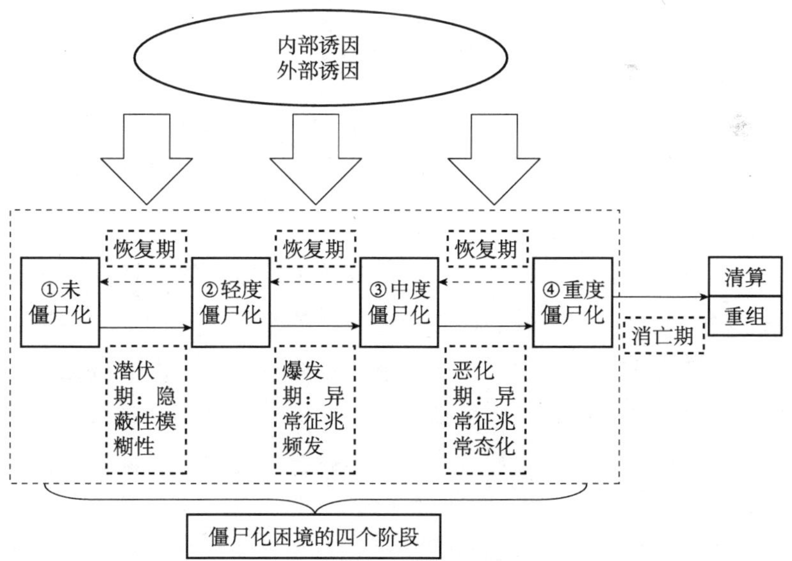

图 4－3　僵尸企业生命周期示意图

存在导致企业僵尸化的风险诱因。僵尸化困境的潜伏期具有隐蔽性和模糊性的特点，这些风险因素并非常态，未对企业造成严重影响，没有受到治理层和管理层应有的重视。随着问题的不断加重，企业逐渐出现一系列问题，加之接受了不合理的外界补贴，此时的企业陷入轻度僵尸化困境。当企业轻度僵尸化后，曾经积累的问题不断暴露，积弊对企业的健康发展发挥着反向作用，此时异常征兆频发，导致僵尸化困境严重程度不断加重。进入中度僵尸化后，问题已经非常严重，过去的异常征兆已经成为一种常态，积弊不断涌现，企业各方面状况持续恶化，推动企业陷入重度僵尸化困境。当企业逐步陷入重度僵尸化困境，要么依靠外部补贴僵而不死，要么进入消亡期，通过清算、重组等方式退出市场。企业僵尸化困境的动态过程具有可逆性，僵尸企业可以通过改善管理等方式消除弊病、扭转颓势，因此还存在恢复期，只不过僵尸企业恢复健康的难度随着其陷入僵尸化困境的程度而增加。

僵尸化困境基本特征对标的是企业正常状态下的基本特征。因此，该部分描述的是四阶段中的后三个阶段共同的基本特征。根据前文 4.2.3 所述，可以从 10 个方面描述当企业逐步陷入僵尸化困境后的基本特征：

①偿债能力。偿债能力差，债务负担过重，财务风险处于较高水平，甚至资不抵债、债务长期不能清偿。偿债能力差会给企业的经营带来巨大压力，甚至可能侵蚀企业创造的经营成果。而偿债能力太差会引发过重的债务负担从而催生更高代理成本，使得股东和管理层的非理性行为进一步减损企业价值，同时增加企业破产的风险。

②获利能力。市场竞争力孱弱，获利能力不佳，日常经营活动收入难以完全覆盖全部成本，以致持续亏损。企业的获利能力

受到重大打击，难以依靠利润的逐步积累而渡过难关。随着获利根基受到本质上的损害，企业的财务基本面出现问题的范围不断增大。

③营运能力。单位资产所创造的收入较低，核心资源利用率低下，导致产能过剩。由于产业过度扩张导致产品供过于求、企业生产线过时导致产品质量低下等原因，导致企业存货堆积，固定资产不能发挥应有效用，营运能力差引发核心资源利用率低下，导致产能进一步过剩。随着企业的资产专用性增强，其变现能力变得十分有限，这些资产的退出成本不断增大。

④成长性。企业成长性较低，未来前景不明，逐步采取防御型或紧缩型战略。由于企业销售受阻，利润增长率低下，未来发展的动力不足，机会成本增加，只能采取被动的维持或收缩战略。

⑤市场反映。由于生产经营问题积弊较深，管理层通过盈余管理手段调整收益的空间较小，在机会主义的引导下就会通过其他方式向市场提供好消息，加之不明真相非理性投资者的跟进，上市公司的股价表现与真实收益并不一致，产生市值指标的扭曲。

⑥持续经营保障。企业现金流匮乏，维持正常运转十分困难，产生的收益难以覆盖最基本的债务利息，企业持续经营的根基存在问题。

⑦外界补贴输血。为了使组织能够保持形式上存续，接受外界超过其在正常经营条件下能够得到的最高补贴限额，以致进一步加重对外部“输血”的依赖。但企业习惯于靠外界不合理的补贴存活，就会更加缺乏变革的激励，企业活力逐渐降低、僵而不死的程度提高。

⑧社会负担性。承担了过多的就业压力，存在人员冗余，过多的人员既降低了单位生产效率，又加大了企业的成本开支，成为企业的负担。

⑨治理结构。治理机能恶化，不能发挥应有作用。公司高层相互制衡不够，存在“一言堂”和舞弊风险，高层对待环境的变化缺乏战略敏感度，使得企业错过战略转型期。

⑩僵尸化惯性。深陷亏损或政府干预的泥潭，随着亏损或政府干预的时间越长，其脱离僵尸化困境泥潭的可能性越低。

综合来看，获利能力恶化、成长性差、持续经营根基薄弱是企业陷入僵尸化困境的根本原因；偿债能力差、营运能力低下是企业陷入僵尸化困境的推进原因；管理层机会主义、治理机制弱化是企业陷入僵尸化困境的内在基础；外界的不合理补贴、社会负担性是企业陷入僵尸化困境的外在基础；持续亏损而不退出是企业僵而不死的现实反映。陷入僵尸化困境的企业不仅财务状况堪忧，治理环境恶化，由于承担就业任务等特殊原因滞留在市场，还需要依靠外部资源的支持以存续，这类企业缺乏正常企业存续应有的要素，也与一般财务困境企业仅出现财务状况堪忧或者直接破产的情况不同，属于陷入了僵尸化困境。

（2）僵尸化困境各阶段特征描述。由于未僵尸化属于企业正常状态，没有僵尸化困境的典型特征，因此该部分描述的是四阶段中的后三个阶段的各自特征。结合僵尸化困境的定义以及阶段划分标准，可以描绘出企业陷入僵尸化困境后的渐进发展过程：即企业从持续亏损或具有持续亏损的风险、债务负担较重、接受外界不合理的补贴为起点，随着时间的推移，财务状况、持续经营根基、治理结构不断恶化、社会负担性加重，亏损或受干预状态不断持续，依靠外界不合理补贴存活的需求越来越大，僵而不死，直至最终迎来清算、重组等结局。根据企业陷入僵尸化困境之后的严重程度不同，可以大致区分轻度僵尸化、中度僵尸化、重度僵尸化等状态，这些状态则具有程度渐进的基本症状（见表4－4）。

表 4－4　僵尸化困境各阶段特征描述

阶段	特征
轻度僵尸化	(1) 偿债能力较弱、债务负担较重、财务风险较高；(2) 产品或服务的市场竞争力离行业平均水平有较大差距，成本居高不下，获利能力非常差以致存在持续亏损的风险；(3) 营运能力较差、核心资产利用率较低，存在产能过剩的情况；(4) 存在向正常状态恢复成长的可能性；(5) 市值相对于净收益存在一定程度的扭曲；(6) 持续经营的根基受到动摇；(7) 接受了外界不合理的补贴；(8) 相较于行业正常水平，组织内存在一定的人员冗余；(9) 公司治理结构一般；(10) 退出市场存在一定难度
中度僵尸化	(1) 偿债能力很弱、债务负担非常重、财务风险非常高；(2) 获利为负以致持续亏损；(3) 营运能力明显低于行业平均水平，产能过剩情况较严重；(4) 向正常状态恢复成长的前景不明；(5) 市值相对于净收益存在较大程度的扭曲；(6) 持续经营的根基非常不牢固；(7) 严重依赖外界补贴生存；(8) 相较于行业正常水平，组织内存在较高的人员冗余；(9) 公司治理结构很不合理；(10) 退出市场难度较高
重度僵尸化	(1) 事实上资不抵债或在资不抵债的边缘；(2) 获利为负以致长期持续亏损；(3) 营运能力远低于行业平均水平，存在严重的产能过剩；(4) 基本难以自行恢复正常状态；(5) 净收益为负以致市值相对于净收益的比值也为负；(6) 基本无持续经营的条件；(7) 几乎依靠外界补贴生存；(8) 组织内存在非常高的人员冗余；(9) 公司治理结构非常不合理；(10) 深陷僵尸化困境泥潭，僵而不死

应当指出的是，本节所描述的僵尸化困境各阶段基本特征是一般意义上的描述，对于不同行业的企业以及上市公司和非上市公司，僵尸化困境不同阶段基本特征的量化区间均有所不同，需要另行探讨。

4.3　僵尸化困境预警理论框架

4.3.1　预警基本理论

预警的概念最初起源于军事领域，是指军事部门通过各类工具提前发现、分析、判断不利信号，并提前采取应对措施的行为。随着经济社会的发展，预警的理念也进入经济领域，通过预警，可以对关注对象进行监测和诊断，从而达到预控和纠正的目的。僵尸化困境的预警本质上是利用与企业相关的过去信息预测未来状态（阶段），以帮助我们对将来的可能出现的问题进行预警，但既然是预警，就代表未来的事实还未发生，预警结果可能会有一定的误差，因此对企业或行业僵尸化困境的预警则是一种价值判断。根据 Shin 等（2005）、孙晓琳（2010）、林娟（2012）的研究，预警活动一般情况下包含五个步骤：确定预警对象、寻找警源、分析警兆、预报警度、建立与验证预警模型。

（1）确定预警对象。确定预警对象就是需要明确对什么警情进行预警，该预警对象是按什么标准划分警情的程度，以及构成警情的量化指标有哪些（即警素）。确定预警对象是预警活动的前提，是预警研究的基础。

（2）寻找警源。警源是指警情产生的根本来源。在财务领域，警源来自两个方面：内部警源和外部警源，内部警源是指来源于企业内部的警源，如治理结构不佳、管理混乱、资本结构失衡等原因导致的企业内部运行机制不协调；外部警源是指来源于企业外部的警源，如经济波动、经济政策等企业外部因素的变化而导致企业产生警情。

（3）分析警兆。警兆是警情发生的先兆指标。不同的警素有着不同的警兆。当警素量变到临界值时就会导致质变，并进而引发警情，而警素突破临界点到达质变之前总是会有一定异常的先兆迹象，即会出现一定的警兆。警兆可以在一定程度上反映警情从萌芽到壮大再到迸发的过程。由于警兆和警情有直接或间接的因果关系，因此，警兆和警素可以是不同时间段的相同指标。

（4）预报警度。警度是指预测的警情。比如，国家气象局公布的《气象灾害预警信号发布与传播办法》按气象灾害可能造成的严重程度依次划分为蓝色预警、黄色预警、橙色预警、红色预警，分别表示严重程度一般、较重、严重、特别严重。而在财务领域，一般将警度设计为安全、轻危、中危、高危。根据警兆的数据值确定样本落在对应的警情限度区间，从而确定样本的警度。

（5）建立与验证预警模型。建立预警模型是指根据确定的警兆（预警输入指标）和警度（安全、轻危、中危、高危等），选择合适的预警方法（如人工神经网络、支持向量机等），以训练出警兆与警度之间的函数关系。建立预警模型后，需要采用多种方法对预警模型的性能进行验证，以保证所建立的预警模型在当前条件下整体性能相对较好，在此基础上对预警模型呈现出的效果进行分析。

4.3.2　本书预警理论框架

僵尸化困境预警是一个系统性工作，既涉及困境预警研究的基本范式，也涉及僵尸化困境的相关理论研究和实证分析，因此需要将相关研究工作整合到一个理论框架中。结合预警基本理论，本书绘制了僵尸化困境预警理论框架，如图 4－4 所示。

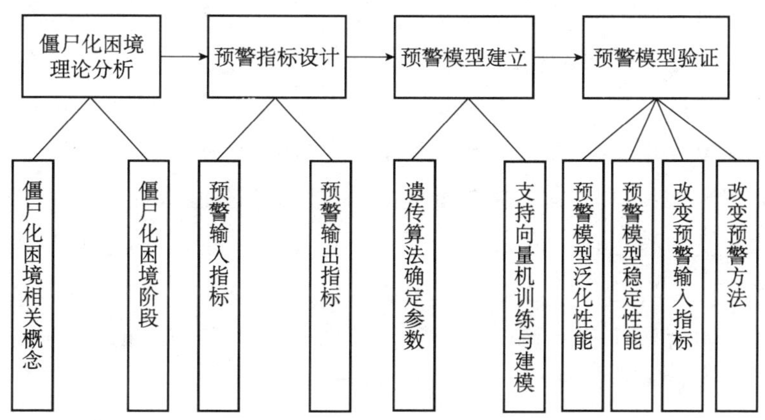

图 4－4　僵尸化困境预警理论框架

该理论框架包括四个主要部分，本书也是以这四个主要部分为主线开展研究工作。第一部分是僵尸化困境理论分析，对应确定预警对象与寻找警源，目的是解决以下问题：(1) 什么是僵尸化困境；(2) 僵尸化困境形成及加重的机理是什么；(3) 如何对僵尸化困境进行阶段划分；(4) 每个阶段僵尸化困境的特征是什么。第一部分的问题主要由本书 4.1 及 4.2 进行解答。根据预警的基本原理，在建立预警模型前需要先确定预警输入指标和预警输出指标。第二部分则是针对这个问题进行僵尸化困境预警指标设计，对应分析警兆与预报警度。其中预警输入指标是预测僵尸化困境所处阶段需要使用到的信息来源，使用的是历史数据；预警输出指标是基于僵尸化指数分区形成一个多维指标，表明僵尸化困境所处阶段。预警输入指标和预警输出指标的指标说明、确定过程由本书的第 5 章进行。第三部分是僵尸化困境预警模型建立，本书采用支持向量机作为基础预警方法对预警模型进行训练，利用遗传算法对支持向量机的关键参数进行搜寻与确定，以提升预警模型的工作性能，并基于此建立僵尸化困境提前一期 (T－1 期) 和提前两期 (T－2 期) 的多阶段预警模型。预警模型的建立过程将在第 6 章进行。第四部分是僵尸化困境预警模型验证，主要包括预警模型的泛化性能验证、预警模型的稳定性能验证、改变预警输入指标的预警效果验证、改变预警方法的预警效果验证四个方面，通过对预警模型进行检验，可以保证基于遗传算法—支持向量机所建立的预警模型泛化能力好，不会受到样本选择的影响，也可以证明本书所建立的预警指标体系的合理性，同时证明本书在建立预警模型时所采用的预警方法和所设计的预警工作流程的有效性。预警模型的验证将在第 7 章进行。

4.4　本章小结

本章对僵尸化困境理论进行了深入分析，主要分为三个部分进行阐述：僵尸化困境相关概念界定、僵尸化困境阶段划分、僵尸化困境预警理论框架。

首先，本章汇总了学术界对僵尸企业识别的主要判断标准，发现当前对僵尸企业的识别还都是以二元识别为主，并在识别标准上没有纳入更多的符合我国实际国情的指标，比如产能利用指标、社会负担性指标、公司治理指标等，对僵尸企业的识别变成了对超额补贴的识别，造成了对僵尸企业识别方法的不准确、不全面和不适用的情况。然后，针对当前情况，在总结官方和学术界已有的对僵尸企业识别标准的基础上，本书提出“僵尸化困境”的概念，并通过僵尸化困境和财务困境概念的对比深化僵尸化困境的辨析。

其次，本章对僵尸化困境阶段划分的相关问题进行了详细深入的阐述，主要工作有以下几个方面。其一，从管理学和会计学现有的基础理论出发，在微观层面和宏观层面探讨了企业陷入及加重僵尸化困境的理论机理。其二，借鉴企业生命周期理论的相关研究，并结合僵尸化困境应当具备的客观表征，本章确定了僵尸化困境阶段划分标准应包含偿债能力、获利能力、营运能力、成长性、市场反映、持续经营保障、外界补贴输血、社会负担性、治理结构、僵尸化惯性 10 个方面，僵尸化困境阶段划分数目为 4 阶段划分，僵尸化困境阶段划分方法为置信系数划分法。其三，在以上研究的基础上，绘制了僵尸企业生命周期示意图，指出企业陷入僵尸化困境为一个动态发展过程，这个过程首先表现为企业财务不健康，但此时还属于未僵尸化的状态，随着情况恶化，企业由财务不健康逐步陷入僵尸化困境，由轻度僵尸化向中度僵尸化再向重度僵尸化不断加重困境程度，期间会经历潜伏期、恶化期、爆发期直至消亡期，但也可能随着相关情况的好转而进入恢复期。此外，本章还详细描述了僵尸化困境的基本特征以及僵尸化困境各阶段特征。以上研究为接下来的僵尸化困境预警指标设计工作以及预警建模工作提供了理论支持。

最后，本章梳理了预警研究的五个步骤，分别为确定预警对象、寻找警源、分析警兆、预报警度、建立与验证预警模型，并基于这五个步骤确定了本书的预警理论框架，分别包括僵尸化困境理论分析、预警指标设计、预警模型建立、预警模型验证四个部分。其中僵尸化困境理论分析对应确定预警对象和寻找警源，预警指标设计对应分析警兆和预报警度，并将建立预警模型和验证预警模型分成两章。本书最终是基于僵尸化困境预警理论框架中的这四个主要部分为主线开展研究工作。

第 5 章　僵尸化困境预警指标体系研究

本章确立了僵尸化困境预警输入指标和预警输出指标，主要工作分为 3 个部分。首先是明确指标选取的原则和类别，本章明确了指标选取的四点原则，同时基于第 4 章的分析，确定了指标类别和对应的代理指标，该部分的工作表明指标选取存在理论依据，并且与前文分析逻辑一致。其次是确定僵尸化困境预警输入指标体系，该体系中的指标是预警活动中的警兆信息，是追踪预测企业未来是否会陷入僵尸化困境、会陷入哪个阶段僵尸化困境的信息源头，预警输入指标在预警过程中使用的是历史数据。最后是确定僵尸化困境预警输出指标，该指标是一个四维指标，对应僵尸化困境的 4 个阶段，其量化基础是本书计算的僵尸化指数，本章还对指数的信效度进行了检验，结果表明基于僵尸化指数分区以作为预警输出指标是可靠且有效的。

5.1　僵尸化困境预警指标选取的原则和类别

5.1.1　指标选取的原则

僵尸化困境预警指标包括预警输入指标和预警输出指标两个层次，选取两者的原则一致。指标选取原则是建立科学合理的僵尸化困境预警指标体系的指导性准则，在进行具体的代理指标选取确认前，需要首先明确设计指标的规范事项。本书在确定僵尸化困境预警指标时，主要遵循相关性、科学性、全面性、可操作性 4 个原则。

（1）相关性原则。相关性原则在本书中是一个非常重要的原则，因此首先阐述。相关性原则要求设计的指标应当与评估和预警企业的僵尸化困境程度相关，也即企业陷入僵尸化困境前的预警征兆、陷入僵尸化困境时的严重程度都可以通过所设计的指标加以反映。

前文说到，僵尸化困境预警指标包括了预警输入指标和预警输出指标两个层次。因此需要考虑构成两者的基本指标是否可以重合的问题[①]。本书认为，两者的构成指标可以在特征性指标[②]上进行重合，而反映经济环境和组织属性的指标只能作为预警输入指标的组成部分，不能作为预警输出指标的计算标准。原因在于：①经济环境指标是一种非特征性指标，其变化在同一时期、同一地区对所有微观主体都是一样的，相同的经济环境能对不同的微观主体产生不同的影响，其与僵尸化困境的形成与加重有关，但是不能反映不同微观主体的实际情况，从预警的角度来看，预警输入指标是原因指标，因此既可以包含特征性指标也可

① 事实上，学术界对困境预警的研究都存在构成预警输入指标和预警输出指标的基本指标重合的问题，比如在进行财务困境预警时，确定企业是否陷入财务困境（是否被 ST/*ST）时需要考虑净利润这一指标，因此，净利润是确定预警输出指标时需要使用到的指标。而在选取预警输入指标时，由于净利润的重要性，学者们一般也都会将其纳入预警输入指标体系中，因此，净利润同样也是确定预警输入指标时需要使用的指标。这其实并无逻辑上的问题，关键的原因在于预警输出指标中使用的净利润和预警输入指标中使用的净利润存在时间上的差异，两者虽是同一指标，却是不同时刻的不同数据。

② 本书中，特征性指标是指能合理反映僵尸化困境特征或者会影响僵尸化困境形成及加重的指标；非特征性指标是指不能反映僵尸化困境特征，但会间接影响僵尸化困境形成及加重的指标，包括经济环境指标和组织属性指标。

以包含非特征性指标（均为历史数据）；预警输出指标是结果指标，只能由特征性指标计算而成（为即时数据）。②组织属性指标不能反映僵尸化困境的严重程度，也就不能反映僵尸化困境所处的阶段，因此与经济环境指标类似，其不能作为预警输出指标的计算标准，但组织属性可以间接影响僵尸化困境的演化，因此可以作为预警输入指标的组成部分以增加警兆的信息丰富程度，从而提升预测精度。③根据马尔科夫链理论，企业从 $t-3$ 时刻的未僵尸化，到 $t-2$ 时刻的轻度僵尸化，到 $t-1$ 时刻的中度僵尸化，再到 t 时刻的重度僵尸化，是一个前后衔接的演化过程，每一个时刻的状态都与前一个时刻相关，因此状态之间具有时间上的持续性，前面的状态可以持续跟踪到后面的状态。在进行僵尸化困境预警时，预警输入指标为历史数据，预警输出指标为即时数据，输入指标对于输出指标而言是"前定"的，前者影响后者，但不作为后者在当前状态下的组成部分，所以预警输入指标不存在必须排除外生性指标或组织属性指标的限制，考虑过去经济环境和组织属性会影响企业即时状态的走势，加之企业过去的特征性指标由于时间序列性也会影响企业即时状态，所以过去时刻的特征性指标结合过去时刻的非特征性指标可以持续跟踪预警未来时刻的企业僵尸化困境严重程度。

因此，根据相关性原则，特征性指标可以同时成为预警输入指标的组成部分和预警输出指标的计算标准，区别在于当特征性指标作为预警输入指标组成部分时是进行滞后处理的历史数据，具有警兆的属性；当特征性指标作为预警输出指标的计算标准时是即时数据，反映企业未来僵尸化困境严重程度。非特征性指标只能作为预警输入指标的组成部分，此时这些指标同样是进行滞后处理的历史数据。在本书中，$t-n$ 时刻特征性指标为预警输入指标体系的基础，提供了主要的警兆信息；$t-n$ 时刻非特征性指标为预警输入指标体系的补充，可以丰富、修正警兆信息。图 5－1 展示了预警输入指标和预警输出指标在预警时的关系。

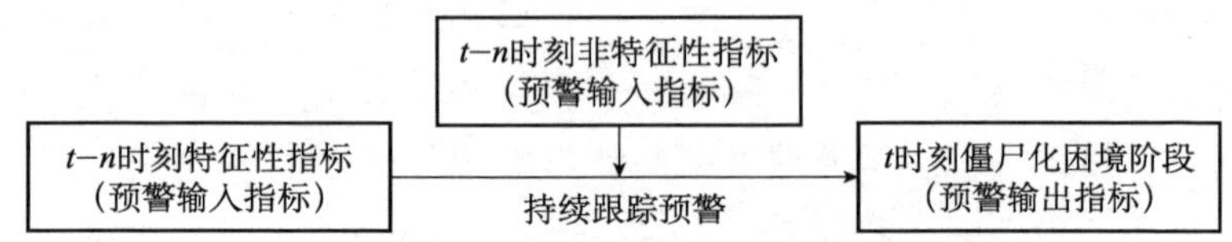

图 5－1　预警输入指标和预警输出指标在预警时的关系

（2）科学性原则。对理论的正确掌握可以避免研究过程中方向性的错误。科学性原则要求本书在指标选取及体系构建的过程中要有理论依据，不可主观臆测。指标设计应当参考既有文献，通过总结文献中的科学观点和思路，使得指标选取及体系构建更加合理、客观和可靠，并能够在逻辑上自洽，同时减少无用指标带来的信息冗余。

（3）全面性原则。全面性原则要求本书在指标设计的过程中应当综合考虑各方面的指标，以全面评价研究对象的属性，并进行预警。传统财务指标是影响企业业绩的核心因素，包括偿债能力、获利能力、营运能力、成长性、市场反映、持续经营保障。这些指标，是指标体系设计过程中首先要考虑的因素，应当予以纳入。由于僵尸企业独特的性质，因此也应当纳入外界补贴输血、社会负担性、治理结构、僵尸化惯性等僵尸化特色指标。将传统财务指标和僵尸化特色指标融入同一个分析框架中，可以增加评价指标的维度，使信息含量更加丰富，从而可以较为全面地评估和预警企业所处僵尸化困境的严重程度。而在此基础上，纳入反映经济环境和组织属性的指标进入预警输入指标体系中，则可以提升预警输入指标的丰富性、全面性，从而提升预测精度。

（4）可操作性原则。可操作性原则要求指标的定义简单明确，信息易于收集，并可以进行定量化表达，以确保研究的有效性和可行性。对指标进行简单明确的定义，目的是使指标能明确地传递其代表的是哪个类别，不会让人产生误解；同时也可以使指标的可获得性较好，降低数据缺失的可能性，提升指标的数据质量。

5.1.2 指标选取的类别

第 4 章对僵尸化困境形成及加重的机理进行了分析阐述，同时分析了僵尸化困境阶段划分的标准和僵尸化困境特征，为了保持前后文逻辑一致，在满足指标选取原则的基础上，结合文献资料和专业知识，确定指标选取的类别和相应的代理指标。

（1）偿债能力指标。基于第 4 章的分析可知，企业生产经营所需的资金来源于向他人借款或股东投入，并分别形成企业的负债和权益。负债到期需要偿还，权益没有明确的到期期限。一旦企业未能到期偿还负债，则出现违约。因此，企业的偿债能力反映了企业对债务的承受能力，以及面临的财务风险。过高的债务负担会打破企业财务结构的平衡，并使企业逐步丧失偿债能力，财务风险上升，从而导致企业整体价值下降。并且过重的债务负担会压迫企业“喘不过气来”，从而持续陷入负债高企的境地，并成为僵尸化困境形成及加重的原因之一。学术界针对偿债能力使用次数最多的代理指标为流动比率和资产负债率（Zhou 等，2012；Cao 和 Chen，2012；宁青青、祖明，2013；吕俊，2014；Jardin，2015；等等）。其中，①流动比率（CR）等于流动资产与流动负债的比值，表明每单位流动负债背后有多少流动资产支撑。该指标是反映企业短期偿债能力的指标，数值越大则表明企业短期偿债能力越强，企业面临的财务风险越小。但流动比率也不宜过高，因为过高的流动比率意味着企业流动资产占用的资金过多，导致资金的机会成本上升。一般而言，流动比率为 2 时比较合适。②资产负债率（LEV）等于负债总额与资产总额的比值，表明债权人提供的资金占企业全部资金来源的比例，是反映企业长期偿债能力的指标。资产负债率展示了企业的财务结构，可以用来衡量企业清算时债权人利益受保障程度。

流动比率和资产负债率是特征性指标。当流动比率和资产负债率取历史数据时，是僵尸化困境阶段变化的警兆，可以直接作为预警输入指标的组成部分；当流动比率和资产负债率取即时数据时，反映了僵尸化困境阶段特征，可以用于合成反映僵尸化困境严重程度的僵尸化指数，进而转化为预警输出指标。

（2）获利能力指标。基于第 4 章的分析可知，如果企业管理能力很强，企业的获利能力就会很强，那么企业就有足够的资源不断优化组织流程，提升员工综合素质，增加对核心竞争力的投资，形成“获利—提升竞争力—再获利”的良性循环。相反，如果企业获利能力不足，企业就难以维持日常开支，并逐步亏损，如果不依靠外部输血，就难以存活。所以，一旦企业获利能力受到限制，其获取的利润将会减少，导致企业债务难以偿还，生产经营也陷入困境，对未来的投资也就更不可能出现在当前管理规划之中。若获利能力一直没有改善，终有一天留存收益将会耗尽，此时企业若想继续生存下去，必然需要依靠外界补助，从而陷入或持续陷入僵尸化困境。学术界针对获利能力使用次数较多的代理指标为营业利润率、权益净利率、每股净利润（Zhou 等，2012；Cao 和 Chen，2012；宁青青、祖明，2013；吕俊，2014；Jardin，2015；等等）。其中，①营业利润率（OPR）等于净利润与营业收入的比值，该指标的分子和分母基本包含了企业的全部经营成果，是反映企业获取利润效率的指标，该指标数值越高，则说明企业获取利润的效率越高，盈利能力也就越强。②权益净利率（ROE）等于净利润与平均净资产的比值，是反映企业财务能力的综合指标。该指标可以在不同企业之间直接进行比较，该指标越大，则说明投资企业的报酬率越高，企业价值也就越高。如果企业的权益净利率长期过低，则很可能被市场淘汰。③每股净利润（EPS）等于净利润与发行在外普通股加权平均数的比值，是反映企业获取利润效率的指标。该指标数值越高，说明企业造血再生能力越强。

营业利润率、权益净利率、每股净利润是特征性指标。当营业利润率、权益净利率、每股净利润取历史数据时，是僵尸化困境阶段变化的警兆，可以直接作为预警输入指标的组成部分；当营业利润率、权益净利率、每股净利润取即时数据时，反映了僵尸化困境阶段特征，可以用于组合反映僵尸化困境严重程度的僵尸化指数，进而转化为预警输出指标。

（3）营运能力指标。企业对资源的利用效率也决定了企业生存和发展的质量。如何利用已有的资源创造更大的效益是摆在企业管理者眼前的重要课题。基于第 4 章的分析并结合已有的研究可知，产能过剩是我国僵尸企业的重要成因和重要特征，产能是指在正常生产条件下所能达到的产出水平，而产能过剩是指实际产出数量小于生产能力达到一定程度时而形成的生产能力的过剩。在微观层面，评价一个企业是否会产能过剩可以通过其营运能力来衡量，这主要包括两个方面：企业的存货的周转情况如何以及企业设备利用率如何，并且这两个方面反映企业产能过剩的准确度在制造业企业中尤为有效（周劲，2007）。一方面，如果企业存货堆积过多，则说明企业生产的产品不能完全被市场吸收，也即企业的产能超过市场实际需求，这体现为企业的存货周转率过低；另一方面，如果企业的设备没有完全投入使用，则也说明企业存在设备闲置的情况，也从侧面反映了企业的产能超过市场实际需求，这体现为企业的固定资产周转率过低。因此产能过剩越严重的企业，其利用自身资源的能力越弱，资产的周转速率越低，从而越容易陷入僵尸化困境，或者反映企业陷入僵尸化困境程度越深。本书选择存货周转率和固定资产周转率作为反映企业营运能力的代理指标，这两个指标也是学术界使用次数较多的反映营运能力的代理指标（邓晓岚等，2006；孙晓琳等，2013；Lin 等，2014；等等）。当研究样本为制造业企业时，存货周转率和固定资产周转率更契合企业经营特性，因此，这两个指标可以看作制造业企业的典型指标。其中，（1）存货周转率（IT）等于营业收入与平均存货的比值，反映了存货资产的变现能力。该指标越大，则说明存货转换为现金的速度越快，企业存货积压的水平越低，化解产能过剩的能力越强。（2）固定资产周转率（FAT）等于营业收入与平均固定资产的比值，表明一个会计年度中固定资产的周转次数。该指标越大，则说明企业固定资产的利用效率越高，营运能力越好。由于我国僵尸企业的形成与产能过剩有关，而产能过剩在一定程度上意味着固定资产的利用效率较低，导致设备闲置。

存货周转率和固定资产周转率是特征性指标。当存货周转率和固定资产周转率取历史数据时，是僵尸化困境阶段变化的警兆，可以直接作为预警输入指标的组成部分；当存货周转率和固定资产周转率取即时数据时，反映了僵尸化困境阶段特征，可以用于合成反映僵尸化困境严重程度的僵尸化指数，进而转化为预警输出指标。

（4）成长性指标。基于第 4 章的分析可知，成长是企业的核心目标之一，企业成长的好坏事关利益相关者的福祉。在激烈的市场竞争下，如何保证企业能够稳定且可持续地发展是当代管理层面临的重要课题。因此，净利润的稳定增长、经营行为和财务政策具有可持续性应当是企业具有良好发展趋势和发展潜能的标志。无论是盲目扩张还是发展缓慢，都不利于企业在竞争中占有一席之地。如果企业发展能力不佳，甚至逆发展，就会使企业陷入衰退，从而不得不采取收缩型战略，一旦企业被动采取以上战略，没有外力驱动便很难依靠自身力量扭转被动局面，就更加容易被市场淘汰，若企业持续收缩而不退出市场，就会陷入僵尸化困境，演化成为僵尸企业。当企业陷入僵尸化困境之后，目标就从健康发展变为恢复健康，如果内生驱动力不足，那就会持续陷入程度更重的僵尸化困境。结合前文机理分析，本书认为净利润增长率和可持续增长率是反映企业成长性的最优指标，因此采用这两个指标作为成长性的代理指标。其中，①净利润增长率（NPG）反映企业当年经营成果的增长情况。净利润增长率是显示企业发展前景的一个重要指标，净利润增长率越高，企业业务发展势头越好，企业财富累积速度就越快。②可持续增长率（SGR）指不发行新股、不改变经营效率和财务政策的情况下企业销售所能达到的增长率。该指标越大则说明企业内生驱动力越强，可持续发展态势越好，发展质量越高。

净利润增长率和可持续增长率是特征性指标。当净利润增长率和可持续增长率取历史数据时，是僵尸化困境阶段变化的警兆，可以直接作为预警输入指标的组成部分；当净利润增长率和可持续增长率取即时数据时，反映了僵尸化困境阶段特征，可以用于合成反映僵尸化困境严重程度的僵尸化指数，进而转化为预警输出指标。

（5）市场反映指标。基于第 4 章的分析可知，由于资产市场存在天然的信息不对称，管理层存在机会主义动机，并通过一系列手段尽可能地掩盖负面消息。由于市场上真正的理性投资者不多，真正有用的消息只会较少地被理性投资者捕捉（Ye 和 Yuan，2008），股票价格并不能完全体现实际业绩，从而造成市场表现与实际业绩之间的脱节。市场表现与实际业绩之间的脱节越严重，则越可以从侧面反映管理层向市场隐瞒了更多负面消息，这种行为直到实际业绩为负时才能终止。特别对于已经陷入或即将陷入僵尸化困境的上市公司而言，其有强烈的机会主义动机抑制股价下跌，因此，市场表现与实际业绩之间的脱节必然非常严重。本书认为市盈率较适合衡量上市公司的市场表现与实际业绩之间脱节的程度，学术界也常采用市盈率作为市场反映的代理指标（孙晓琳，2010；文拥军，2011；庄倩，2016）。市盈率（PE）等于股票价格与净利润的比值，是上市公司特有的指标。市盈率越大，市场表现与实际业绩之间的差距越大，其股价被高估的可能性就越高。

市盈率是特征性指标。当市盈率取历史数据时，是僵尸化困境阶段变化的警兆，可以直接作为预警输入指标的组成部分；当市盈率取即时数据时，反映了僵尸化困境阶段特征，可以用于合成反映僵尸化困境严重程度的僵尸化指数，进而转化为预警输出指标。

（6）持续经营保障指标。基于第4章的分析可知，生存也是企业的核心目标之一，在激烈的市场竞争中生存下来是企业成长与成功的前提。企业是否能够持续生存最重要的因素是看企业能否持续获得用于维持生产经营的现金周转以及至少能够覆盖债务利息支出的收入。如果这两点最基本的条件都难以得到满足，未来的生产经营缺乏必要的现金流支持，导致企业生产经营陷入困境，最基本债务也难以偿还，使得企业面临清算风险。当企业不存在持续经营的根基，按理说是要退出市场，但企业若要继续生存下去，必然需要依靠外界补贴，从而导致陷入或持续陷入僵尸化困境。因此，本书认为每股经营现金净流量和最低利息保障倍数是反映企业持续经营保障的最佳指标，学术界在评价企业持续经营能力时也常采用这两个指标作为代理指标（文拥军，2011；庄倩，2016；孙莹、崔静，2017；周琎等，2018）。其中，①每股经营现金净流量（*NCFPS*）等于经营现金净流量与发行在外普通股加权平均数的比值，是反映企业盈余质量的核心指标，表明企业获得的净利润中有多少是现金流组成的。相同数额的净利率，现金流占比越高，则会计应计项占比就越低，企业的盈余质量也就越高，造血能力就越强，持续经营保障能力就越强。②最低利息保障倍数（min*ICR*）反映企业息税前利润能够在多大程度上覆盖企业的理论利息支付下限。最低利息保障倍数的计算公式如（5－1）式所示：

$$\min ICR_{i,t} = \frac{EBIT_{i,t}}{R^{*}_{i,t}} \tag{5-1}$$

min*ICR* 为最低利息保障倍数，$EBIT_{i,t}$为企业 i 第 t 年的息税前利润，$R^{*}_{i,t}$为企业 i 第 t 年参与正常市场竞争应当支付的理论利息支付下限，具体计算方法将在计算债务平减利息缺口时给出。

每股经营现金净流量和最低利息保障倍数是特征性指标。当每股经营现金净流量和最低利息保障倍数取历史数据时，是僵尸化困境阶段变化的警兆，可以直接作为预警输入指标的组成部分；当每股经营现金净流量和最低利息保障倍数取即时数据时，反映了僵尸化困境阶段特征，可以用于合成反映僵尸化困境严重程度的僵尸化指数，进而转化为预警输出指标。

（7）外界补贴输血指标。僵尸企业的核心特征之一是其过度依赖外界补贴维持生存，这个过程在学术界被形象地称为外界对僵尸企业进行“输血”。理论上，输血方式可以包括特惠利息、常青贷款、政府补助、票据贴现贴息、资本注入、债务减免、债转股、停止付息、不具有商业实质的关联交易利得等，但是以上大多数输血方式在实践中并不十分常见（Caballero 等，2008），目前已有研究基本认为来源于银行不合理的特惠利息和常青贷款以及来源于政府的不合理的财政补贴是对僵尸企业输血的主要方式。来源于银行的支持具有两面性，如果一家业绩很好的企业，即使收到银行提供的支持，也不能认为这家企业陷入了僵尸化困境，因为即使不靠银行的支持，企业的业绩并不会受到影响，但如果企业业绩不佳，债务高企时还能收到银行提供的支持，则可以认为该支持不具有太大的合理性，企业就很有可能会陷入僵尸化困境。当企业持续亏损，外界又对其不断输血，这会进一步减损管理层的进取心，企业恢复更加无望，从而加重其僵尸化困境程度。学术界针对外界补贴输血使用次数较多的代理指标为常青借贷率、债务平减利息缺口、政府补贴率（Caballero 等，2008；Fukuka 和 Nakamura，2011；张栋等，2016；周琎等，2018；等等）。

①常青借贷率（*Eratio*）反映企业获得活动贷款的情况，计算公式为：

$$EvergreenRatio_{i,t} = \frac{BS_{i,t} + BL_{i,t} + Bonds_{i,t} - BS_{i,t-1} - BL_{i,t-1} - Bonds_{i,t-1}}{BS_{i,t-1} + BL_{i,t-1} + Bonds_{i,t-1}} \tag{5-2}$$

（5－2）式中，*EvergreenRatio* 为常青借贷率，$BS_{i,t}$、$BL_{i,t}$、$Bonds_{i,t}$分别表示企业 i 第 t 年末的短期银行贷款（一年以下）、长期银行贷款（一年以上）、债券总额（包括可转换债券和认股权证）。正常情况下，企业经营可以获得债务融资规模的增长，但当企业陷入困境时，偿债能力降低，银行等资金供给方为了保证自身资金安全，会缩小或者至少不会增加对困境企业的贷款规模。当企业存在持续亏损情况债务负担过重等情况，但常青借贷率依旧大于零时，说明企业即使生产经营出现严重困难也依旧能够获得银行等资金供给方提供的不合理常青贷款补贴。

②债务平减利息缺口（*Gap*）反映企业获取特惠利息的情况，

计算公式为：

$$Gap_{i,t} \equiv \frac{R_{i,t} - R_{i,t}^{*}}{BS_{i,t} + BL_{i,t} + Bonds_{i,t}} \tag{5-3}$$

（5－3）式中，*Gap* 为债务平减利息缺口，$R_{i,t}$为企业 i 第 t 年实际支付的费用化利息，$R_{i,t}^{*}$为企业 i 第 t 年参与正常市场竞争应当支付的理论利息支付下限，其计算公式为：

$$R_{i,t}^{*} = rs_{t-1} \times BS_{i,t-1} + \left(\frac{1}{5}\sum_{j=1}^{5} rl_{t-j}\right) \times BL_{i,t-1} + rcb_{min\ over\ last\ 5\ years,t} \times Bonds_{i,t-1} \tag{5-4}$$

（5－4）式中，rs_t、rl_t、$rcb_{min\ over\ last\ 5\ years,t}$分别表示第 t 年平均短期最低贷款利率、第 t 年平均长期最低贷款利率、过去五年能够观察到的最低可转换债券票面利率。*rs* 和 *rl* 采用央行历次公布的金融机构人民币贷款基准利率为基础进行计算。对于在同一年度内多次进行利率调整的，按月份数加权确定当年基准利率。鉴于 2014 年 11 月 22 日前，短期贷款基准利率分为 6 个月以内（含 6 个月）和 6 个月至 1 年两个档次，长期贷款基准利率分为 1—3 年（含 3 年）、3—5 年（含 5 年）和 5 年以上，因此将每年两类短期基准利率年化平均数作为本年的短期最低贷款利率，将每年三类长期基准利率算术平均数作为本年的长期最低贷款利率。2014 年 11 月 22 日后的长期最低贷款利率采用同样算法。其中，两类短期利率年化平均数为 $\left(\int_{0}^{1/2} r_{0-6}t\mathrm{dt} + \int_{1/2}^{1} r_{6-12}t\mathrm{dt}\right) \times 2$。*rcb* 采用历年可观测到的最低公司债券票面利率。附录 D 展示了本书计算的 2006—2018 年短期、长期和公司债券最低贷款利率。

③政府补贴率（*Subratio*）为企业当年获得的政府补助与净利润比值的绝对值，反映来源于政府的支持在企业经营成果中所占比重。

常青借贷率、债务平减利息缺口、政府补贴率是特征性指标。当常青借贷率、债务平减利息缺口、政府补贴率取历史数据时，是预测僵尸化困境阶段的警兆，可以直接作为预警输入指标的组成部分；当常青借贷率、债务平减利息缺口、政府补贴率取即时数据时，反映了僵尸化困境阶段特征，可以用于合成反映僵尸化困境严重程度的僵尸化指数，进而转化为预警输出指标。

（8）社会负担性指标。基于第 4 章的分析可知，企业可能会通过参与和政府的社会交换而承担社会负担。企业承担过多的社会负担也可能和承受过重的债务负担一样会使企业“喘不过气来”，企业为了冗余性的社会负担，可能需要比同行业的其他企业支付更多的成本，使得企业由“营利性机构”逐步成为“福利性机构”，如此一来便需要依靠大量外界补贴才能存活。政府与公司在共同的社会体系中分别承担不同的角色，但由于相互之间存在较大利益诉求，这就为企业陷入僵尸化困境提供了土壤，随着负担越重，陷入僵尸化困境的程度越深。由于企业承担的社会负担重表现企业为社会提供更多的就业岗位，避免由于失业人数过多而造成的社会不稳定，因此，学术界多采用超额雇员率作为社会负担性的代理指标（廖冠民、沈洪波，2014；胡宁、靳庆鲁，2018）。超额雇员率（*OverEMP*）反映企业承担的超过以销售收入为权重的行业平均雇员人数的比率，其计算公式如下：

$$OverEMP_{i,t} = \frac{EMP_{i,t} - SALES_{i,t} \times \dfrac{EMP_{indavg,t}}{SALES_{indavg,t}}}{EMP_{i,t}} \quad (5-5)$$

（5－5）式中，*OverEMP* 为企业承担的雇员冗余，$EMP_{i,t}$为企业 i 第 t 年的员工总数，$SALES_{i,t}$为企业 i 第 t 年的销售收入，$EMP_{indavg,t}$为行业 i 第 t 年的员工均值，$SALES_{i,t}$为行业 i 第 t 年的销售收入均值，由于下文以制造业为研究对象，因此按中国证监会《上市公司行业分类指引》（2012 修订）所列的二级代码对行业进行划分，超额雇员率越高，说明企业承担的社会负担越重。

超额雇员率是特征性指标。当超额雇员率取历史数据时，是僵尸化困境阶段变化的警兆，可以直接作为预警输入指标的组成部分；当超额雇员率取即时数据时，反映了僵尸化困境阶段特征，可以用于合成反映僵尸化困境严重程度的僵尸化指数，进而转化为预警输出指标。

（9）治理结构指标。基于第 4 章的分析可知，治理结构会对僵尸化困境的形成及加重产生重要影响。治理结构决定了企业发展的环境基调，从而可能影响管理者的思考意识，对企业发展至关重要。治理结构的核心在于相互制衡，当大股东之间的股权占比差距过大则会造成治理结构的失衡，持股较多的股东越容易引发私利行为，且随着股东间持股差距增大，持股较多的股东侵占他人利益的能力越强。当治理结构出现失衡，制衡机制就会失效，通过直接或间接渠道就会影响企业业绩，并成为企业陷入僵尸化困境或加重僵尸化困境程度的内部诱因。学术界针对治理结构使用次数较多的代理指标为 Z 指数和股权赫芬达尔指数（孙晓琳，2010；文拥军，2011；朱兆珍，2016；等等）。其中，①Z 指数（*Z_ index*）等于第一大股东持股比例与第二大股东持股比例的比值。Z 指数越高，第二大股东对第一大股东的牵制力越弱，第一大股东侵占其他股东利益的能力就会增强。②股权赫芬达尔指数（*H_ 10*）等于前十大股东持股比例的平方和。该指标的功能在于对前十大股东持股比例取平方后，会出现马太效应（即强者衡强，弱者衡弱），比例大的部分进行平方后与比例小的部分进行平方后的数值差距拉大，呈现不同股东持股比例之间的差距，若股权赫芬达尔指数越大则说明前十大股东持股比例分布越不均匀。

Z 指数和股权赫芬达尔指数是特征性指标。当 Z 指数和股权赫芬达尔指数取历史数据时，是僵尸化困境阶段变化的警兆，可以直接作为预警输入指标的组成部分；当Z指数和股权赫芬达尔指数取即时数据时，反映了僵尸化困境阶段特征，可以用于合成反映僵尸化困境严重程度的僵尸化指数，进而转化为预警输出指标。

（10）僵尸化惯性指标。本书将持续亏损的年度数或持续受到不合理补贴的年度数归类为僵尸化惯性指标，反映出企业对持续陷入困境已经养成了习惯，就像汽车刹车失灵一样缺乏任何有效的方法阻止运动惯性。根据美国《财富》杂志报道，我国企业整体的平均寿命为3.9年，这说明就正常情况来看，问题企业退出市场的时间不会太长，因为企业在市场竞争中一旦失败，就应该退出市场，其并没有足够的资源继续存在市场，当清算价值大于股权价值时，整体最优选择便是进行清算。即使出现偶发的异常情况，企业可能在短期内表现为亏损，但是如果其核心竞争力没有遭到破坏，那么企业可以以较快的速度进行恢复。基于第4章的分析，困境具有“沼泽效应”，陷入僵尸化困境的时间越久，则越难以恢复至正常状态。本书借鉴栾甫贵、刘梅（2018）的做法，采用亏损惯性和政府干预惯性作为僵尸化惯性的代理指标。其中，①亏损惯性（*Loss*）等于企业连续四年中净利润扣除非经常性损益小于0的次数。当企业长期处于亏损状态，证明企业应该退出市场而未退出市场，且亏损状态持续时间越长其状态越僵。由于连续五年中净利润扣除非经常性损益小于0的样本企业数量很少，为了使年限上的差异能够在最大程度上发挥评价作用，因此，亏损惯性考虑四年内的情况。②政府干预惯性（*GI*）等于企业连续三年中政府补贴率的绝对值大于50%的次数。当企业长期接受过多的政府补贴时，则会对政府“扶持之手”产生依赖，加深僵尸化困境的程度。由于连续四年中政府补贴率的绝对值大于50%的样本企业数量很少，为了使年限上的差异能够在最大程度上发挥评价作用，因此，政府干预惯性只考虑三年内的情况。

亏损惯性和政府干预惯性是特征性指标。当亏损惯性和政府干预惯性取历史数据时，是僵尸化困境阶段变化的警兆，可以直接作为预警输入指标的组成部分；当亏损惯性和政府干预惯性取即时数据时，反映了僵尸化困境阶段特征，可以用于合成反映僵尸化困境严重程度的僵尸化指数，进而转化为预警输出指标。

（11）经济波动与经济政策指标。事物的发展分为内因和外因，两者在事物发展的过程中同时存在，缺一不可，具体而言，内因是事物发展的驱动力，决定事物发展的方向和性质；外因是事物发展的外部条件，在事物发展过程中起到加速或延缓的作用，外因必须要通过内因才能起作用。基于第 4 章的分析可知，经济波动、货币政策、财政政策等经济环境的变化都可能对僵尸化困境的形成及加重产生间接影响。在指标选择上，①参照张悦（2016）的研究，采用 GDP 增长率的残差（*GDPGrowth_ r*）、GDP 平减指数的残差（*GDP_ r*）作为经济波动的代理指标，这两个指标越大表明当年度经济波动幅度越大。②参照钟凯等（2016）的研究，本书采用货币松紧度（*MP*）作为货币政策的代理指标，数值等于货币和准货币（M2）同比增长率和 GDP 增长率以及 CPI 增长率之差的相反数，该指标越大表明当年度货币政策越紧缩。③参照白俊红、刘宇英（2018）的研究，本书采用上市公司所属省份辖区当年的省级地方政府财政支出与 GDP 的比值作为财政政策干预程度（*FPI*）的代理指标，该指标越大，表明当地政府对企业干预力度越强。

经济波动、货币政策、财政政策不是特征性指标，不能用于反映僵尸化困境的严重程度和阶段特征，但其取历史数据时可以作为预警输入指标以提升警兆丰富性，从而改善预测精度。

（12）组织属性指标。基于第 4 章的分析可知，企业规模、产权性质及所属行业均可能会间接影响僵尸化困境的形成及加重，因此也需要加以考虑。其中，①企业规模（*Size*）为上市公司年末资产总额的自然对数。②行业差异（*Binary_ Ind*）为二元变量，1 代表产能过剩行业中的企业，其余行业中的企业用 0 表示[①]。③产权异质性（*SOE*）为二元变量，1 代表国有企业，0 代表非国有企业。

企业规模、行业差异、产权异质性不是特征性指标，不适合用于反映僵尸化困境的严重程度和阶段特征，但其取历史数据时可以作为预警输入指标以提升警兆丰富性，从而改善预测精度。

考虑到不同指标的侧重点有所不同，借鉴任惠光（2007）、Bhattacharjee 和 Han（2014）、周琎等（2018）对指标类别的归纳，可以将偿债能力指标、获利能力指标、营运能力指标、成长性指标、市场反映指标统一称作传统财务类指标；将持续经营保障指标、外界补贴输血指标、社会负担性指标、治理结构指标、僵尸化惯性指标统一称作僵尸化特色类指标；将经济波动指标、经济政策指标统一称作经济环境类指标；企业规模、行业差异、产权异质性直接为组织属性类指标。

5.2 僵尸化困境预警输入指标的设计

预警输入指标是预测僵尸化困境所处阶段需要使用的信息来源，即 4.3 所说的警兆。目前研究中，学者们主要采用两种方式确定预警输入指标，第一种是基于理论分析、经验判断以及参考

---

① 本书研究是以制造业上市公司为样本，在行业划分时采用的是中国证监会规定的二级行业代码，关于产能过剩行业和非产能过剩行业的区分，具体见本章 5.3.3.2 僵尸化指数有效性检验中的第（3）个检验说明。

已有文献确定预警输入指标（林娟，2012；梁永礼，2018 等）；第二种是利用实证方法筛选出在不同企业间有显著差异的指标，利用筛选过后的指标作为预警输入指标（朱兆珍，2016；周围，2018 等）。本书采用第一种方法确定预警输入指标体系，主要原因是，基于理论分析的指标筛选至少可以保证所确定的预警输入指标体系是合理且稳定的。基于现有理论或文献的研究，我们至少可以确定有哪些影响因素被证明与预警对象有因果关系，再从这些影响因素中选择具有代表性的预警输入指标，就能至少保证指标的合理性。而利用实证方法对指标进行筛选可能会出现相互矛盾的情况，入选指标可能只包含了某几类影响因素中的具有统计显著性的指标，而剔除了其他影响因素中不具有统计显著性的指标，导致预警输入指标体系不够全面。并且随着样本的不同，统计上显著的指标也可能不同，如此便存在逻辑上的问题。除此之外，基于理论分析确定的预警输入指标体系和预警结果具有稳定性。在进行多期预警时，应当使用相对固定的预警输入指标，不同期限的预警输入指标不同就表明预警指标体系不具有稳定性。比如要同时进行 T－1 期、T－2 期的多期预警，如果采用 T 检验、逐步回归等方法进行指标显著性筛选，就会导致各期入选的预警输入指标都不相同，甚至变换样本所属期间，那么各期入选的预警输入指标又会发生变动。若在理论上无法对这种情况进行解释，就会陷入“数据挖掘”的陷阱，即使最终的预警结果较好也是限于样本内的结果，如此便不具有预警输入指标体系和预警结果的稳定性。正如吴星泽（2011）所指出的，预警模型的建立不应当仅依赖数据间的相关关系，而应当对经济现象的动力学过程进行分析后选择合适的变量作为预警输入指标。除此之外，理论是事物之间一般性规律的总结，随着理论的不断发展，人们对企业为什么会陷入僵尸化困境的认识将不断加深，有价值的预警输入指标会随着时间的推移逐步得到发掘，从未来的视角看，当前的指标永远都是不充分的。即使基于现有理论对指标进行选取，同一理论框架下的预警输入指标数量也是十分庞大，选多少数量的指标合适、所有入选指标是不是都能发挥作用、指标体系太过复杂庞大是否会提升操作难度和应用价值，这都是需要考虑的问题。由于理论的不断发展和事物之间的普遍联系，我们无法穷尽所有对预警对象有影响的因素，因此在预警研究中，预警输入指标的充分性难以得到完善的解决，在这种情况下，我们至少需要保证入选指标的合理性。

鉴于此，结合前文理论分析，本书选择可以追踪或影响企业未来僵尸化困境阶段走势的警兆指标以组成僵尸化困境预警输入指标体系，即 5.1.2 确定的由历史数据组成的 27 个指标。具体如表 5－1 所示。

表 5－1　　僵尸化困境预警输入指标

指标类别		具体指标
传统财务类指标	偿债能力指标	流动比率（CR_{t-n}）、资产负债率（LEV_{t-n}）
	获利能力指标	营业利润率（OPR_{t-n}）、权益净利率（ROE_{t-n}）、每股净利润（EPS_{t-n}）
	营运能力指标	存货周转率（IT_{t-n}）、固定资产周转率（FAT_{t-n}）
	成长性指标	净利率增长率（NPG_{t-n}）、可持续增长率（SGR_{t-n}）
	市场反映指标	市盈率（PE_{t-n}）
僵尸化特色类指标	持续经营保障指标	每股经营现金净流量（$NCFPS_{t-n}$）、最低利息保障倍数（$\min ICR_{t-n}$）
	外界补贴输血指标	银行：常青借贷率（$Eratio_{t-n}$）、债务平减利息缺口（Gap_{t-n}） 政府：政府补贴率（$Subratio_{t-n}$）
	社会负担性指标	超额雇员率（$OverEMP_{t-n}$）
	治理结构指标	股权制衡度（Z_index_{t-n}）、股权分散度（H_10_{t-n}）
	僵尸化惯性指标	亏损惯性（$Loss_{t-n}$）、政府干预惯性（GI_{t-n}）

续表

指标类别		具体指标
经济环境类指标	经济波动指标	经济波动Ⅰ（$GDPGrowth\_r_{t-n}$）、经济波动Ⅱ（GDP_r_{t-n}）
	经济政策指标	货币松紧度（MP_{t-n}）、财政政策干预（FPI_{t-n}）
组织属性类指标	组织属性指标	企业规模（$Size_{t-n}$）、行业差异（$Binary\_Ind_{t-n}$）、产权异质性（SOE_{t-n}）

注：括号内为指标代码，下标 $t-n$ 表示滞后 n 期的历史数据，下同。

5.3 僵尸化困境预警输出指标的设计

5.3.1 预警输出指标的设计原理

预警输出指标是僵尸化困境所处阶段，即前文 4.3 所说的警度。前文 4.3 分析了企业陷入僵尸化困境的特征，这些特征较为全面地反映了企业逐步陷入僵尸化困境不同阶段的表现。在评估企业所属的僵尸化困境阶段时应当综合考虑企业各方面的特征，仅按单个指标比较不同企业既不科学也不能反映企业的实际情况。在现实生活中，企业各方面的表现会通过不同指标进行反映，这些指标或相互关联或相互独立，不同指标只是反映了企业的某一方面情况，单个定性或定量指标难以对企业进行全面评价。为了达到评价企业综合状态的目的，通常需要按一定的方法将不同指标加以汇总，进而得到能够反映企业综合状态的综合性指数，采用合理方法对该指数进行分区，每个区间对应企业状态的轻重程度，进而可以作为预警输出指标。

本书的预警输出指标是僵尸化困境的 4 个阶段，具体通过以下步骤获取：首先，根据前文 4.3 及 5.1.2 的分析可知，僵尸化困境的特征由 10 个方面组成，并在此基础上选取了 20 个特征性指标衡量僵尸化困境特征的10个方面（指标分别是CR_t、LEV_t、OPR_t、ROE_t、EPS_t、IT_t、FAT_t、NPG_t、SGR_t、PE_t、$NCFPS_t$、$\min ICR_t$、$Eratio_t$、Gap_t、$Subratio_t$、$OverEMP_t$、Z_index_t、H_10_t、$Loss_t$、GI_t)①；其次，使用主成分分析法进行数据降维，将各项指标综合汇总，确定各项指标之间的权重，通过线性组合，得到反映企业僵尸化困境严重程度（或僵尸化困境不同阶段）的综合指数，本书称为僵尸化指数；再次，根据4.2.5的分析，使用置信系数划分法确定分界点数值，把僵尸化指数划分成四个阈值区间，不同阈值区间对应僵尸化困境不同阶段；最后，将僵尸化困境各阶段打上标签1、2、3、4，分别对应重度僵尸化、中度僵尸化、轻度僵尸化、未僵尸化，并以此转化为预警输出指标，指标代码为*Label*。

5.3.2 僵尸化指数构建的实证研究

（1）样本选择。本书选择制造业上市公司作为研究对象。主要原因有两点：首先，由于不同行业的经营状况、竞争强度、风险水平均有不同，具体体现在不同行业指标的标准值之间存在较大差异（卢永艳，2012；Kim 和 Upneja，2014）。将所有行业汇总分析可能会造成一定的信息失真，而分行业进行僵尸化困境阶段划分及预警研究则具有科学性和准确性。其次，制造业是中国经济的支柱产业，是“中国制造2025”的核心行业，对国家发展和国民工作生活有极其重要的影响，同时制造业上市公司的僵尸企业数量最多，并且在当前制度背景下，包含钢铁制造企业、煤炭制造企业的制造业是僵尸企业问题治理的重点对象，因此对制造业上市公司进行僵尸化困境阶段划分及预警具有实际意义，基

---

① 下标t表示即期数据，下同。

于以上分析本书选择制造业上市公司作为研究对象。考虑到 2007 年起正式实施《企业会计准则》，为了保持指标计算口径的统一以及部分指标的可获得性，将样本时间跨度设置为 2007—2018 年。同时为了保证指标逻辑上的合理性，剔除实际利息支出、理论利息下限缺失的样本，因此共获得 13742 个公司年度样本，该样本总体为非平衡样本。表 5－2 显示了样本选择过程。

表 5－2　　　　样本选择过程

初始样本	18611
减：实际利息支出、理论利息下限缺失的样本	4869
最终样本	13742

（2）数据处理。

①噪声处理。所谓噪声就是指会干扰正常数据分析的数据，一般是指偏离样本期望过多的离群值。由于上市公司新股发行、并购重组、借壳上市等行为会使评价指标偏离正常值，因此在主成分分析之前，需要对数据噪声进行处理。本书首先检验各指标均值、标准差、最大值、最小值，对标准差两倍于均值的指标进行双侧 2.5% 替换缩尾，以此对离群值噪声进行处理，同时保证样本信息不被丢失。

②方向处理。根据与企业僵尸化困境严重程度的关系不同，计算企业僵尸化指数的指标可以分为正向指标和反向指标。其中，正向指标是指其取值变动反映了企业活性的同向变动，如流动比率、每股现金净流量、可持续增长率。负向指标是指其取值变动反映了企业活性的反向变动，如资产负债率、政府补贴率。在 20 个计算僵尸化指数的指标中，正向指标不进行方向处理。常青借贷率由于具有双向属性，为了避免主观上的判断失误，也不进行方向处理。负向指标包括资产负债率、市盈率、政府补贴率、超额雇员率、股权制衡度、股权分散度、亏损惯性、政府干

预惯性。本书对负向指标依据其性质分别采用取倒数、取相反数、常数相减的方式将其正向化。其中，对资产负债率、市盈率、股权制衡度、股权分散度取倒数处理，对政府补贴率、超额雇员率取相反数处理，对亏损惯性、政府干预惯性采用最大值减实际值的方式进行处理。

③无量纲化处理。普遍情况下，不同的评价指标具有不同的量纲单位，不对指标进行处理会影响数据分析结果，因此为了消除指标之间由于量纲不同所造成的影响，在统计分析之前均需要对数据进行标准化处理，以处理量纲问题带来的指标不可比性。本书采用 Z-score 标准化方法，使处理后的数据符合标准正态分布（均值为 0，标准差为 1），转换函数为：$x^* = (x - \mu)/6$，其中：μ 为样本数据的均值，6 为样本数据的标准差。

（3）全局主成分分析。表 5－3 显示了对 20 个指标进行全局主成分分析的主成分贡献率表，反映了 20 个主成分的特征值、特征值差值、方差贡献率、累计方差贡献率。可以看出，共有 7 个主成分的特征值大于 1，只包含了原始数据信息总量的 70.15%，主要原因是指标体系综合了财务类和非财务类的多方面指标，信息差异较大，较少的主成分难以代表多维度的信息。而第 8 个主成分的特征值大于 0.8，与 1 较为接近，且增加了 4.07% 的信息含量，使得前 8 个主成分解释所有指标信息含量的程度接近 75.00%，具有较好的代表性，因此，本书拟选择 8 个主成分进行进一步分析。

表 5－3　　主成分贡献率表

主成分	特征值	特征值差值	方差贡献率	累计方差贡献率
1	5.1545	3.0434	0.2577	0.2577
2	2.1110	0.4398	0.1056	0.3633
3	1.6713	0.1966	0.0836	0.4468

续表

主成分	特征值	特征值差值	方差贡献率	累计方差贡献率
4	1.4748	0.17947	0.0737	0.5206
5	1.2953	0.0476	0.0648	0.5854
6	1.2477	0.1728	0.0624	0.6477
7	1.0749	0.2618	0.0537	0.7015
8	0.8131	0.0664	0.0407	0.7421
9	0.7466	0.0300	0.0373	0.7795
10	0.7166	0.1144	0.0358	0.8153
11	0.6022	0.0112	0.0301	0.8454
12	0.5910	0.0421	0.0296	0.8750
13	0.5489	0.0873	0.0274	0.9024
14	0.4616	0.0510	0.0231	0.9255
15	0.4105	0.0203	0.0205	0.9460
16	0.3903	0.1164	0.0195	0.9655
17	0.2739	0.0561	0.0137	0.9792
18	0.2178	0.0834	0.0109	0.9901
19	0.1343	0.0709	0.0067	0.9968
20	0.0634	—	0.0032	1.0000

由于指标均为正向化指标，根据主成分贡献率表，可以计算出制造业上市公司僵尸化指数，见公式（5-6）。

$$
\begin{aligned}
\textit{Zombieization-Dilemma-Score} &= \sum_{i=1}^{n} (\lambda_i / m) F_i \\
&= 0.2577 \times F_1 + 0.1056 \times F_2 + 0.0836 \times F_3 + 0.0737 \times F_4 + 0.0648 \times F_5 \\
&\quad + 0.0624 \times F_6 + 0.0537 \times F_7 + 0.0407 \times F_8
\end{aligned}
\tag{5-6}
$$

其中，λ_i 为对应主成分的特征值，m 为指标个数（即 20），n 为提取的主成分个数，F_1 至 F_8 为提取的每个主成分得分。该指标为正向化指标，其取值越大则说明企业僵尸化困境程度越低，其取值越小说明企业僵尸化困境程度越重。

图 5－2 显示了主成分分析的碎石图，其中前两个主成分之间的特征值差异较大，之后特征值之间的差异逐渐缩小，提取前 8 个主成分能够概括指标体系绝大部分信息，而舍弃之后 12 个主成分对分析问题不会再产生较大影响。

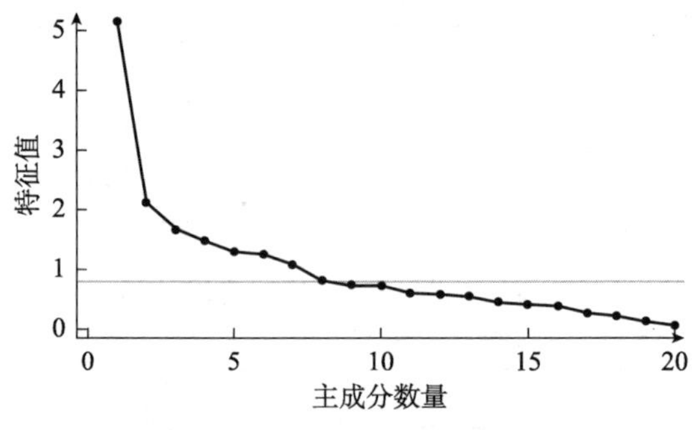

图 5－2　主成分分析碎石图

使用主成分分析要求指标之间具有较高的共性和相关性，一般采用 Kaiser-Meyer-Olkin 检验（KMO 检验）。KMO 统计量在 0 到 1 间，其取值越接近于 1，则证明指标体系共性越强，其取值越接近于 0，则证明指标体系共性越弱。一般认为，KMO 取值在 0 至 0.49，共性极弱；取值在 0.5 至 0.59，共性较弱；取值在 0.6 至 0.69，共性一般；取值在 0.7 至 0.79，共性较强；取值在 0.8 至 0.89，共性很强；取值在 0.9 至 1，共性极强。根据表 5－4 所示，整体 KMO 值为 0.7843，变量间的共性较强，比较适合进行主成分分析。

表 5－4　变量间的 KMO 值检验

变量	CR_t	LEV_t	OPR_t	ROE_t	EPS_t	IT_t	FAT_t
KMO 值	0.5975	0.5701	0.9365	0.7974	0.8768	0.5134	0.5747

续表

变量	NPG_t	SGR_t	PE_t	$NCFPS_t$	$\min ICR_t$	$Eratio_t$	Gap_t
KMO 值	0.9330	0.8265	0.9384	0.7044	0.7538	0.5577	0.7447
变量	$Sratio_t$	$OverEMP_t$	Z_index_t	H_10_t	$Loss_t$	GI_t	$Overall$
KMO 值	0.6517	0.7155	0.5212	0.6566	0.8993	0.7086	0.7843

表 5－5 列示了 20 个原始指标的因子荷载矩阵。因子荷载矩阵代表原始指标与每个主成分的关系大小，某个原始指标与某个主成分关系更加密切，该指标在该主成分上的荷载就更大，该主成分则主要代表该项指标，两者的密切关系体现为两者间荷载系数的数值更大。根据表 5－5 所示，在第一个主成分中，营业利润率、权益净利率、每股净利润、净利润增长率、可持续增长率、市盈率、亏损惯性的荷载系数最大，而这些指标或多或少都与利润有关，证明第一个主成分包含了更多的利润信息。在第二个主成分中，流动比率、资产负债率的荷载系数最大，而这些指标都与负债有关，证明第二个主成分包含了更多的债务信息。以此类推，第三个主成分拥有政府补贴率、超额雇员率、政府干预惯性的最大载荷系数，第四个主成分拥有常青借贷率、最低利息保障倍数的最大载荷系数，第五个主成分拥有存货周转率、固定资产周转率的最大载荷系数，第六个主成分拥有股权制衡度、股权分散度的最大载荷系数，第七个主成分拥有每股现金净流量的最大载荷系数，第八个主成分拥有债务平减利息缺口的最大载荷系数。

表 5－5　　　　因子荷载矩阵

	成分							
变量	1	2	3	4	5	6	7	8
CR_t	0.3695	0.7564	－0.1725	0.0773	－0.3363	0.1472	－0.0008	0.1255
LEV_t	0.3385	0.7668	－0.2182	0.0049	－0.2811	0.1719	0.1694	0.1812

续表

	成分							
变量	1	2	3	4	5	6	7	8
OPR_t	0.8418	0.0540	-0.1643	-0.0503	0.0320	-0.0106	-0.0478	0.0351
ROE_t	0.8954	-0.2311	-0.1333	0.0118	0.0643	0.0170	-0.0752	0.0336
EPS_t	0.8605	-0.1793	-0.0023	-0.0143	0.0731	-0.0074	0.1241	-0.0379
IT_t	0.1535	-0.2497	0.3859	0.1038	-0.2030	0.3176	0.4915	0.1931
FAT_t	0.2832	-0.1240	0.4734	0.3420	-0.3592	0.2224	-0.3193	-0.0879
NPG_t	0.6214	-0.2532	-0.3097	0.0742	0.0422	0.0192	-0.1695	0.1347
SGR_t	0.8375	-0.2596	-0.1468	0.0212	0.0532	0.0120	-0.1137	0.0456
PE_t	0.6260	-0.2061	-0.2276	0.0054	0.0213	0.0113	-0.0750	0.0765
$NCFPS_t$	0.3733	-0.2804	0.0797	-0.2110	0.0542	-0.0040	0.6897	-0.1509
$\min ICR_t$	0.4322	0.3775	0.1239	0.4999	0.0555	-0.1625	0.3017	-0.1739
$Eratio_t$	0.1880	0.2197	0.1544	0.6119	0.2867	-0.3549	-0.0253	-0.3282
Gap_t	-0.1065	-0.0593	0.1802	0.4968	0.3794	-0.1480	0.0424	0.6325
$Sratio_t$	0.2534	0.3032	0.6070	-0.3923	0.2552	-0.0458	-0.0794	0.0899
$OverEMP_t$	0.2326	-0.2860	0.4839	0.2007	-0.3982	0.2629	-0.1683	-0.0572
Z_index_t	0.0058	0.1765	-0.0723	0.0883	0.4414	0.6210	-0.0223	-0.2968
H_10_t	-0.1634	0.0337	-0.1016	0.1241	0.4306	0.6342	-0.0325	0.0785
$Loss_t$	0.6426	0.2021	0.1314	-0.2369	0.0906	-0.0922	-0.1184	-0.1213
GI_t	0.3722	0.3015	0.5418	-0.3783	0.2704	-0.0557	-0.1131	0.0923

进一步地，由于因子荷载矩阵的数据不是各项指标对主成分线性组合的权重，应当根据因子荷载矩阵列示的因子荷载系数分别除以各主成分对应的特征值平方根，得到8个主成分分别与原始指标组成线性组合的权重，即主成分得分系数矩阵，计算结果见表5-6。

表5-6　主成分得分系数矩阵

	成分							
变量	1	2	3	4	5	6	7	8
CR_t	0.1627	0.5206	-0.1334	0.0637	-0.2955	0.1318	-0.0008	0.1391
LEV_t	0.1491	0.5278	-0.1688	0.0040	-0.2470	0.1539	0.1634	0.2009

续表

	成分							
变量	1	2	3	4	5	6	7	8
OPR_t	0.3708	0.0371	-0.1271	-0.0414	0.0281	-0.0095	-0.0461	0.0389
ROE_t	0.3944	-0.1591	-0.1031	0.0097	0.0565	0.0152	-0.0725	0.0373
EPS_t	0.3790	-0.1234	-0.0018	-0.0119	0.0642	-0.0067	0.1197	-0.0421
IT_t	0.0676	-0.1718	0.2985	0.0855	-0.1784	0.2843	0.4740	0.2142
FAT_t	0.1247	-0.0853	0.3662	0.2816	-0.3156	0.1991	-0.3080	-0.0974
NPG_t	0.2737	-0.1743	-0.2395	0.0611	0.0371	0.0172	-0.1635	0.1494
SGR_t	0.3689	-0.1787	-0.1136	0.0174	0.0467	0.0107	-0.1096	0.0505
PE_t	0.2757	-0.1419	-0.1760	0.0045	0.0187	0.0101	-0.0724	0.0848
$NCFPS_t$	0.1644	-0.1930	0.0616	-0.1737	0.0476	-0.0036	0.6652	-0.1673
$\min ICR_t$	0.1904	0.2598	0.0958	0.4117	0.0487	-0.1455	0.2910	-0.1928
$Eratio_t$	0.0828	0.1512	0.1194	0.5038	0.2519	-0.3177	-0.0244	-0.3640
Gap_t	-0.0469	-0.0408	0.1394	0.4091	0.3333	-0.1325	0.0409	0.7014
$Sratio_t$	0.1116	0.2087	0.4695	-0.3231	0.2242	-0.0410	-0.0766	0.0997
$OverEMP_t$	0.1025	-0.1968	0.3743	0.1653	-0.3499	0.2354	-0.1623	-0.0635
Z_index_t	0.0026	0.1215	-0.0559	0.0727	0.3878	0.5560	-0.0215	-0.3291
H_10_t	-0.0720	0.0233	-0.0786	0.1022	0.3784	0.5678	-0.0313	0.0871
$Loss_t$	0.2830	0.1391	0.1017	-0.1951	0.0796	-0.0826	-0.1142	-0.1345
GI_t	0.1639	0.2075	0.4191	-0.3115	0.2376	-0.0499	-0.1091	0.1024

根据表 5-6 主成分得分系数矩阵，可以得出前 8 个主成分的线性表达式，具体见附录 E 中的（E-1）式至（E-8）式。

将附录 E 中的 8 个主成分线性表达分别代入（5-6）式，可以得到衡量制造业上市公司僵尸化指数的计算模型：

$$Zombieization\text{-}Dilemma\text{-}Score = [CR_t, LEV_t, OPR_t, ROE_t, EPS_t, IT_t, FAT_t, NPG_t, SGR_t, PE_t, NCFPS_t, \min ICR_t, Eratio_t, Gap_t, Subratio_t, OverEMP_t, Z\_index_t, H\_10_t, Loss_t, GI_t] \times [0.0851, 0.0909, 0.0861, 0.0792, 0.0921, 0.0709, 0.0460, 0.0374, 0.0678, 0.0431, 0.0461, 0.1167, 0.0648, 0.0695, 0.0781, 0.0298, 0.0595, 0.0467, 0.0701, 0.0868]^T$$

$$= 0.0851CR_t + 0.0909LEV_t + 0.0861OPR_t + 0.0792ROE_t + 0.0921EPS_t + 0.0709IT_t + 0.0460FAT_t + 0.0374NPG_t + 0.0678SGR_t + 0.0431PE_t + 0.0461NCFPS_t + 0.1167\min ICR_t + 0.0648Eratio_t + 0.0695Gap_t + 0.0781Subratio_t + 0.0298OverEMP_t + 0.0595Z\_index_t + 0.0467H\_10_t + 0.0701Loss_t + 0.0868GI_t \quad (5-7)$$

（5－7）式中，CR_t 至 GI_t 为原始指标经 Z-score 标准化后的当期值。通过以上计算，可以得出每个样本年度的僵尸化指数，该数值越大证明样本实际状态越好，该数值越小证明企业僵尸化困境程度越深。表 5－7 显示了僵尸化指数（可简写为 ZDS）的统计特征。

表 5－7　僵尸化指数统计特征

	Mean	SD	min	max	P25	P50	P75
ZDS	－1.31e－09	0.6327	－2.2921	2.4450	－0.3428	0.0349	0.3705

5.3.3 僵尸化指数的信效度检验

在实际利用僵尸化指数之前，需要对其可靠性和有效性进行检验。本书首先将僵尸化指数与 20 个标准化后的变量进行 alpha 系数检验，结果显示可靠性系数为 0.7904，说明整体而言僵尸化指数较为可信。接下来本书拟从以下几个方面考察僵尸化指数的可靠性和有效性。其中，可靠性检验的含义是指，由于企业当年的僵尸化指数实际上是企业当年各指标按照一定系数组成的线性组合，系数实际取值会影响最终的僵尸化指数，而系数的不稳定会导致企业的僵尸化指数产生波动，因此需要检验系数的稳定性，本书采取两种方法进行可靠性检验：定基年可靠性检验和变基年可靠性检验，其中定基年可靠性检验是指以 2007 年为基期，逐年递增样本进行全局主成分分析，看每次递增的系数取值情况；变基年可靠性检验是指分别以 2007—2012 年为基年，以 2018 年为终年，进行全局主成分分析，看各样本期组合的系数取值情况。有效性检验的含义是指本书所计算出来的僵尸化指数是否能够对相关问题进行有效反映，也即僵尸化指数所影响的因素和影响僵尸化指数的因素是否和理论上的猜想相一致。本书通过以下方法进行效度检验：传统僵尸企业与僵尸化指数的关系验证，退市风险警示与僵尸化指数的关系验证，行业差异与僵尸化指数的分析对比，产权差异与僵尸化指数的分析对比，僵尸化指数与内部控制质量的关系验证，僵尸化指数与经济波动的关系验证，僵尸化指数与经济政策的关系验证（包括货币政策和地方政策），如果结果与理论猜想越吻合，则说明僵尸化指数的有效性越高，其对企业僵尸化属性的反映越准确。

（1）可靠性检验。

①定基年可靠性检验。从 2007 年开始，逐年增加样本量，计算确定新样本中各变量的系数权重，共计 12 个变量——权重组合。为了与前文保持一致，新样本依旧选取前 8 个主成分进行分析，通过计算每增加一个会计年度样本，选取前 8 个主成分基本都能包含所有变量 70% 以上的信息。因此，主成分数量在信息荷载方面具有稳定性。定基年检验的变量系数矩阵见表 5 - 8。

根据表 5 - 8 可知，以 2007 年为基年，逐年递加样本进行主成分分析，前 8 个因子的累计贡献率平均可以达到 75% 左右，KMO 值基本超过 0.7，整体来看前 8 个主成分能够较好地包含大部分指标信息，且原始指标适合进行主成分分析。将系数数据用图 5 - 3 分别按偿债能力、获利能力、营运能力、成长性、市场反映、持续经营保障、外界补贴输血、社会负担性、治理结构、僵尸化惯性进行展示，可以看到偿债能力、获利能力、成长性这几类指标一直较为稳定，并且所有变量在将样本递加到 2014 年之后全部系数就出现稳定的变动趋势，也即当样本期为 8 年以上时，各变量的系数及权重基本就能稳定下来。

表 5-8　定基年的变量系数矩阵

变量	2007 年	2008 年	2009 年	2010 年	2011 年	2012 年	2013 年	2014 年	2015 年	2016 年	2017 年	2018 年
CR_t	0.0745	0.0907	0.1010	0.0983	0.1150	0.1090	0.1088	0.0829	0.0866	0.0907	0.0869	0.0851
LEV_t	0.0866	0.0931	0.0982	0.1075	0.1199	0.1135	0.1134	0.0854	0.0908	0.0949	0.0924	0.0909
OPR_t	0.0765	0.0923	0.0876	0.0776	0.0787	0.0783	0.0795	0.0819	0.0839	0.0849	0.0859	0.0861
ROE_t	0.0633	0.0701	0.0721	0.0721	0.0729	0.0713	0.0710	0.0765	0.0770	0.0758	0.0762	0.0792
EPS_t	0.0802	0.0890	0.0876	0.0856	0.0853	0.0867	0.0868	0.0915	0.0912	0.0900	0.0901	0.0921
IT_t	0.0891	0.0794	0.0792	0.1071	0.0935	0.0916	0.0946	0.0541	0.0629	0.0662	0.0664	0.0709
FAT_t	0.0406	0.0513	0.0701	0.0678	0.0717	0.0702	0.0728	0.0434	0.0468	0.0480	0.0442	0.0460
NPG_t	0.0139	0.0183	0.0118	0.0282	0.0346	0.0278	0.0252	0.0303	0.0342	0.0337	0.0341	0.0374
SGR_t	0.0534	0.0619	0.0645	0.0604	0.0599	0.0590	0.0596	0.0651	0.0654	0.0643	0.0643	0.0678
PE_t	0.0146	0.0318	0.0264	0.0421	0.0535	0.0482	0.0454	0.0470	0.0466	0.0469	0.0474	0.0431
$NCFPS_t$	0.0440	0.0731	0.0684	0.0511	0.0338	0.0412	0.0429	0.0345	0.0383	0.0391	0.0412	0.0461
$\min ICR_t$	0.1321	0.0698	0.0904	0.1114	0.1241	0.1188	0.1173	0.1205	0.1182	0.1167	0.1172	0.1167
$Eratio_t$	0.0650	0.0054	0.0258	0.0194	0.0443	0.0478	0.0471	0.0837	0.0736	0.0665	0.0673	0.0648
Gap_t	0.0304	0.0172	0.0255	0.0061	0.0286	0.0365	0.0347	0.0760	0.0722	0.0696	0.0699	0.0695
$Sratio_t$	0.0771	0.0781	0.0548	0.0655	0.0318	0.0557	0.0579	0.0862	0.0833	0.0819	0.0803	0.0782
$OverEMP_t$	0.0538	0.0745	0.0834	0.0593	0.0527	0.0512	0.0567	0.0205	0.0245	0.0282	0.0263	0.0298
Z_index_t	0.0503	0.0676	0.0635	0.0381	0.0405	0.0483	0.0443	0.0473	0.0533	0.0560	0.0588	0.0595
H_10_t	0.0239	0.0242	0.0148	0.0179	0.0202	0.0212	0.0211	0.0233	0.0319	0.0360	0.0458	0.0467
$Loss_t$	0.0573	0.0958	0.0858	0.0518	0.0457	0.0546	0.0566	0.0705	0.0703	0.0696	0.0695	0.0701
GI_t	0.0732	0.0701	0.0533	0.0672	0.0379	0.0625	0.0636	0.0934	0.0915	0.0896	0.0884	0.0868
贡献	72.32%	72.16%	72.19%	72.08%	72.67%	73.03%	73.24%	73.41%	73.69%	73.81%	73.91%	74.21%
KMO	0.6970	0.7419	0.7563	0.7542	0.7580	0.7626	0.7689	0.7721	0.7789	0.7812	0.7820	0.7843

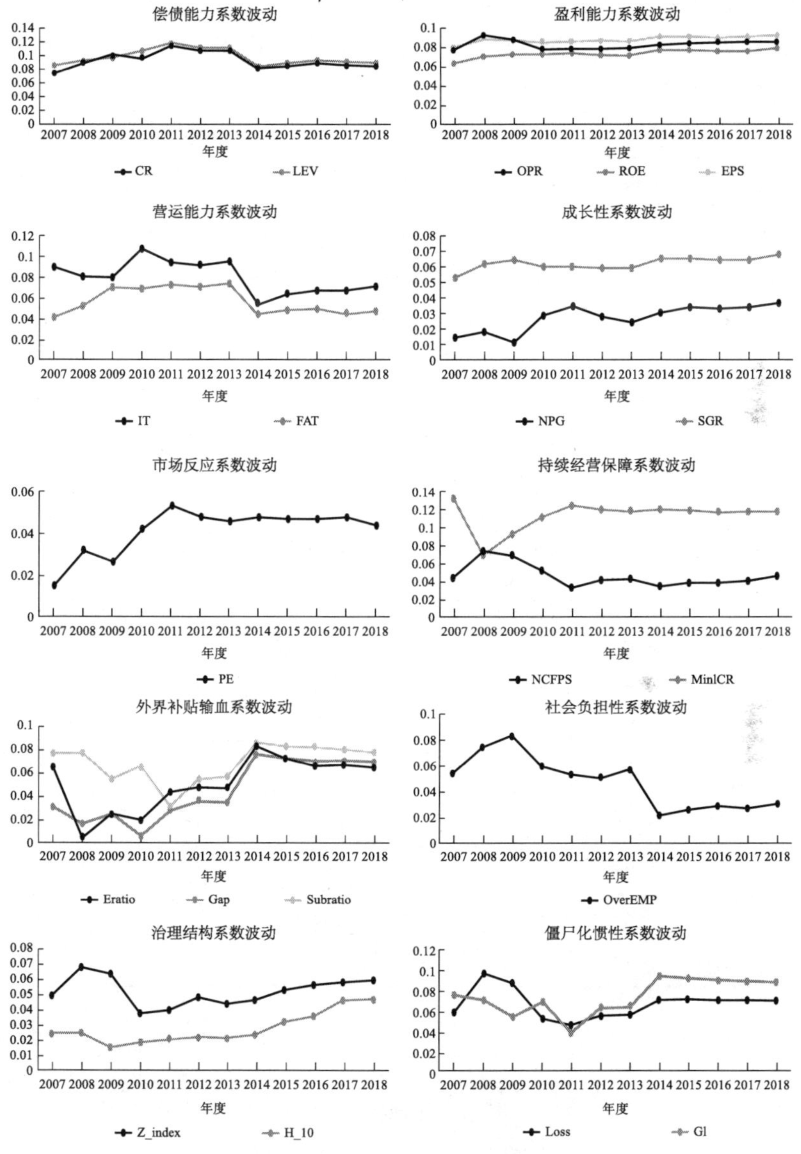

图 5-3　各变量系数波动图

②变基年可靠性检验。以 2018 年为终年，变动起始年度，分别计算不同基年至 2018 年的变量系数。由于前文已经发现年度持续 8 年以后各变量系数较为稳定，参照这个结果，在变基年可靠性检验中，分别以 2007 年、2008 年、2009 年、2010 年、2011 年作为基年，以保证 2011 年以前的期间跨度达到 8 年及以上，并增加 2012 为基年进行验证。表 5－9 展示了分别以 2007 年至 2012 年为基年的变量系数矩阵。为了与前文保持一致，新样本依旧选取前 8 个主成分进行分析。

表 5－9　　变基年的变量系数矩阵

变量	2007 年	2008 年	2009 年	2010 年	2011 年	2012 年
CR_t	0.0851	0.0854	0.0888	0.0915	0.0910	0.0889
LEV_t	0.0909	0.0913	0.0950	0.0985	0.0970	0.0945
OPR_t	0.0861	0.0871	0.0878	0.0892	0.0896	0.0902
ROE_t	0.0792	0.0803	0.0811	0.0815	0.0825	0.0827
EPS_t	0.0921	0.0924	0.0909	0.0895	0.0897	0.0898
IT_t	0.0709	0.0700	0.0713	0.0659	0.0665	0.0692
FAT_t	0.0460	0.0453	0.0467	0.0416	0.0447	0.0472
NPG_t	0.0374	0.0390	0.0403	0.0426	0.0441	0.0444
SGR_t	0.0678	0.0690	0.0700	0.0706	0.0721	0.0733
PE_t	0.0431	0.0454	0.0455	0.0450	0.0449	0.0429
$NCFPS_t$	0.0461	0.0450	0.0414	0.03926	0.0364	0.0367
$\min ICR_t$	0.1167	0.1165	0.1175	0.1200	0.1182	0.1128
$Eratio_t$	0.0648	0.0655	0.0651	0.0667	0.0662	0.0603
Gap_t	0.0695	0.0684	0.0657	0.0587	0.0608	0.0618
$Sratio_t$	0.0782	0.0800	0.0765	0.0773	0.0784	0.0811
$OverEMP_t$	0.0298	0.0275	0.0287	0.0253	0.0284	0.0324
Z_index_t	0.0595	0.0597	0.0598	0.0599	0.0611	0.0647
H_10_t	0.0467	0.0489	0.0526	0.0569	0.0582	0.0610
$Loss_t$	0.0701	0.0706	0.0684	0.0682	0.0701	0.0727
GI_t	0.0868	0.0899	0.0881	0.0897	0.0910	0.0932
贡献	74.21%	74.54%	74.74%	74.98%	75.23%	75.32%
KMO	0.7843	0.7895	0.7913	0.7921	0.7957	0.7971

根据表 5 - 10 可知，以 2018 年为终年，逐年递加样本进行主成分分析，前 8 个因子的累计贡献率均超过 74%，KMO 值均接近 0. 8，整体来看前 8 个主成分能包含大部分指标信息。利用表 5 - 9 的变基年的变量系数矩阵，绘制变基年各变量系数取值图，具体见图 5 - 4。可以看到，分别以 2007—2012 年为基年，以 2018 年为终年，20 个变量的系数基本无太大波动，6 类样本的组成折线能够较好地拟合，这说明当样本期跨度得到保证，则变量系数就具有较好的稳定性。

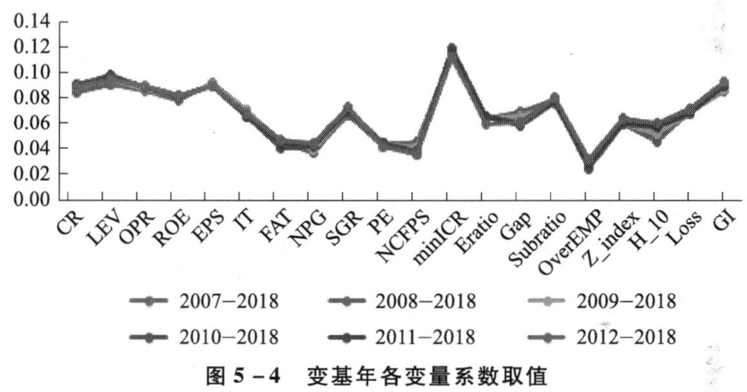

图 5 - 4 变基年各变量系数取值

通过以上检验，可以发现，在保证一定跨度样本期间的条件下，无论是以 2007 年为基年的定基年可靠性检验，或是以 2018 年为终年的变基年可靠性检验，在计算僵尸化指数时各变量的系数基本能够保持稳定，不会因为样本选择期间的增减而产生较大波动，计算得出的僵尸化指数较为可信。因此在接下来的研究中将僵尸化指数用于僵尸化困境阶段划分，并作为僵尸化困境预警输出指标具有比较好的可靠性。接下来对僵尸化指数的有效性进行检验。

（2）有效性检验。本书选取的样本时间跨度为 2007—2018 年，共计 12 个会计年度，去除关键指标缺失之后共计 13742 个公司年度样本，占制造业实际公司样本年度的 74%，包含了大部分制造业上市公司。因此，实证样本基本可以代表制造业上市公司的整体情况，实证不会由于样本选择问题造成过多的偏误。对僵尸化指数有效性检验主要是探究僵尸化指数所影响的因素和影响僵尸化指数的因素是否和理论上的猜想相一致，如果结果与理论猜想越吻合，则僵尸化指数的有效性越高。

①传统僵尸企业与僵尸化指数。根据僵尸化指数的含义可知，当僵尸化指数越低时，企业越可能是僵尸企业，为了验证僵尸化指数能否有效衡量传统意义上的僵尸企业，本书将两者进行回归分析。目前，学术界公认的识别僵尸企业的二分类标准包括 FN – CHK 标准以及综合判定标准。因此，本书分别采用 FN – CHK 标准、中国人民大学国家发展与战略研究院（简称人大国发院）标准、综合判定标准所识别出的僵尸企业与本书所得的企业僵尸化指数进行回归分析，以研究传统僵尸企业与僵尸化指数是否成正相关关系，构建回归模型（5 – 1）。

$$Zombie = \alpha_0 + \alpha_1 ZDS + Controls + \sum Year + \sum Industry + \sum Zone + \varepsilon \qquad (5-1)$$

其中，*Zombie* 为分别采用 *FN – CHK* 标准、人大国发院标准、综合判定标准所识别出的僵尸企业，用 *Zombie_ FNCHK*、*Zombie_ FNCHK2*、*Zombie_ Composite* 表示，非僵尸企业用 0 表示，僵尸企业用 1 表示。同时加入现金持有水平、长期资本负债率、资本累积率、第一大股东持股比例、产权性质作为控制变量。除此之外，回归模型控制了规模效应、年度效应、行业效应（制造业二级代码）以及省份效应。由于因变量为二元变量，因此采用 logit 模型，考虑样本期内大部分企业为非僵尸企业，这些样本的分类不随时间变动而变动，若采用固定效应模型进行回归会大量删除这类样本，使结果产生偏误，故不适合使用固定效应模型，因此，回归采用混合效应模型以及随机效应模型。表 5－10 展示了三种识别标准。

表 5－10　　　　　　僵尸企业识别标准

标准	方法
FN－CHK 标准	先将债务平减利息差距小于 0 的企业标记为 *Zombie_ CHK*，如果 *Zombie_ CHK* 的息税前利润大于利息支出下限，则重新识别为正常公司；如果正常公司息税前利润小于利息支出下限，同时当年年初的资产负债率大于 50%，当年的借款总额较上年增加，则直接识别为僵尸企业。此时的僵尸企业标记为 *Zombie_ FNCHK*
人大国发院标准	在当年和上一年均被 *FN－CHK* 标准识别为僵尸企业，则在当年被识别为僵尸企业。此时的僵尸企业标记为 *Zombie_ FNCHK2*
综合判定标准	满足以下条件（1）（3）（4）（8）或（2）（3）（4）（8）或（1）（3）（5）（8）或（2）（3）（5）（8）或（1）（3）（6）（8）或（1）（3）（7）（8），此时的僵尸企业标记为 *Zombie_ Composite*。 （1）扣除非经常性损益后净利润小于 0； （2）息税前利润小于 CHK 标准确定的理论利息支付下限； （3）资产负债率大于 50%； （4）CHK 标准确定的债务平减利息缺口小于 0； （5）［本期（短期借款＋长期借款＋应付债券）－上期（短期借款＋长期借款＋应付债券）］／上期（短期借款＋长期借款＋应付债券）大于 0； （6）获得政府补助后净利润大于 0； （7）政府补贴弥补亏损超过 50%； （8）连续两个会计年度满足上述条件

利用回归模型（1）检验三类僵尸企业是否与僵尸化指数呈正相关关系，回归结果分别列示在表 5－11 至表 5－13 的（1）—（6）栏，其中（1）栏是对全样本采用混合效应的回归结果；（2）栏是对全样本进行采用随机效应的回归结果；（3）栏是先采用倾向匹配得分对僵尸企业进行样本匹配，之后再进行采用混合效应的回归结果；（4）栏是先采用倾向匹配得分对僵尸企业进行样本匹配，之后再进行采用随机效应的回归结果；（5）栏是先对全样本僵尸化指数滞后一期处理，再采用混合效应的回归结果；

(6) 栏是先对全样本僵尸化指数滞后一期处理，再采用随机效应的回归结果。其中，倾向匹配得分是以现金持有水平、长期资本负债率、资本累积率、第一大股东持股比例、产权性质为协变量，估算僵尸企业的 *propensity score*，此时将僵尸企业与非僵尸企业作为干预变量进行处理，然后以僵尸企业为实验组，按可放回 1∶1 最近邻匹配寻找 *propensity score* 和实验组最接近的非僵尸企业作为对照组，匹配过后的样本满足共同支撑假设和平衡性假设。

表 5-11　*Zombie_ FNCHK* 与僵尸化指数的关系验证

Zombie_ FNCHK	(1) ME	(2) RE	(3) Match-ME	(4) Match-RE	(5) ME	(6) RE
ZDS	-3.2587*** (-37.97)	-3.5639*** (-32.82)	-3.9333*** (-22.53)	-3.9337*** (-22.53)		
ZDS_ lag1					-1.2546*** (-19.57)	-1.1632*** (-16.48)
Controls	控制	控制	控制	控制	控制	控制
规模效应	控制	控制	控制	控制	控制	控制
年度效应	控制	控制	控制	控制	控制	控制
行业效应	控制	控制	控制	控制	控制	控制
省份效应	控制	控制	控制	控制	控制	控制
N	13742	13742	2096	2096	11449	11449
Pseudo R^2	0.3886	—	0.4761	—	0.1442	—

注：***、**、* 分别表示 1%、5%、10% 统计水平上显著（双侧），括号内为 t 值。

表 5-12　*Zombie_ FNCHK2* 与僵尸化指数的关系验证

Zombie_ FNCHK2	(1) ME	(2) RE	(3) Match-ME	(4) Match-RE	(5) ME	(6) RE
ZDS	-2.8480*** (-20.55)	-3.1445*** (-17.69)	-4.5723*** (-10.13)	-4.5726*** (-10.13)		
ZDS_ lag1					-2.5028*** (-18.70)	-2.6741*** (-16.10)
Controls	控制	控制	控制	控制	控制	控制
规模效应	控制	控制	控制	控制	控制	控制

续表

Zombie_ FNCHK2	(1) ME	(2) RE	(3) Match-ME	(4) Match-RE	(5) ME	(6) RE
年度效应	控制	控制	控制	控制	控制	控制
行业效应	控制	控制	控制	控制	控制	控制
省份效应	控制	控制	控制	控制	控制	控制
N	13742	13742	496	496	11449	11449
Pseudo R^2	0.3279	—	0.5676	—	0.2800	—

注：***、**、* 分别表示 1%、5%、10% 统计水平上显著（双侧），括号内为 t 值。

表 5－13　*Zombie_ Composite* 与僵尸化指数的关系验证

Zombie_ Composite	(1) ME	(2) RE	(3) Match-ME	(4) Match-RE	(5) ME	(6) RE
ZDS	−1.5925*** (−14.46)	−1.6500*** (−12.39)	−1.6953*** (−7.28)	−2.4561*** (−5.53)		
ZDS_ lag1					−1.6833*** (−13.82)	−1.7132*** (−11.82)
Controls	控制	控制	控制	控制	控制	控制
规模效应	控制	控制	控制	控制	控制	控制
年度效应	控制	控制	控制	控制	控制	控制
行业效应	控制	控制	控制	控制	控制	控制
省份效应	控制	控制	控制	控制	控制	控制
N	13742	13742	534	534	11449	11449
Pseudo R^2	0.2062	—	0.2747	—	0.2024	—

注：***、**、* 分别表示 1%、5%、10% 统计水平上显著（双侧），括号内为 t 值。

根据表 5－11 至表 5－13 的回归结果，可以看到各栏中 *ZDS* 及 *ZDS_ lag* 与 *Zombie_ FNCHK*、*Zombie_ FNCHK2*、*Zombie_ Composite* 的回归系数均显著为负，说明僵尸化指数越低，企业的僵尸化困境严重程度越深，则企业越容易识别为僵尸企业，且通过多种方法进行的稳健性检验依然支持上述结论。通过以上回归结果说明，*ZDS* 可以很好地反映制造业上市公司的僵尸属性，并且由于僵尸化指数是连续性随机变量，其比传统二元僵尸企业更具有信息含量。

②退市风险警示与僵尸化指数。根据前文 4.1.3 分析，僵尸化困境和财务困境属于包含与被包含的关系，因此两者可能存在相互交织的现象。当企业陷入僵尸化困境，其财务状况必然十分堪忧，从而更容易触发监管部门所设置的退市风险警示的条件，也即僵尸化指数越低，企业被 ST 的概率越高。为了验证这个猜想，本书构建回归模型（5－2）。

$$ST = \alpha_0 + \alpha_1 ZDS + Controls + \sum Year + \sum Industry + \sum Zone + \varepsilon \tag{5-2}$$

其中，ST 代表企业当年是否被监管部门进行退市风险警示或其他风险警示，未被 ST/*ST 的企业用 0 表示，被 ST/*ST 企业用 1 表示。同时加入现金持有水平、长期资本负债率、资本累积率、第一大股东持股比例、产权性质作为控制变量。除此之外，回归模型控制了规模效应、年度效应、行业效应（制造业二级代码）以及省份效应。与回归模型（5－11）的情况类似，回归模型（5－12）依旧采用混合效应模型以及随机效应模型。

利用回归模型（5－12）检验企业被 ST 是否与僵尸化指数呈负相关关系，回归结果分别列示在表 5－14 的（1）—（6）栏，其中（1）栏是对全样本采用混合效应的回归结果；（2）栏是对全样本进行采用随机效应的回归结果；（3）栏是先采用倾向匹配得分对 ST/*ST 企业进行样本匹配，之后再进行采用混合效应的回归结果；（4）栏是先采用倾向匹配得分对 ST/*ST 企业进行样本匹配，之后再进行采用随机效应的回归结果；（5）栏是先对全样本僵尸化指数滞后一期处理，再采用混合效应的回归结果；（6）栏是先对全样本僵尸化指数滞后一期处理，再采用随机效应的回归结果。其中，倾向匹配得分是以现金持有水平、长期资本负债率、资本累积率、第一大股东持股比例、产权性质为协变量，估算 ST/*ST 企业的 *propensity score*，此时将 ST/*ST 企业与非 ST/*ST 企业作为干预变量进行处理，然后以 ST/*ST 企业为实验组，按可放回 1∶1 最近邻匹配寻找 *propensity score* 和实验组最为接近的未被 ST/*ST 的企业作为对照组，匹配过后的样本均满足共同支撑假设和平衡性假设。

表 5－14　退市风险警示与僵尸化指数的关系验证

ST/＊ST	(1) ME	(2) RE	(3) Match-ME	(4) Match-RE	(5) ME	(6) RE
ZDS	－1.0321*** (－12.90)	－0.6078*** (－5.79)	－1.0557*** (－7.92)	－1.0009*** (－5.27)		
*ZDS_ lag*1					－2.7006*** (－24.25)	－3.1998*** (－20.27)
Controls	控制	控制	控制	控制	控制	控制
规模效应	控制	控制	控制	控制	控制	控制
年度效应	控制	控制	控制	控制	控制	控制
行业效应	控制	控制	控制	控制	控制	控制
省份效应	控制	控制	控制	控制	控制	控制
N	13742	13742	1228	1228	11449	11449
Pseudo R^2	0.2919	—	0.3218	—	0.4327	—

注：***、**、* 分别表示 1%、5%、10% 统计水平上显著（双侧），括号内为 t 值。

据表 5－14 的回归结果，可以看到各栏中的回归系数均显著为负，说明僵尸化指数越低，企业的被退市的风险越高，制造业上市公司的僵尸化困境与财务困境彼此交织程度较深，通过多种方法进行的稳健性检验依然支持上述结论。

③行业差异与僵尸化指数。有大量研究表明，我国僵尸企业伴随着产能过剩问题。产能过剩导致旧产能得不到释放，产业转

型升级受阻。特别是 2011 年以来，随着我国经济增速的逐步回落，大量工业企业利润率下降、亏损面扩大，产能过剩问题的范围和程度进一步加深。2012 年以来，中央出台了一系列化解产能过剩问题的政策决策。根据国务院发展研究中心课题组①所作的测算，我国有三类产业的产能过剩问题较为严重，第一类是钢铁、水泥、电解铝、平板玻璃等行业，这类行业是地方政府招商引资的重点，且产品同质化严重，导致产能过剩；第二类是风电设备制造、多晶硅、光伏电池等行业，这类行业属于国家战略新兴产业，受到的政策优惠较多，导致产能过剩；第三类是船舶、光伏行业，这类行业近几年的需求量骤降，导致产能过剩。根据该研究成果，同时结合中国证监会 2012 年修订的《上市公司行业分类指引》，本书将制造业上市公司按二级行业代码划分为两个组别：产能过剩组、非产能过剩组，其中产能过剩组包括非金属矿物制品业（行业代码 C30），黑色金属冶炼和压延加工业（行业代码 C31），有色金属冶炼和压延加工业（行业代码 C32），金属制品业（行业代码 C33），铁路、船舶、航空航天和其他运输设备制造业（行业代码 C37），其余划分为非产能过剩组。对两类组别僵尸化指数进行均值 T 检验与 Mann-Whitney U 检验，检验结果见表 5 - 15 和表 5 - 16。可以看到，在 13742 个公司年度样本中，有 2339 个公司年度样本划入产能过剩组，占比 17.02%，其余 11403 个公司年度样本划入非产能过剩组，占比 82.98%。无论是均值 T 检验还是 Mann-Whitney U 检验，非产能过剩组的平均僵尸化指数均高于产能过剩组的平均僵尸化指数，且差异十分显著（即均值 T 检验的 P 值为 0，Mann-Whitney U 检

① 张军扩，赵昌文主编．当前中国产能过剩问题分析——政策、理论、案例［M］．北京：清华大学出版社，2014.

验的 Z 值为 9.996），这说明产能过剩行业平均僵尸化程度明显更深，符合我国实际情况。

表 5 – 15　　产能过剩组与非产能过剩组僵尸化指数的 T 检验表

Group	Obs	Mean	Std. Err.	Std. Dev.	[95% Conf. Interval]	
0	11403	0.0240	0.0060	0.6363	0.0124	0.0357
1	2339	–0.1172	0.0124	0.6010	–0.1416	–0.0928
combined	13742	–1.31e–09	0.0054	0.6327	–0.0106	0.0106
diff		0.1412	0.0137		0.1142	0.1682

diff = mean (0) – mean (1)　　t = 10.2468

Ho: diff = 0　　Satterthwaite's degrees of freedom = 3498.69

Ha: diff < 0　　Ha: diff ! = 0　　Ha: diff > 0

Pr (T < t) = 1.0000　　Pr (|T| > |t|) = 0.0000　　Pr (T > t) = 0.0000

注：0 代表非产能过剩组，1 代表产能过剩组。

表 5 – 16　　产能过剩组与非产能过剩组僵尸化指数的 Mann-Whitney U 检验表

Ind	obs	rank sum	expected
0	11403	80102738	78355715
1	2339	14325415	16072439
combined	13742	94428153	94428153

unadjusted variance　　3.055e + 10

adjustment for ties　　0

adjusted variance　　3.055e + 10

Ho: ZDS (Ind = = 0) = ZDS (Ind = = 1)

z = 9.996

Prob > |z| = 0.0000

注：0 代表非产能过剩组，1 代表产能过剩组。

除此之外，本书对是否产能过剩的组别进行连续两期滞后处理，并对僵尸化指数进行 T 检验以及 Mann-Whitney U 检验，结果发现产能过剩组的僵尸化指数均值依旧显著低于非产能过剩组，这进一步验证了僵尸化指数的有效性。限于篇幅，本书不再对该检验结果进行列示。

④产权差异与僵尸化指数。企业的僵尸化指数除了具有行业差异以外，可能还存在产权差异。正如前文所分析，国有企业是归政府控制，无论是从任何角度来看，国有企业在获取信贷资源或者政府补贴都比非国有企业更具优势，事实也证明国有僵尸企业的比例一直都是高于非国有僵尸企业的比例。国有企业由于有政府兜底，出现问题更难退出市场，其受到政府和银行的支持力度会更强，其陷入僵尸化困境的风险与程度便会高于非国有企业。本书将制造业上市公司按实际控制人的属性划分为两个组别：国有企业、非国有企业。对两类企业的僵尸化指数进行均值T检验与Mann-Whitney U检验，检验结果见表5－17和表5－18。可以看到，在13742个公司年度样本中，有8191个公司年度样本为非国有企业，占比59.61%，其余5551个公司年度样本为国有企业，占比40.39%。无论是均值T检验还是Mann-Whitney U检验，非国有企业的平均僵尸化指数均高于国有企业的平均僵尸化指数，且差异十分显著（即均值T检验的P值为0，Mann-Whitney U检验的Z值为22.368），这说明国有企业的平均僵尸化程度明显更深，符合我国实际情况。

表5－17　国有企业与非国有企业僵尸化指数的T检验表

Group	Obs	Mean	Std. Err.	Std. Dev.	[95% Conf. Interval]	
0	8191	0.0965	0.0066	0.5960	0.0836	0.1094
1	5551	－0.1423	0.0088	0.6577	－0.1596	－0.1249
combined	13742	0.0001	0.0054	0.6326	－0.0105	0.0106
diff		0.2387	0.0108		0.2171649	0.2603

diff = mean (0) － mean (1)　　t = 22.1013

Ho: diff = 0　　Satterthwaite's degrees of freedom = 11111.9

Ha: diff < 0　　Ha: diff ! = 0　　Ha: diff > 0

Pr (T < t) = 1.0000　　Pr (|T| > |t|) = 0.0000　　Pr (T > t) = 0.0000

注：0代表非国有企业，1代表国有企业。

表 5-18　　国有企业与非国有企业僵尸化指数的 Mann-Whitney U 检验表

Ind	obs	rank sum	expected
0	8191	61388610	56284457
1	5551	33039543	38143697
combined	13742	94428153	94428153
unadjusted variance		5.207e+10	
adjustment for ties		0	
adjusted variance		5.207e+10	
Ho：ZDS（SOE==0）=ZDS（SOE==1）			
z=22.368			
Prob>|z|=0.0000			

注：0 代表非国有企业，1 代表国有企业。

除此之外，本书对产权差异指标进行连续两期滞后处理，并对僵尸化指数进行 T 检验以及 Mann-Whitney U 检验，结果发现国有企业组的僵尸化指数均值依旧显著低于非国有企业组，这进一步验证了僵尸化指数的有效性。限于篇幅，本书不再对该检验结果进行列示。

⑤僵尸化指数与内部控制质量。根据理论分析，公司的经营管理水平也会影响企业的僵尸化状态，也即公司的经营管理水平越高，企业越不会陷入僵尸化困境，则企业的僵尸化指数也就越高。鉴于目前学术界对全面反映企业经营管理水平的定量指标尚未有统一标准，因此，本书借鉴迪博公司定期发布中国上市公司内部控制指数来作为上市公司经营管理水平的代理指标。内部控制指数是用来衡量上市公司当年的内部控制质量，而内部控制质量的高低是反映公司经营管理水平的重要指标，公司的内部控制质量低下，经营效率降低，则意味着其很可能陷入僵尸化困境。为了探寻僵尸化指数与内部控制质量的关系，本书构建回归模型（5-3）。

$$ZDS = \alpha_0 + \alpha_1 ICQ + Controls + \sum Year + \sum Industry + \sum Zone + \varepsilon \quad (5-3)$$

其中，ICQ 为内部控制质量，控制变量包括现金持有水平、长期资本负债率、资本累积率、第一大股东持股比例、产权性质。除此之外，回归模型控制了规模效应、年度效应、行业效应（制造业二级代码）以及省份效应。利用回归模型（5－2）检验较低的内部控制质量是否会降低僵尸化程度，若结果符合理论假说，则证明僵尸化指数具有一定的有效性。回归结果分别列示在表 5－21 的（1）—(6）栏，其中（1）栏是利用内部控制质量进行 OLS 回归的结果；(2）栏是利用内部控制质量进行固定效应回归的结果；为了缓解内生性；(3）栏是利用内部控制质量的滞后项进行 OLS 回归的结果；(4）栏是利用内部控制质量的滞后项进行固定效应回归的结果，因为内部控制质量和僵尸化指数可能存在反向因果关系，也即不是内部控制质量越低导致僵尸化指数越低，而是企业越僵尸化，其内部控制质量越低；(5）(6）栏是利用年度—行业 ICQ 中位数作为工具变量进行的 2SLS 回归，其中（5）栏是一阶段回归结果，（6）栏是二阶段回归结果，因为年度—行业 ICQ 中位数与每家上市公司的内部控制质量相关，但是不与每家上市公司的僵尸化指数相关，因此可以用作工具变量以缓解回归模型的内生性。

表 5－19 的结果显示，内部控制质量与僵尸化指数呈显著正相关关系，且缓解内生性以后结果依然稳健，这说明内部控制质量越高的企业，其越不会陷入僵尸化困境，而内部控制质量越低的企业，其陷入僵尸化困境的程度越深。本书合成的僵尸化指数用于评价企业的僵尸化困境程度与理论猜想相吻合。

表 5 - 19　僵尸化指数与内部控制质量的关系验证

ZDS	(1) OLS	(2) FE	(3) OLS	(4) FE	(5) IV（一阶段）	(6) IV（二阶段）
ICQ	0.1381 *** (46.34)	0.0897 *** (31.27)				0.3177 *** (8.67)
ICQ_ lag1			0.0931 *** (25.36)	0.0200 *** (5.84)		
ICQ_ Median (IV)					0.9596 *** (10.70)	
Controls	控制	控制	控制	控制	控制	控制
规模效应	控制	控制	控制	控制	控制	控制
年度效应	控制	控制	控制	控制	控制	控制
行业效应	控制	控制	控制	控制	控制	控制
省份效应	控制	控制	控制	控制	控制	控制
N	13742	13742	11449	11449	13742	13742
R^2	0.3243	0.2567	0.2523	0.1411	0.1667	0.1450

注：***、**、* 分别表示 1%、5%、10% 统计水平上显著（双侧），括号内为 t 值；由于内部控制质量和 ZDS 的取值区间有较大差异，为了便于观察，将（1）（2）（3）（4）（6）栏的系数扩大 100 倍。

⑥僵尸化指数与经济波动。根据前文对外部环境理论的分析可知，经济环境的周期变化可能是企业陷入及加重僵尸化困境的重要原因，经济周期的变动可以从投资、筹资、经营渠道影响企业，因此经济越萧条，企业在这三个领域的活动结果就越不确定，企业在未来陷入僵尸化困境的可能性就越高，程度也可能越深。历史上日韩等国深受僵尸企业问题的困扰，主要原因就是由于经济剧烈波动导致企业未来的业绩下降。我国虽然整体经济面向好，但也存在一定的经济波动，因此经济波动也可能对行业整体的僵尸化指数产生影响，并且这种影响具有滞后性，即经济波动需要经历一定的时间，影响才能传导到企业。本书采用我国历年 GDP 增长率的残差以及 GDP 平减指数的残差分别作为经济波

动的代理指标，残差为正说明当年经济较为繁荣，残差为负说明当年经济较为萧条。根据单位根检验结果，采用 ARIMA（1，0，1）模型对以上指标进行残差估计，GDP 增长率的残差标记为 *GDPGrowth_ r*，GDP 平减指数的残差标记为 *GDP_ r*。图 5－4 展示了 GDP 增长率残差的年份变动图，由于 GDP 平减指数残差的年份波动图走势基本与图 5－5 一致，因此不在文中继续展示。

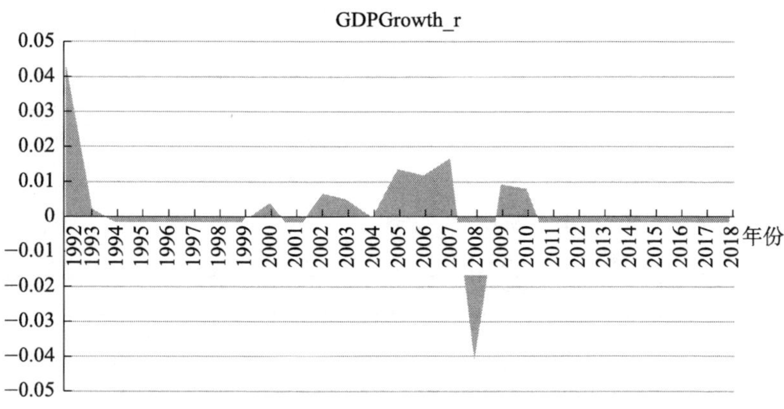

图 5－5　GDP 增长率残差的年份变动图

由图 5－5 可以看到，1992 年至今我国经历了两次较大的经济波动，其中最近的一次较大波动出现在 2008 年，主要原因是由于次贷危机的影响导致，在之后的年度我国整体经济波动较为平稳。以经济波动代理指标和僵尸化指数构建回归模型（5－4）和（5－5）。

$$ZDS = \alpha_0 + \alpha_1 GDPGrowth\_\ r\_\ lag + Controls + \sum Industry + \sum Zone + \varepsilon \quad (5-4)$$

$$ZDS = \alpha_0 + \alpha_1 GDP\_\ r\_\ lag + Controls + \sum Industry + \sum Zone + \varepsilon \quad (5-5)$$

其中，*GDPGrowth_ r_ lag* 和 *GDP_ r_ lag* 为经济波动的滞

后项，其值越大表明过去经济越繁荣，其值越小表明过去经济越萧条，僵尸化指数为当年值，同时加入现金持有水平、长期资本负债率、资本累积率、第一大股东持股比例、产权性质作为控制变量。除此之外，还控制了规模效应、行业效应（制造业二级代码）以及省份效应。由于各年度的经济波动程度不同，本回归模型不再控制年度效应。

利用回归模型（5－4）和（5－5）检验僵尸化指数与经济波动的关系，回归结果分别列示在表 5－20 的（1）—（8）栏，其中（1）（3）（5）（7）栏分别是以滞后一期的 GDP 增长率的残差、滞后二期的 GDP 增长率的残差、滞后一期的 GDP 平减指数的残差、滞后二期的 GDP 平减指数的残差作为自变量进行混合效应回归的结果；（2）（4）（6）（8）栏分别是以滞后一期的 GDP 增长率的残差、滞后二期的 GDP 增长率的残差、滞后一期的 GDP 平减指数的残差、滞后二期的 GDP 平减指数的残差作为自变量进行固定效应回归的结果。根据回归结果显示，过去一期的经济波动与僵尸化指数呈显著正相关关系，过去二期的经济波动与僵尸化指数呈显著负相关关系，这比较符合逻辑，前一期经济越繁荣，企业经营压力变小、业绩上升，行业整体僵尸化程度更轻，并且市场对经济持续繁荣具有预期；但随着时间推移，更多的企业涌入，加之原有企业扩大再生产使得企业经营压力变大、业绩下降，间接导致行业整体僵尸化指数上升。并且过去一期的经济波动回归系数和 t 检验值均高于过去二期的经济波动，说明时间越接近，经济波动对 *ZDS* 的影响力度越强。整体而言，过去的经济波动并不会在当时被市场消化，而会影响到未来年度。该结论在一定程度上支持了经济波动会对所有微观主体产生影响，同时也证明僵尸化指数用于评价企业的僵尸化困境程度与理论猜想相吻合。

表 5-20 僵尸化指数与经济波动的关系验证

ZDS	(1) OLS	(2) FE	(3) OLS	(4) FE	(5) OLS	(6) FE	(7) OLS	(8) FE
GDPGrowth_ r_ lag1	2. 1425 *** (5. 18)	2. 1514 *** (6. 97)						
GDPGrowth_ r_ lag2			-1. 9049 *** (-4. 45)	-1. 9325 *** (-6. 17)				
GDP_ r_ lag1					0. 0209 *** (4. 87)	0. 0251 *** (7. 78)		
GDP_ r_ lag2							-0. 0183 *** (-4. 15)	-0. 0170 *** (-5. 17)
Controls	控制	控制	控制	控制	控制	控制	控制	控制
规模效应	控制	控制	控制	控制	控制	控制	控制	控制
行业效应	控制	控制	控制	控制	控制	控制	控制	控制
省份效应	控制	控制	控制	控制	控制	控制	控制	控制
N	11449	11449	9562	9562	11449	11449	9562	9562
R^2	0. 2028	0. 1426	0. 1991	0. 1294	0. 2025	0. 1401	0. 1989	0. 1303

注：***、**、* 分别表示 1%、5%、10%统计水平上显著（双侧），括号内为 t 值。

⑦僵尸化指数与经济政策。企业陷入或加重僵尸化困境除了受经济波动的影响，还可能受经济政策（主要包括货币政策与财政政策）的影响。为了深入验证僵尸化指数的有效性，本部分继续考察僵尸化指数与货币松紧度、地方财政支出的关系，原因在于本书认为宽松的货币政策以及财政政策干预均是导致僵尸企业产生的诱因，如果本书计算的僵尸化指数同时与这两个诱因具有显著的因果关系，则证明本书计算的僵尸化指数具有较高的有效性，能够较为全面科学地评价企业陷入僵尸化困境的程度，因为并不是任何合成指数都能同时与这些特定的诱因同时存在因果关系。为了探寻僵尸化指数与经济政策的关系，本书构建回归模型（5－6）和（5－7）。由于各年度、各地区的经济政策影响力度不同，回归模型（5－6）不再控制年度效应，回归模型（5－7）不再控制年度效应和省份效应。

$$ZDS = \alpha_0 + \alpha_1 MP\_lag + Controls + \sum Industry + \sum Zone + \varepsilon \tag{5-6}$$

$$ZDS = \alpha_0 + \alpha FCI\_lag + Controls + \sum Industry + \varepsilon \tag{5-7}$$

其中，MP_lag 为货币松紧度的滞后项，其值越大表明货币政策越紧缩，其值越小表明货币政策越宽松，FCI_lag 为地方财政干预的滞后项，其值越大表明地方政府干预强度越大，其值越小表明地方政府干预强度越小，之所以取滞后项，一是可以在一定程度上缓解内生性的干扰；二是经济政策发挥作用需要一定的时间。僵尸化指数为当年值，同时加入现金持有水平、长期资本负债率、资本累积率、第一大股东持股比例、产权性质作为控制变量。除此之外，还控制了规模效应、行业效应（制造业二级代码）以及省份效应。

利用回归模型（5－6）和（5－7）检验僵尸化指数与经济政策的关系，回归结果分别列示在表5－21的（1）—（8）栏，其中（1）（3）（5）（7）栏分别是以滞后一期的货币松紧度、滞后二期的货币松紧度、滞后一期的地方财政干预、滞后二期的地方财政干预作为自变量进行混合效应回归的结果；（2）（4）（6）（8）栏分别是以滞后一期的货币松紧度、滞后二期的货币松紧度、滞后一期的地方财政干预、滞后二期的地方财政干预作为自变量进行固定效应回归的结果。

根据回归结果显示：①货币松紧度与企业的僵尸化指数呈显著的正相关关系，也即货币政策越宽松企业越容易陷入或加重僵尸化困境，与之前的分析一致，当年度货币政策越宽松，银行等金融机构的流动性就越充足，那么其主观上或客观上将资金转移到问题企业的机会就会增加，对问题企业形成不合理补贴。②地方政府干预与企业的僵尸化指数呈显著的负相关关系，也即地方政府干预越强，企业越容易陷入或加重僵尸化困境。该结论证明了地方政府的“父爱主义”会加剧僵尸企业问题，这与前文的分析结论一致。该结论在一定程度上支持了经济政策会对微观主体的僵尸化指数产生影响，同时也证明本书建立的僵尸化指数用于评价企业的僵尸化困境是有效的。

以上信效度检验证明，本书建立的僵尸化指数是稳定及可靠的，并且能够反映企业僵尸化困境的严重程度，因此可以通过计算企业僵尸化指数的大小来确定其处于僵尸化困境的哪个阶段。僵尸化指数是僵尸化困境阶段划分的量化依据，也是进一步确定僵尸化困境预警输出指标的基础。

表 5－21 僵尸化指数与经济政策的关系验证

ZDS	(1) OLS	(2) FE	(3) OLS	(4) FE	(5) OLS	(6) FE	(7) OLS	(8) FE
MP_ lag1	0.5693 *** (5.39)	0.7504 *** (9.37)						
MP_ lag2			0.5817 *** (5.20)	0.6430 *** (7.81)				
FPI_ lag1					−0.3993 *** (−6.78)	−0.9592 *** (−5.05)		
FPI_ lag2							−0.4542 *** (−6.95)	−1.1573 *** (−5.71)
Controls	控制	控制	控制	控制	控制	控制	控制	控制
规模效应	控制	控制	控制	控制	控制	控制	控制	控制
行业效应	控制	控制	控制	控制	控制	控制	控制	控制
省份效应	控制	控制	控制	控制	—	—	—	—
N	11449	11449	9562	9562	11449	11449	9562	9562
R^2	0.2029	0.1377	0.1997	0.1283	0.1815	0.1443	0.1755	0.1387

注：***、**、* 分别表示 1%、5%、10% 统计水平上显著（双侧），括号内为 t 值。

5.3.4 基于僵尸化指数的阶段划分

（1）不同阶段区间阈值的确定。根据前文 4.2 的分析，本书将企业僵尸化困境划分为四个阶段：未僵尸化、轻度僵尸化、中度僵尸化、重度僵尸化。由于僵尸化指数是连续性随机变量，因此对其分类的关键在于阈值的确定。合理的阈值划分可以使落在该阈值内的样本表现出更为类似的特征，并且有助于提升分类预警的准确性。对于特定区间内的连续性随机变量阈值划分，本书采用 4.2 所介绍的置信系数划分法，该方法是根据随机变量的均值、标准差以及置信系数计算阈值分界点的方法。由于本书样本量较大且计算出来的僵尸化指数分布特征较接近于正态分布，因此可以采用置信系数法确定僵尸化指数阈值分界点。参照正态分布表，本书将置信系数设置为 1.96、1.32、0.84，以分别对应单侧 98.75%、95%、90% 的置信度。置信系数的设定主要是基于常见的概率判断，整体而言，上市公司质量比绝大多数企业高，且陷入更严重阶段的要求更严。因此，上市公司陷入不同困境阶段的概率随着困境程度加深而减少。从统计分析角度来看，也可以理解为重度僵尸化样本最少，接下来依次是中度僵尸化、轻度僵尸化、未僵尸化。根据置信系数划分法进行计算，可知重度僵尸化样本占样本总数的 3.79%，中度僵尸化样本约占样本总数的 6.54%，轻度僵尸化样本约占样本总数的 7.63%，陷入僵尸化困境的样本数量约占样本总数的 17.96%，此外，未僵尸化的样本数量则为样本总数的 82.04%。根据比例分配，重度僵尸化样本最少，其次是中度僵尸化样本、轻度僵尸化样本、未僵尸化样本。借鉴不同学者按照不同方法所作的测算，我国上市公司中僵尸企业的占比在 3%—20%（李霄阳、瞿强，2017；栾甫贵、刘梅，2018；周琎等，2018），在此基础上，考虑到制造业中的部分二级行业是僵尸企业问题发生的重灾区，比例可能要高于平均水平，加之学术界对僵尸企业的识别未考虑到轻度僵尸企业。因此，本书设定的置信系数使得僵尸化困境阶段划分较为合理，由此计算出的陷入僵尸化困境的企业与学术界测算较为一致，且比例、结构符合常理。需要指出的是，若要对连续性随机变量进行分区，无论采用何种客观方法划分阈值都不可能 100% 地确定阈值附近样本的真实归属，除此之外对连续性随机变量进行阈值划分也受人们主观上对不同区间样本比例的接受程度。不同阶段所属区间的阈值分界点如表 5 - 22 所示。

表 5 - 22 阶段划分的阈值确定

阶段划分	阈值区间	ZDS 分界点数值	样本数量	样本比例
重度僵尸化	下限：Min（ZDS） 上限：Mean（ZDS）-1.96 × Sd（ZDS）	下限：-2.2921 上限：-1.2407	522	3.79%
中度僵尸化	下限：Mean（ZDS）-1.96 × Sd（ZDS） 上限：Mean（ZDS）-1.32 × Sd（ZDS）	下限：-1.2398 上限：-0.8351	899	6.54%
轻度僵尸化	下限：Mean（ZDS）-1.32 × Sd（ZDS） 上限：Mean（ZDS）-0.84 × Sd（ZDS）	下限：-0.8343 上限：-0.5316	1048	7.63%
未僵尸化	下限：Mean（ZDS）-0.84 × Sd（ZDS） 上限：Max（ZDS）	下限：-0.5313 上限：2.4450	11273	82.04%

表 5 - 23 展示了僵尸化指数构成变量在不同阶段区间的均值对比。以资产负债率为例，根据国务院国资委考核分配局发布的《企业绩效评价标准值》（以下简称《方案》）中对工业企业资产负债率的评价方案，资产负债率小于等于 50% 为优秀值，50%—55% 为良好值，55%—65% 为平均值，65%—75% 为较低值，75%—90% 为较差值，大于 90% 为极差值，而本书重度僵尸化、中度僵尸化、轻度僵尸化、未僵尸化的资产负债率均值分别为 92.83%、89.31%、69.79%、45.39%，分别为《方案》所称的极差值、较差值、较低值、优秀值，就资产负债率单个指标而言，

表 5-23 评价指标在不同阶段的均值对比

阶段/变量	CR_t	LEV_t	OPR_t	ROE_t	EPS_t	IT_t	FAT_t	NPG_t	SGR_t	PE_t
重度僵尸化	0.8104	0.9283	-0.3226	-0.2784	-0.6240	4.6151	1.9234	-8.1778	-0.2761	-0.1823
中度僵尸化	1.0455	0.8931	-0.1352	-0.0902	-0.2426	4.9678	2.2718	-3.9559	-0.0869	1.1560
轻度僵尸化	1.1836	0.6979	-0.0588	-0.0164	-0.0502	5.0572	2.6263	-1.3757	-0.0214	1.3007
未僵尸化	1.8165	0.4539	0.0806	0.0911	0.4037	6.1869	4.2107	0.4834	0.0704	0.6989
阶段/变量	$NCFPS_t$	$minICR_t$	$Eratio_t$	Gap_t	$Sratio_t$	$OverEMP_t$	Z_index_t	H_10_t	$Loss_t$	GI_t
重度僵尸化	-0.0048	-6.4621	-0.0012	0.0129	0.3626	0.3886	15.9832	0.1418	3.0593	0.8199
中度僵尸化	0.1205	-2.0730	0.1020	0.0128	1.2447	0.2739	15.1969	0.1402	2.6840	1.2447
轻度僵尸化	0.1694	0.2860	0.1503	0.0078	0.9215	0.1834	13.8184	0.1458	2.1116	1.1555
未僵尸化	0.4081	32.0967	0.6032	0.0084	0.1901	-0.0695	9.7540	0.1526	0.4878	0.2375

该划分较为合理。此外，《方案》也有对工业企业权益净利率的评价标准，其中权益净利率大于 12.3% 为优秀值，9.7%—12.3% 为良好值，6.4%—9.7% 为平均值，1.1%—6.4% 为较低值，-6%—1.1% 为较差值，小于 -6% 为极差值，而本书重度僵尸化、中度僵尸化、轻度僵尸化、未僵尸化的权益净利率均值分别为 -27.84%、-9.02%、-1.64%、9.11%，分别为《方案》所称的极差值、极差值、较差值、平均值，就权益净利率单个指标而言，该划分也较为合理。整体而言，随着企业陷入僵尸化困境的程度越深，其偿债能力、获利能力越差，营运能力越低，成长性越差，需要依靠外部输血，股权结构越发失衡，冗员负担越重，且亏损年限持续增加。因此可以认为，本书确定的阈值较为合理，可以作为确定预警输出指标的基础。

（2）基于阶段划分的预警输出指标确定。根据僵尸化困境阶段划分的结果，僵尸化困境的不同阶段对应不同警情，将警情信号的设置对应于得分结果，在预警时，过去的警情就转化为未来的警度，一个警度对应一个输出标签。具体做法是，根据表 5-22 对僵尸化指数的区间划分，在进行僵尸化困境预警时，将 *ZDS* 小于等于 -1.2407 的样本确定为陷入重度僵尸化困境阶段，对应警度为高危，设置输出标签为 1；将 *ZDS* 大于等于 -1.2398 且小于等于 -0.8351 的样本确定为陷入中度僵尸化困境阶段，对应警度为中危，设置输出标签为 2；将 *ZDS* 大于等于 -0.8343 且小于等于 -0.5316 的样本确定为陷入轻度僵尸化困境阶段，对应警度为轻危，设置输出标签为 3；将 *ZDS* 大于等于 -0.5313 的样本确定为未陷入僵尸化困境，对应警度为安全，设置输出标签为 4。通过以上做法，将僵尸化困境不同阶段的警情信号转化为预警期望警度，并以对应的输出标签作为僵尸化困境预警输出指标。将预警输入指标输入到预警模型中，得到哪个输出标签，则说明企业未来最有可能会进入僵尸化困境的哪个阶段。表 5 – 24 展示了僵尸化困境预警输出指标设置标准。

表 5 – 24　　　　僵尸化困境预警输出指标

指标代码	警情	对应警度	*ZDS* 区间	输出标签
Label	重度僵尸化	高危	[–2.2921， –1.2407]	1
	中度僵尸化	中危	[–1.2398， –0.8351]	2
	轻度僵尸化	轻危	[–0.8343， –0.5316]	3
	未僵尸化	安全	[–0.5313，2.4450]	4

5.4　本章小结

本章在相关性、科学性、全面性、可操作性原则下，确立了僵尸化困境预警输入指标和预警输出指标。本书认为，特征性指标可以同时成为预警输入指标的组成部分和预警输出指标的计算依据，区别在于特征性指标作为预警输入指标时是进行滞后处理的历史数据，具有警兆的属性；特征性指标作为预警输出指标的计算依据时是即时数据，反映企业当前的状态。而非特征性指标不能反映企业僵尸化困境的严重程度，但与僵尸化困境的形成与加重有关，只能作为预警输入指标的组成部分，此时这些指标同样是进行滞后处理的历史数据。结合第 4 章理论分析，本章对偿债能力、获利能力、营运能力、成长性、市场反映、持续经营保障、外界补贴输血、社会负担性、治理结构、僵尸化惯性、经济环境、组织属性共选取了 27 个代理指标，代理指标的选取充分借鉴了前人的研究。其中偿债能力、获利能力、营运能力、成长性、市场反映归纳为传统财务类指标；持续经营保障、外界补贴输血、社会负担性、治理结构、僵尸化惯性归纳为僵尸化特色类指标；经济波动、经济政策归纳为经济环境类指标；企业规模、行业差异、产权异质性归纳为组织属性类指标。

在预警输入指标层面，本书直接将 27 个代理指标全部作为预警输入指标，预警输入指标是历史数据，同时考虑了过去的僵尸化困境特征、过去的经济环境和过去的组织属性，具有多维度、多层次的特点，并且建立预警模型时不需要对预警输入指标进行显著性筛选，还能够保证预警输入指标的稳定性与合理性。

在预警输出指标层面，本书将能够反映即时僵尸化困境特征的 20 个代理指标用于合成僵尸化指数，并对僵尸化指数分区形成预警输出指标。从实证层面而言：首先，选择 2007—2018 年制造业上市公司作为建模对象，并对数据进行噪声处理、方向处理、无量纲化处理，根据主成分贡献率和碎石图分析结果确定以八因子进行评价模型的建立，八因子能够包含 20 项指标 70% 以上的信息，代表性良好。变量整体的 KMO 值大于 0.7，共性较强，适合采用主成分分析法对指标进行降维拟合。由于对预计的反向指标进行了方向处理。因此，僵尸化指数数值越高证明样本实际情况越好，数值越低则说明僵尸化困境程度越深。其次，对僵尸化指数进行了信效度检验。信度检验采取的是定基年可靠性检验和变基年可靠性检验，具体而言：定基年可靠性检验是以 2007 年为基期，逐年递加样本，共获取 12 组系数组合，结果表明当样本期间在 8 年以上时，各指标系数就能保持稳定，且随着时间跨度的增加，样本得分越来越接近正态分布；变基年可靠性检验是以 2018 年为终期，并分别以 2007—2012 年为基期，由于样本需要保持一定的时间跨度，因此，变基年的最晚基期设置为 2012 年。变基期可靠性检验的结果依旧表明各指标系数能保持稳定，且保持足够期间跨度可以增加僵尸化指数的正态性和稳定性。除此之外，信度检验中，八因子模型的主成分贡献率均在 70% 以上，且 KMO 值均在 0.7 以上，进一步说明僵尸化指数的可靠性能够得到保证。效度检验验证了僵尸化指数是否能够对相关问题进行有效反映，也即僵尸化指数所影响的因素和影响僵尸化指数的因素是否和理论上的猜想相一致，本章设计了七个实验进行效度检验，分别为僵尸企业与僵尸化指数的关系验证，退市风险警示与僵尸化指数的关系验证，行业差异与僵尸化指数的分析对比，产权差异与僵尸化指数的分析对比，僵尸化指数与内部控制质量的关系验证，僵尸化指数与经济波动的关系验证，僵尸化指数与经济政策的关系验证，考虑了稳健性检验后的验证结果均符合预期，这表明本章建立的僵尸化指数是有效的。最后，本章采用置信系数划分法将对僵尸化指数由低到高划分为重度僵尸化、中度僵尸化、轻度僵尸化和未僵尸化四个区间，各区间样本占比分别为 3.79%、6.54%、7.63%、82.04%，比例基本符合学术界测算和现实逻辑。在此基础上，将重度僵尸化、中度僵尸化、轻度僵尸化和未僵尸化四个阶段的样本分别转化为预警警度，分别对应高危、中危、轻危、安全，并分别设置输出标签 1、2、3、4，以此作为僵尸化困境预警输出指标。

第 6 章　僵尸化困境预警模型建立研究

建立僵尸化困境预警模型有助于政府、投资者、债权人、管理层提前了解企业未来可能的发展态势，通过参考预警结果提前进行决策部署，以实现目标效益最大化。本章主要分为三个部分：基于遗传算法—支持向量机的僵尸化困境预警模型设计、样本的选取以及划分、僵尸化困境预警模型的训练与建模。本书建立的僵尸化预警模型本质上是反映僵尸化困境不同阶段的四分类预警模型，同时对样本进行了提前 1 期和提前 2 期预警。因此，本书建立的预警模型共两个：T－1 期僵尸化困境预警模型和 T－2 期僵尸化困境预警模型。

6.1　基于遗传算法—支持向量机的预警模型设计

支持向量机具有较为成熟的理论，是一种适用于有限样本、高纬度变量、非线性变量关系的机器学习方法，支持向量机可以将预警输入指标与预警输出指标的超平面关系合理转化为平面关系，使分类过程更不会受到近似化线性处理的影响，从而更为准确地反映警兆与警情之间、警兆与警兆之间的复杂关系。遗传算法既可以通过多次迭代寻找出接近全局最优的模型参数值，又可以避免用手工进行参数寻优的低效率。在两种算法优点的基础上，本书将其整合为一个工作流程，并基于整合过后的遗传算法—支持向量机方法建立僵尸化困境预警模型。

6.1.1 支持向量机

遗传算法—支持向量机中最为重要的是支持向量机的工作机制，因为遗传算法是在支持向量机工作机制上增加的改进算法，最终起分阶段预警作用的是支持向量机。

（1）支持向量机概述。支持向量机（Support Vector Machine，SVM）的概念原理最初由万普尼克（Vapnik，1995）提出。支持向量机可以用于分类识别和回归。对于分类问题而言，支持向量机运用非线性映射将训练样本映射到一个高维特征空间，并采用特定准则，在高维特征空间中建立了一个或多个分类超平面作为分类器，使得不同类别样本之间的边缘距离最大化。一般而言，支持向量机具有良好的泛化能力，计算简单有效，且理论较为完善，是一种新兴的机器学习技术，目前，已广泛应用于财务困境预警等多个领域（徐晓燕，2006；姚宏善，2006；张亚杰，2010；宋彪等，2015）。支持向量机的核心思想包含两个方面：首先，无论样本是否线性可分，支持向量机都可以进行求解。特别地，对于线性不可分的情况，支持向量机通过非线性函数将线性不可分的低维信号转化为线性可分的高维信号，从而实现在高维特征空间中利用线性算法对样本非线性特征进行线性求解。其次，支持向量机以结构风险最小化（Structural Risk Minimization）作为训练目标。传统机器学习以经验风险最小化（Empirical Risk Minimization）作为训练目标，这样使得模型过度学习训练样本信息，产生过拟合现象，导致训练样本分类准确率较高而测试样本分类准确率较低，降低模型的泛化能力，增加了分类的实际风险。而基于结构风险最小化策略，支持向量机可以在特征空间中建立最佳分割曲面（曲线），得到全局最优分类器，并使全部样本空间以某个概率不超过特定上限。四分类预警与二分类预警的基本思路一致，均是在特征空间寻找最优分类器，只不过四分类预警的分类器数量更多，支持向量机分类示意图见图6-1。

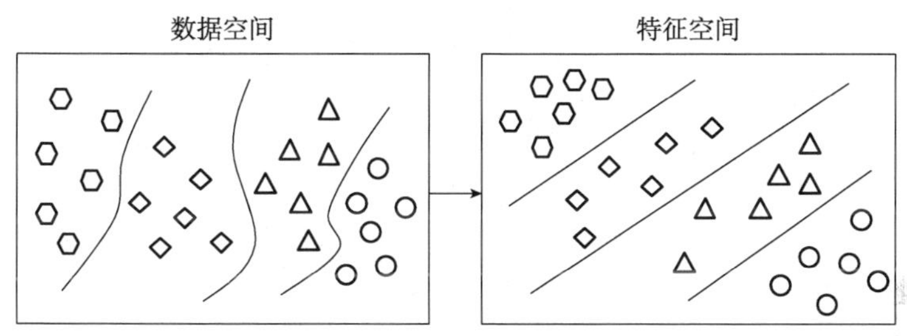

图6-1　支持向量机的分类过程

（2）支持向量机基本公式推导。根据支持向量机的基本原理，结合Vapnik（1995）、张亚杰（2010）的研究，可以对支持向量机算法的分类思想进行公式推导。对于二分类问题，样本存在于二维空间（A1、A2）中，构造分割函数见（6-1）式：

$$s(x) = \omega g x + b = 0 \qquad (6-1)$$

其中，$\omega \cdot x$ 为向量积，当 $s(x) > 0$ 时，表明样本存在于 $A1$ 空间（用 $y = +1$ 表示）；当 $s(x) < 0$ 时，表明样本存在于 $A2$ 空间（用 $y = -1$ 表示）。

对于所有分类样本，均有 $y \cdot s(x) > 0$，因此满足 $s(x) = 0$ 的曲线均可用于对二维空间分类。当 $s(x) = 0$ 的曲线过多时，就需要寻找最优的 $s(x) = 0$ 的曲线，使得分类间隔最大，此时可以转化为点到线的距离 $\| s(x) \| / \| \omega \|$ 为最大。将整个二维空间等比例缩放，使得对于所有训练样本都有 $\| s(x) \| \geq 1$，因此对于A1空间和A2空间离 $s(x) = 0$ 最近的样本 $x1$ 和 $x2$ 的分割函数值 $s(x)$ 均等于1，此时 $x1$ 和 $x2$ 之间的分类间隔为 $2/\| \omega \|$，当分类间隔越大，分类效果越好，这便要求 $\| \omega \|$ 要越小，此时求最

优 $s(x)=0$ 曲线的问题就转化为求 $\|\omega\|$ 极小值的问题。

根据以上思路构建数学表达式见（6－2）式：

$$\begin{cases} \max \dfrac{2}{\|\omega\|} \\ s.t.\ y_i(\omega x_i+b)\geqslant 1, i=1,2,\cdots,n \end{cases} \tag{6-2}$$

对（6－2）式进行等条件转换见（6－3）式：

$$\begin{cases} \min \dfrac{\|\omega\|^2}{2} \\ s.t.\ y_i(\omega x_i+b)\geqslant 1, i=1,2,\cdots,n \end{cases} \tag{6-3}$$

其中 n 为样本个数。在二维空间中，当样本坐标确定，ω 确定时，b 就能被确定，$s(x)=0$ 的位置也能被确定。

对于多维空间（$A1$，$A2$，…，Am）而言，分割函数见（6－4）式。

$$s(\varphi(x_i^p))=\omega g\varphi(x_i^p)+b=0 \tag{6-4}$$

在多维空间中，点到面的距离为 $\|s(\varphi(x))\|/\|\omega\|$，$x_i^p$ 为 x_i 到分割面的投影，距离为 d，设 ω 垂直于 $s(\varphi(x))$，且 $x_i=x_i^p+d\cdot\omega/\|\omega\|$，则有（6－5）式、（6－6）式、（6－7）式和（6－8）式。

$$s(\varphi(x_i))=\omega(\varphi(x_i)-d\cdot\omega/\|\omega\|)+b=0 \tag{6-5}$$

$$\omega\varphi(x_i)-d\cdot\|\omega\|+b=0 \tag{6-6}$$

$$d\cdot\|\omega\|=0=s(\varphi(x_i)) \tag{6-7}$$

$$d=\frac{s(\varphi(x_i))}{\|\omega\|} \tag{6-8}$$

由此可知，多维空间求最佳分类间隔的问题与二维空间求分类间隔的问题变得一致，也是求 $\|\omega\|$ 的极小值。这与一些研究的观点一致，即多分类本质上是求解多个二分类的问题（Burges，1998）。最终该问题就变成带约束条件的求极值问题，对于这类

问题一般采用拉格朗日乘数法进行极值求解。

构造拉格朗日函数见（6－9）式。

$$\min_{\omega,b,\alpha} L(\omega,b,\alpha) = \frac{1}{2}\|\omega\|^2 - \sum_{i=1}^{n}\alpha_i(y_i(\omega g x_i + b) - 1) \tag{6-9}$$

其中，α_i 为拉格朗日乘子。对 ω 和 b 求一阶偏导数，并令其等于 0：

$$\frac{\partial L}{\partial \omega} = 0 \rightarrow \omega = \sum_{i=1}^{n}\alpha_i y_i x_i \tag{6-10}$$

$$\frac{\partial L}{\partial b} = 0 \rightarrow \sum_{i=1}^{n}\alpha_i y_i = 0 \tag{6-11}$$

将（6－10）式与（6－11）式代入（6－9）式，计算拉格朗日对偶函数见（6－12）式：

$$Q(\alpha) = \sum_{i=1}^{n}\alpha_i - \frac{1}{2}\sum_{i=1}^{n}\sum_{j=1}^{n}\alpha_i\alpha_j y_i y_j(x_i x_j) \tag{6-12}$$

由优选理论中的对偶理论可知：

$$\begin{cases} \max\limits_{\alpha} Q(\alpha) = \max\limits_{\alpha}\left(\sum_{i=1}^{n}\alpha_i - \frac{1}{2}\sum_{i=1}^{n}\sum_{j=1}^{n}\alpha_i\alpha_j y_i y_j(x_i x_j)\right) \\ s.t.\ \sum_{i=1}^{n}\alpha_i y_i = 0, \alpha_i \geqslant 0, i = 1,2,\cdots,n \end{cases} \tag{6-13}$$

（6－13）式存在全局最优解，若 α_i^* 为最优解，则

$$\omega^* = \sum_{i=1}^{n}\alpha_i^* y_i x_i \tag{6-14}$$

$$b^* = y_i - \sum_{i=1}^{n}\alpha_i^* y_i x_i x_j \tag{6-15}$$

最佳分割函数为：

$$\omega^* g x_i + b^* = 0 \tag{6-16}$$

对于 α_i 不为 0 的样本称为支持向量，由支持向量所定义的函数，则称之为支持向量机，最终的分类决策函数见（6－16）式。

$$f(x) = sign(\omega^* gx + b^*) \tag{6-16}$$

当样本不能完全被分类决策函数区分时，就会出现线性不可分的问题，此时在分类过程中会出现噪声，若对噪声零容忍，则会导致分类运算无法收敛，此时通过引入松弛变量 ξ 以弱化式 6－2 和式 6－3 的约束条件。此时，目标函数和约束条件修正见（6－17）式：

$$\begin{cases} \min \frac{\| \omega \|^2}{2} + Cg\sum_{i=1}^{n} \xi_i \\ s.t.\ y_i(\omega x_i + b) + \xi_i \geqslant 1, \xi_i \geqslant 0, i = 1, 2, \cdots, n \end{cases} \tag{6-17}$$

其中，C 为常数，被称为惩罚系数，惩罚系数越大，对错分样本的惩处力度就越强，会减少训练样本的统计错误，但会减少分类间隔，降低模型的泛化能力，因此，在相同样本内准确率的基础上，应当选择较小的惩罚系数。

此时，分类函数的形式不会发生改变，但约束条件会发生改变见（6－18）式：

$$\begin{cases} \max\limits_{\alpha} Q(\alpha) = \max\limits_{\alpha}\left(\sum_{i=1}^{n} \alpha_i - \frac{1}{2}\sum_{i=1}^{n}\sum_{j=1}^{n} \alpha_i \alpha_j y_i y_j (x_i x_j) \right) \\ s.t.\ \sum_{i=1}^{n} \alpha_i y_i = 0, C \geqslant \alpha_i \geqslant 0, i = 1, 2, \cdots, n \end{cases} \tag{6-18}$$

对于线性不可分的情况，使用核函数 *kernal*（x_i，x_j）将原始输入数据映射到新的高维特征空间，并建立分类曲面，此时见（6－19）式：

$$\max_{\alpha} Q(\alpha) = \max_{\alpha}\left(\sum_{i=1}^{n} \alpha_i - \frac{1}{2}\sum_{i=1}^{n}\sum_{j=1}^{n} \alpha_i \alpha_j y_i y_j kernel(x_i, x_j) \right) \tag{6-19}$$

对应的分类决策函数见（6－20）式：

$$f(x)=sign(\omega^{*}gx+b^{*}) \tag{6-20}$$

常见的核函数有：

线性核函数 $kernel(x_i, x_j)=(x_i g x_j)$；

多项式核函数 $kernel(x_i, x_j)=(\|x_i-x_j\|^{\alpha}+G)^{\beta}$，$\alpha$，$\beta$，$G$ 为常数；

高斯核函数（RBF 核函数）$kernel(x_i, x_j)=\exp\left[-\frac{\|x_i-x_j\|^2}{G^2}\right]$，$G>0$；

sigmoid 核函数 $kernel(x_i, x_j)=\tanh(\|x_i-x_j\|^{\alpha}+G)$，$h$，$\alpha$，$G$ 为常数。

本书选择研究者广泛使用的高斯核函数作为预警模型的核函数，其中 G 为核参数，该参数通过影响支持向量的数量来确定数据映射到特征空间后的分布，并最终影响预警模型的训练速度和分类能力。

6.1.2　遗传算法

（1）遗传算法概述。遗传算法起源于人们对生物系统“优胜劣汰，适者生存”的达尔文生物进化认识，是一种基于生物遗传进化机制的、适合复杂系统的自适应概率寻优技术。遗传算法（Genetic Algorithms，GA）一词最初由密歇根大学 Bageley 于其博士论文中提出，之后由其老师 Holland 教授提出了遗传算法的基本的模式定理。遗传算法从随机初始群体出发，通过模拟生物进化三大基本过程（复制、交叉、变异），在初始群体的基础上进化生成更优个体，这在计算机上的表现为初始群体会“进化”到搜索空间中符合条件的较好区域，通过代际间的“繁衍进化”，最后留下最适应条件设定的个体，从而求得问题的极优解。

（2）遗传算法的基本操作要素。

①个体编码。个体编码是对每个个体使用一定的方法设置成具有一定长度的独特数据串，因此数据串也即个体的染色体。在支持向量机中，通常是对参数 C 和 G 进行二进制编码，根据计算精度的要求，将每个编制成 $N_C + N_G$ 数位的二进制串，N_C、N_G 分别为根据精度设置的二进制位数，每一位代表一个特征，1 表示选中该特征，0 表示未选中该特征。

②设置种群规模。种群规模是从样本中选择用于参数寻优个体的数量。种群规模过大会增加运行复杂度和运行时间，种群规模过小会减少算法学习素材，降低算法的泛化能力。

③计算适应度。采用种群个体交叉验证（Cross-validation）下的分类准确率作为个体的适度性。交叉验证是一种统计方法，用于检验分类器的分类性能。本书采用一对一法交叉验证，无论是几分类预警，均在任意两类样本直接设计一个支持向量机（即二分类预警存在 1 个支持向量机，四分类预警存在 6 个支持向量机）。将原始数据分为 K 组，且保持每组样本数量相等，分别以各组样本为验证集，其余组样本为训练集，如此进行 K 次建模，以最终 K 次建模后个体被正确分类的平均准确率作为该个体的适应度。个体适应度值越高，该个体越优。

④选择操作。选择操作是利用一定的方法选择哪些个体进入到下一代用于寻优的过程。每一代中的个体根据其适应度值来决定是否被选择复制到下一代。基于适应度比例的选择策略，每个个体被选择的概率为 P_i 为：

$$P_i = \frac{F_i}{\sum_{i=1}^{NIND} F_i} \tag{6-21}$$

（6-21）式中，F_i 为个体 i 适应度，$NIND$ 为每一代种群个体数目。

⑤交叉操作。交叉操作是将两个个体对应位置的编码信息进行交换以形成两个相似子代的过程，目的在于将不同可能解之间的信息进行交换。参照王小川等（2014），周围（2018）的研究，第 k 个个体 I_k 和第 o 个个体 I_o 在 j 位的交叉操作［见（6-22）式］：

$$\begin{cases} I_{kj} = I_{kj} \times (1 - r) + I_{oj} \times r \\ I_{oj} = I_{oj} \times (1 - r) + I_{kj} \times r \end{cases} \tag{6-22}$$

其中，r 为［0，1］之间的随机数。

⑥变异操作。其是改变所选个体的若干个位置的编码信息的过程。变异操作可以在一定程度上丰富个体的多样性，但变异概率不宜过大，否则容易大量遗失个体原有信息。参照王小川等（2014）、周围（2018）的研究，第 m 个个体的第 n 个编码信息 q_{mn} 的变异操作［见（6-23）式］：

$$q_{mn} = \begin{cases} q_{mn} + (q_{mn} - q_{\max}) \times h(t) & r > 0.5 \\ q_{mn} - (q_{mn} - q_{\min}) \times h(t) & r \leqslant 0.5 \end{cases} \tag{6-23}$$

其中，$q_{\max}$、q_{min} 分别为 g_{mn} 的上限和下限；$h(t) = r_a(1 - t/T)^{\lambda}$，$r_a$ 为随机数，t 为当前迭代次数，T 为最大迭代次数，λ 为调整局部搜索区域的参数，一般取值为 2，r 为［0，1］之间的随机数。

6.1.3　遗传算法—支持向量机的工作流程

遗传算法—支持向量机是一种将遗传算法和支持向量机有机结合的机器学习算法，两者结合了各自的优点。鉴于本书需要选择的个体是为正实数的惩罚参数 C 和核参数 G，利用二进制法将惩罚参数 C 和核参数 G 编制成一个数据串，并对数据串设置初始种群规模。每次迭代产生 20 个个体，惩罚参数 C 和核参数 G 的取值范围设定在（0，100］的左半开右半闭区间，并且设置最大迭代次数为 200 次，若迭代经过 200 次还未找到更优个体，则采用这 200 迭代中的最优个体。利用遗传算法对惩罚参数 C 和核参数 G 进行寻优，就可以避免人为对参数的调试，增强参数选取客观性的同时减轻了手动工作的负担，最为重要的是，通过大量迭代可以使最终确定的关键参数接近全局最优解。以利用遗传算法寻找到的最优 C 和 G 就可以作为支持向量机建模的惩罚参数和核参数。遗传算法支持向量机主要分为四个步骤：首先，设置遗传算法的初始化参数，包括种群规模、最大进化代数、惩罚系数和核系数的变化范围、对参数进行二进制编码；其次，将数据输入到支持向量机中进行训练，得到训练精度，根据训练精度评价个体适度性；再次，通过遗传算法的三大操作更新进化支持向量机的参数，得到支持向量机最优参数；最后，利用最优参数进行支持向量机分类预警建模。遗传算法—支持向量机的工作流程如图 6 - 2 所示。

6.2 样本的选取以及分类

6.2.1 研究样本的选取

为保持数据的一致性，本书以第 5 章样本为基础。由于是对僵尸化困境进行预警，预警输入指标在时间上应当先于预警输出指标，本书拟进行提前 1—2 期的企业僵尸化困境预警，需要对预警输入指标进行连续滞后两期处理。为了尽可能地保留制造业样本，增强结论的普遍性，本书在对僵尸化困境阶段划分时采用

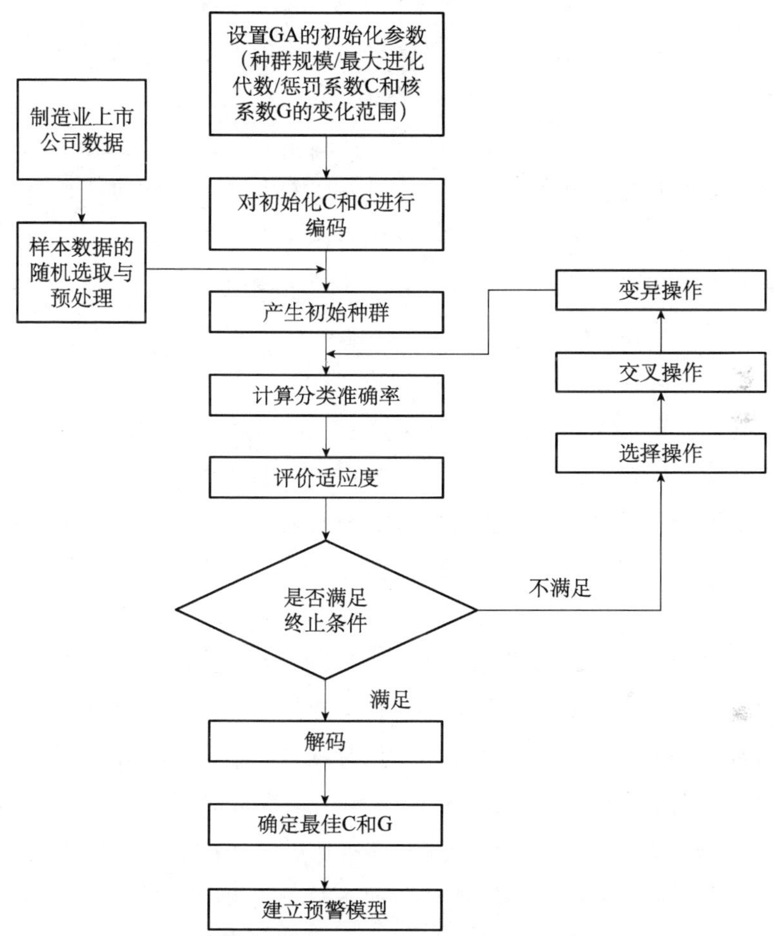

图 6-2　遗传算法—支持向量机的工作流程

的是非平衡面板数据。因此，在对预警输入指标进行滞后处理时会出现缺失值，本书将滞后处理的预警输入指标存在缺失的样本进行剔除，最终公司年度样本总数为 9560 个，其中，重度僵尸化样本 422 个，中度僵尸化样本 756 个，轻度僵尸化样本 845 个，未僵尸化样本 7537 个，占比分别为 4.41%、7.91%、8.83%、

78.85%，各类样本比重与表5－22较为接近，不存在由于剔除缺失值后造成某类样本的实际比例与初始比例偏差过大的情况，且样本数量较大，能满足随机抽样的要求。

本书所建立的预警模型是为了预测企业在未来会到僵尸化困境的哪个阶段，属于四分类预警，警情有四个：重度僵尸化、中度僵尸化、轻度僵尸化、未僵尸化，在建模时以数量最少的重度僵尸化困境样本数量为基数（由于422不能被整除，因此以420为基数），采用1∶1∶1∶1的比例随机选取其他类别样本作为配对样本，因此重度僵尸化、中度僵尸化、轻度僵尸化、未僵尸化分别随机选取420个样本进行建模，总计1680个样本。之所以采用随机抽样并保持各类样本入样数量相等的主要原因有四点：第一，随机抽样能够排除偶然性因素的影响，使得预警模型更加接近真实情况；第二，利用匹配抽样的方法所产生的样本抽样误差不会影响预警准确度（任惠光，2007）；第三，对本书所采用的智能算法而言，最佳的状况是保持实验组和对照组样本数量相似，因为某一类型样本数量过少，智能算法在学习这类样本知识的过程中所获取的对应信息也会相对减少，进而影响模型对这类样本的识别准确率（王海林，2017），最终导致基数更低的类型正确率过低；第四，采用非均衡样本还可能导致“伪精度”的问题，即基数更多的类型精度会稀释基数更少的类型精度，使得整体样本的精度偏向于样本数量更多的类型，最终体现为整体预测精度的失准。

6.2.2 训练样本和测试样本的分类

在建模前需要将样本分类为训练样本和测试样本，训练样本直接用于建模，测试样本用于检验模型的预警性能。相较于测试，充分的训练对于模型的稳定性和准确度更为重要，因此在区分训练样本和测试样本时，按照学术界惯例分别随机抽取各类样本的70%作为训练样本，并以剩下30%的样本作为测试样本，如此可以使模型得到充分训练的同时也有充分的样本对预警模型准确度进行检验。同时，为了保持样本的可比性，在建立T－1期和T－2期预警模型及后续验证预警模型性能时，均使用相同样本。为了保证指标的量纲统一，按照学术界惯例对预警指标进行了MAX-MIN归一化处理。关于预警模型性能的验证将在第7章进行。

6.3　僵尸化困境预警模型的训练与建模

6.3.1　T－1期预警模型的训练与建模

对制造业上市公司T－1期僵尸化困境预警模型的建模过程如下：

首先，以420个重度僵尸化困境的样本数量为基数，各随机选取420个中度僵尸化困境、轻度僵尸化困境和未陷入僵尸化困境的样本进行配对。

其次，确定好总样本后，分别随机选取294个不同类别的样本作为训练样本进行遗传算法的参数寻优，其中最大进化次数设置为200，种群规模设置为20，惩罚系数和核系数的寻优空间均为（0，100]。

再次，利用遗传算法进行参数寻优。根据参数寻优结果，遗传算法在进行了40次迭代后，最佳适应度曲线较为稳定，经过200次迭代寻优后终止迭代，最佳惩罚系数C取值为1.5913，最佳核系数G取值为0.1911。

T－1期预警模型适应度变化曲线见图6－3。

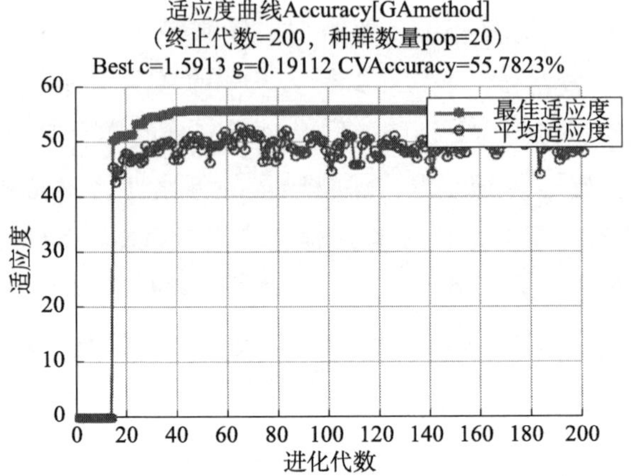

图 6-3　T-1 期预警模型适应度变化曲线

最后，以上最佳惩罚系数 C 和最佳核系数 G 即为 T-1 期僵尸化困境预警模型的理论参数，预警模型训练结束，建模完成。表 6-1 显示了 T-1 期僵尸化困境预警模型相关参数。

表 6-1　　T-1 期僵尸化困境预警模型相关参数

	标签（Label）	支持向量数（nSV）
重度僵尸化	1	239
中度僵尸化	2	294
轻度僵尸化	3	293
未僵尸化	4	180
核心参数	参数类别	寻优结果（bsetC & bestG）
	系数 C	1.5913
	系数 G	0.1911
决策函数常数项	分类间隔	数值（-rho）
	1//2	1.2868
	1//3	1.1372
	1//4	0.6179
	2//3	0.9822
	2//4	0.2183
	3//4	0.0774

6.3.2　T－2 期预警模型的训练与建模

对制造业上市公司 T－2 期僵尸化困境预警模型的建模过程如下：

首先，以 420 个重度僵尸化困境的样本数量为基数，各随机选取 420 个中度僵尸化困境、轻度僵尸化困境和未陷入僵尸化困境的样本进行配对。

其次，确定好总样本后，分别随机选取 294 个不同类别的样本作为训练样本进行遗传算法的参数寻优，其中最大进化次数设置为 200，种群规模设置为 20，惩罚系数和核系数的寻优空间均为（0，100］。

再次，利用遗传算法进行参数寻优。根据参数寻优结果，遗传算法在进行了 27 次迭代后，最佳适应度曲线较为稳定，经过 200 次迭代寻优后终止迭代，最佳惩罚系数 C 取值为 10.3893，最佳核系数 G 取值为 0.0708（见图 6－4）。

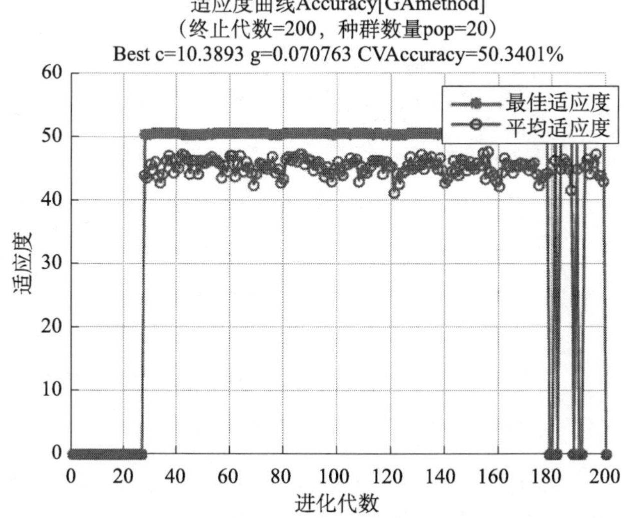

图 6－4　T－2 期预警模型适应度变化曲线

最后，以上最佳惩罚系数 C 和最佳核系数 G 即为 T－2 期僵尸化困境预警模型的理论参数，预警模型训练结束，建模完成。表 6－2 显示了 T－2 期僵尸化困境预警模型相关参数。

表 6－2　　T－2 期僵尸化困境预警模型相关参数

	标签（Label）	支持向量数（nSV）
重度僵尸化	1	249
中度僵尸化	2	290
轻度僵尸化	3	294
未僵尸化	4	206
核心参数	参数类别	寻优结果（bsetC & bestG）
	系数 C	10.3893
	系数 G	0.0708
决策函数常数项	分类间隔	数值（－rho）
	1//2	0.4200
	1//3	3.2145
	1//4	0.0600
	2//3	2.4163
	2//4	0.0469
	3//4	－0.6301

结束以上建模过程后，将 T－1 期僵尸化困境预警模型和 T－2 期僵尸化困境预警模型进行保存，用于接下来的预警模型验证研究。

6.4　本章小结

本章首先详细介绍了遗传算法和支持向量机的工作原理，根据两种智能算法的工作目标，将遗传算法内嵌到支持向量机之中，对基于遗传算法寻优的支持向量机分类识别工作流程图进行了设计。其次基于第 5 章的研究结果，对不同阶段样本选择比例、训练样本和测试样本的分类、预警输入指标无量纲化处理方式等环节进行了研究设计。最后利用遗传算法—支持向量机建立了 T－1 期和 T－2 期的僵尸化困境预警模型，其中，T－1 期僵尸化困境预警模型最佳惩罚系数 C 取值为 1.5913，最佳核系数 G 取值为 0.1911；T－2 期僵尸化困境预警模型最佳惩罚系数 C 取值为 10.3893，最佳核系数 G 取值为 0.0708。

第7章　僵尸化困境预警模型验证研究

本章主要进行的是僵尸化困境预警模型的验证，共分为四个部分：预警模型的基本性能验证；改变预警输入指标的预警效果验证；改变预警方法的预警效果验证；进一步讨论。通过对预警模型的验证，证明本书所建立预警模型的泛化能力、稳定性，与预警模型相关的预警输入指标设计、预警方法选取均是符合要求的。在理论状态下建立的预警模型具有一定的局限性，因此最后一节从预警模型的应用条件、预警模型在使用时可能面临的问题、预警模型能够应用的场景三个方面进行了讨论。

7.1　预警模型的基本性能验证

7.1.1　预警模型的泛化性能验证

预警模型的泛化能力是指预警模型外推预测精度与回代预测精度的差异，两者差异小则预警模型的泛化能力强，两者差异大则预警模型的泛化能力弱。预警模型的建立是基于训练样本进行的，预警模型会对训练样本的信息产生记忆，理论上回代精度代表预警模型可达到的精度上限。由于在预警模型训练的过程中没有纳入测试样本的“信息”，如果在训练预警模型过程中过分强调回代准确率，很可能会造成“过拟合”现象，即预警模型训练结束后，将训练样本回代至预警模型的回代精度较高，而将测试样本代入预警模型时的外推精度较低，这种情况下预警泛化性能较差，会降低预警模型的实际推广能力。因此有必要以回代精度作为理论精度上限，使外推精度尽可能地接近回代精度。

（1）T－1 期僵尸化困境预警模型泛化性能验证。将第 6 章建立的 T－1 期僵尸化困境预警模型用于泛化性能验证，表 7－1 列示了 T－1 期僵尸化困境预警模型的首次训练—测试混淆矩阵。

表 7－1　　T－1 期僵尸化困境预警模型混淆矩阵

<table>
<tr><td rowspan="2"></td><td rowspan="2">预测类别</td><td colspan="4">实际类别</td><td rowspan="2">合计</td></tr>
<tr><td>重度僵尸</td><td>中度僵尸</td><td>轻度僵尸</td><td>未僵尸化</td></tr>
<tr><td rowspan="8">训练样本</td><td>高危</td><td>172</td><td>51</td><td>20</td><td>2</td><td>245</td></tr>
<tr><td>中危</td><td>62</td><td>147</td><td>43</td><td>8</td><td>260</td></tr>
<tr><td>轻危</td><td>39</td><td>67</td><td>161</td><td>42</td><td>309</td></tr>
<tr><td>安全</td><td>21</td><td>29</td><td>70</td><td>242</td><td>362</td></tr>
<tr><td>合计</td><td>294</td><td>294</td><td>294</td><td>294</td><td>1176</td></tr>
<tr><td colspan="2">重度僵尸企业回代精度</td><td>58.50%</td><td colspan="2">中度僵尸企业回代精度</td><td>50.00%</td></tr>
<tr><td colspan="2">轻度僵尸企业回代精度</td><td>54.76%</td><td colspan="2">未僵尸化企业回代精度</td><td>82.31%</td></tr>
<tr><td colspan="2">训练样本回代精度</td><td>61.39%</td><td colspan="3"></td></tr>
<tr><td rowspan="8">测试样本</td><td>高危</td><td>69</td><td>24</td><td>9</td><td>3</td><td>105</td></tr>
<tr><td>中危</td><td>30</td><td>47</td><td>21</td><td>5</td><td>103</td></tr>
<tr><td>轻危</td><td>17</td><td>35</td><td>68</td><td>17</td><td>137</td></tr>
<tr><td>安全</td><td>10</td><td>20</td><td>28</td><td>101</td><td>159</td></tr>
<tr><td>合计</td><td>126</td><td>126</td><td>126</td><td>126</td><td>504</td></tr>
<tr><td colspan="2">重度僵尸企业外推精度</td><td>54.76%</td><td colspan="2">中度僵尸企业外推精度</td><td>37.30%</td></tr>
<tr><td colspan="2">轻度僵尸企业外推精度</td><td>53.97%</td><td colspan="2">未僵尸化企业外推精度</td><td>80.16%</td></tr>
<tr><td colspan="2">验证样本外推精度</td><td>56.55%</td><td colspan="3"></td></tr>
</table>

续表

	预测类别	实际类别				合计
		重度僵尸	中度僵尸	轻度僵尸	未僵尸化	
全部样本	高危	241	75	29	5	350
	中危	92	194	64	13	363
	轻危	56	102	229	59	446
	安全	31	49	98	343	521
	合计	420	420	420	420	1680
	重度僵尸企业预测精度	57.37%	中度僵尸企业预测精度			46.19%
	轻度僵尸企业预测精度	54.52%	未僵尸化企业预测精度			81.67%
	全部样本预测精度	59.94%				

对于训练样本，294 个重度僵尸化样本中有 172 个样本处于高危状态，提示 1 年后会陷入重度僵尸化困境，回代精度为 58.50%；294 个中度僵尸化样本中有 147 个样本处于中危状态，提示 1 年后会陷入中度僵尸化困境，回代精度为 50.00%；294 个轻度僵尸化样本中有 161 个样本处于轻危状态，提示 1 年后会陷入轻度僵尸化困境，回代精度为 54.76%；294 个未僵尸化样本中有 242 个样本处于安全状态，提示 1 年后企业状态正常，回代精度为 82.31%。1176 个训练样本中共有 722 个样本预测成功，因此训练样本的回代精度为 61.39%，这是预警模型可以达到的理论精度。

对于测试样本，126 个重度僵尸化样本中有 69 个样本处于高危状态，提示 1 年后会陷入重度僵尸化困境，外推精度为 54.76%；126 个中度僵尸化样本中有 47 个样本处于中危状态，提示 1 年后会陷入中度僵尸化困境，外推精度为 37.30%；126 个轻度僵尸化样本中有 68 个样本处于轻危状态，提示 1 年后会陷入轻度僵尸化困境，外推精度为 53.97%；126 个未僵尸化样本中有 101 个样本处于安全状态，提示 1 年后企业状态正常，外推精度为 80.16%。504 个验证样本中共有 285 个样本预测成功，因此测试样本的外推精度为 56.55%。

对于全部样本，420 个重度僵尸化样本中有 241 个样本处于高危状态，提示 1 年后会陷入重度僵尸化困境，预测精度为 57.37%；420 个中度僵尸化样本中有 194 个样本处于中危状态，提示 1 年后会陷入中度僵尸化困境，预测精度为 46.19%；420 个轻度僵尸化样本中有 229 个样本处于轻危状态，提示 1 年后会陷入轻度僵尸化困境，预测精度为 54.52%；420 个未僵尸化样本中有 343 个样本处于安全状态，提示 1 年后企业状态正常，预测精度为 81.67%。1680 个验证样本中共有 1007 个样本预测成功，因此验证样本的预测精度为 59.94%。

综合来看，T－1 期僵尸化困境预警模型各阶段外推精度都不同程度地接近回代精度，基本不存在严重偏差，其中预警模型对轻度僵尸化困境的泛化能力最强，其次分别是未僵尸化、重度僵尸化困境和中度僵尸化困境。除此之外，能看到，T－1 期僵尸化困境预警模型对未僵尸化企业的预测精度较高，但是对重度僵尸化、中度僵尸化、轻度僵尸化企业的预测精度一般，具体原因会在下文进行分析。

（2）T－2 期僵尸化困境预警模型泛化性能验证。将第 6 章建立的 T－2 期僵尸化困境预警模型用于泛化性能验证，表 7－2 列示了 T－2 期僵尸化困境预警模型的首次训练—测试混淆矩阵。

表 7－2　　T－2 期僵尸化困境预警模型混淆矩阵

	预测类别	实际类别				合计
		重度僵尸	中度僵尸	轻度僵尸	未僵尸化	
训练样本	高危	162	56	32	8	258
	中危	50	120	47	11	228
	轻危	46	58	132	45	281
	安全	36	60	83	230	409
	合计	294	294	294	294	1176
	重度僵尸企业回代精度		55.10%	中度僵尸企业回代精度		40.82%
	轻度僵尸企业回代精度		44.90%	未僵尸化企业回代精度		78.23%
	训练样本回代精度		54.76%			

续表

	预测类别	实际类别				合计
		重度僵尸	中度僵尸	轻度僵尸	未僵尸化	
测试样本	高危	64	40	10	6	120
	中危	26	35	25	8	94
	轻危	24	27	50	22	123
	安全	12	24	41	90	167
	合计	126	126	126	126	504
	重度僵尸企业外推精度		50.79%	中度僵尸企业外推精度		27.78%
	轻度僵尸企业外推精度		39.68%	未僵尸化企业外推精度		71.43%
	验证样本外推精度		47.42%			
全部样本	高危	226	96	42	14	378
	中危	76	155	72	19	322
	轻危	70	85	182	67	404
	安全	48	84	124	320	576
	合计	420	420	420	420	1680
	重度僵尸企业预测精度		53.81%	中度僵尸企业预测精度		36.90%
	轻度僵尸企业预测精度		43.33%	未僵尸化企业预测精度		76.19%
	全部样本预测精度		52.56%			

对于训练样本，294 个重度僵尸化样本中有 162 个样本处于高危状态，提示 2 年后会陷入重度僵尸化困境，回代精度为 55.10%；294 个中度僵尸化样本中有 120 个样本处于中危状态，提示 2 年后会陷入中度僵尸化困境，回代精度为 40.82%；294 个轻度僵尸化样本中有 132 个样本处于轻危状态，提示 2 年后会陷入轻度僵尸化困境，回代精度为 44.90%；294 个未僵尸化样本中有 230 个样本处于安全状态，提示 2 年后企业状态正常，回代精度为 78.23%。1176 个训练样本中共有 644 个样本预测成功，因此训练样本的回代精度为 54.76%，这是预警模型可以达到的理论精度。

对于测试样本，126 个重度僵尸化样本中有 64 个样本处于高危状态，提示 2 年后会陷入重度僵尸化困境，外推精度为 50.79%；126 个中度僵尸化样本中有 35 个样本处于中危状态，提示 2 年后会陷入中度僵尸化困境，外推精度为 27.78%；126 个轻度僵尸化样本中有 50 个样本处于轻危状态，提示 2 年后会陷入轻度僵尸化困境，外推精度为 39.68%；126 个未僵尸化样本中有 90 个样本处于安全状态，提示 2 年后企业状态正常，外推精度为 71.43%。504 个验证样本中共有 239 个样本预测成功，因此测试样本的外推精度为 47.42%。

对于全部样本，420 个重度僵尸化样本中有 226 个样本处于高危状态，提示 2 年后会陷入重度僵尸化困境，预测精度为 53.81%；420 个中度僵尸化样本中有 155 个样本处于中危状态，提示 2 年后会陷入中度僵尸化困境，预测精度为 36.90%；420 个轻度僵尸化样本中有 182 个样本处于轻危状态，提示 2 年后会陷入轻度僵尸化困境，预测精度为 43.33%；420 个未僵尸化样本中有 320 个样本处于安全状态，提示 2 年后企业状态正常，预测精度为 76.19%。1680 个验证样本中共有 883 个样本预测成功，因此验证样本的预测精度为 52.56%。

综合来看，T－2 期僵尸化困境预警模型各阶段外推精度都不同程度地接近回代精度，基本不存在严重偏差，其中预警模型对重度僵尸化困境的泛化能力最强，其次分别是轻度僵尸化困境、未僵尸化和中度僵尸化困境。

7.1.2 预警模型的稳定性能验证

由于训练样本和测试样本是随机选取的，在建模完成后，每次抽取的样本不同都会导致预警结果存在一定差异，如果由于样本的不同导致预警结果波动较大，则证明预警模型稳定性能不强。为了证明基于预警模型得到的预警结果具有稳定性，对 T－1

期和 T－2 期僵尸化困境预警模型分别重复进行 30 次样本随机抽样，并分别计算各阶段测试样本的平均外推精度①。将测试样本的平均外推精度和表 7－1、表 7－2 结果进行对比，如果平均外推精度和首次外推精度差异不大，以及各类样本平均外推精度对应的标准差较小，则证明预警模型较为稳定。预警模型的平均外推精度以及对应标准差如表 7－3 所示。

表 7－3　　预警模型的稳定性能验证

预警模型		重度僵尸化	中度僵尸化	轻度僵尸化	未僵尸化	预测精度合计
T－1 期	首次	54.76%	37.30%	53.97%	80.16%	56.55%
	平均	55.48% (0.0309)	34.39% (0.0450)	50.61% (0.0432)	80.13% (0.0363)	55.15% (0.0143)
	差值	－0.72%	2.91%	3.36%	0.03%	－0.33%
T－2 期	首次	50.79%	27.78%	39.68%	71.43%	47.42%
	平均	48.57% (0.0408)	29.23% (0.0385)	36.06% (0.0407)	70.40% (0.0435)	46.06% (0.0177)
	差值	2.22%	－1.45%	3.62%	1.03%	1.36%

注：括号内为平均预测精度的标准差。

根据表 7－3 的结果可知，T－1 期僵尸化困境预警模型重度僵尸化困境样本的首次外推精度为 54.76%，平均外推精度为 55.48%，差值为－0.72%；中度僵尸化困境样本的首次外推精度为 37.30%，平均外推精度为 34.39%，差值为 2.91%；轻度僵尸化困境样本的首次外推精度为 53.97%，平均外推精度为 50.61%，差值为 3.36%；未僵尸化样本的首次外推精度为 80.16%，平均外推精度为 80.13%，差值为 0.03%；测试样本的首次外推精度合计为 56.55%，平均外推精度合计为 55.15%，差

① 测试样本的外推精度反映预警模型利用“陌生”数据进行预警的准确率，是预警模型预测性能的真实体现，因此接下来的验证关注的是外推精度。

值为 -0.33%。T-2 期僵尸化困境预警模型重度僵尸化困境样本的首次外推精度为 50.79%，平均外推精度为 48.57%，差值为 2.22%；中度僵尸化困境样本的首次外推精度为 27.78%，平均外推精度为 29.23%，差值为 -1.45%；轻度僵尸化困境样本的首次外推精度为 39.68%，平均外推精度为 36.06%，差值为 3.62%；未僵尸化样本的首次外推精度为 71.43%，平均外推精度为 70.40%，差值为 1.03%；测试样本的首次外推精度合计为 47.42%，平均外推精度合计为 46.06%，差值为 1.36%。根据表 7-1 至表 7-3 的结果来看，使用 T-1 期预警模型和 T-2 期预警模型所得到的平均外推精度和首次外推精度差异不大，并且平均外推精度标准差基本保持在 0.01 至 0.05，各类样本平均外推精度波动较小，证明预警模型较为稳定。

7.1.3　预警误差的成因分析

本书分别建立了 T-1 期僵尸化困境预警模型和 T-2 期僵尸化困境预警模型，分时间来看，随着时间的推进，预测精度得到提升，说明近期预测的效果好于远期预测的效果。分阶段来看，对于未僵尸化样本而言预测效果较好，对于重度僵尸化、中度僵尸化和轻度僵尸化样本的预测精度一般，预警存在一定误差，但是考虑到是四阶段预警，在混淆矩阵中预测类别和实际类别正确匹配的难度较高，概率只有 25%（4/16），因此，整体的预测精度尚可接受。而对于存在的预警误差，本书认为原因可能存在以下几个方面：

第一，轻度僵尸化、中度僵尸化、重度僵尸化三者之间的特征较未僵尸化区别更小，三者之间具有较高的模糊性。以 T-1 期预警模型为例，重度僵尸化样本被错误分类最多的类别为中度僵尸化，其次是轻度僵尸化和未僵尸化；中度僵尸化样本被错误分类最多的类别为轻度僵尸化，其次是重度僵尸化和未僵尸化；轻度僵尸化样本被错误分类最多的类别为未僵尸化，其次是中度僵尸化和重度僵尸化。这说明，重度僵尸化、中度僵尸化和轻度僵尸化样本的预测精度一般的原因之一是相邻阶段之间的界限具有模糊性，导致真实阶段容易被错误预测为邻近阶段，本书也通过改变僵尸化指数的阈值分割点来重新划分僵尸化困境阶段，发现预警模型对轻度僵尸化、中度僵尸化、重度僵尸化的预测精度并未发生明显改变。在其后的二阶段预警模型验证时可发现整体预测精度得到较大提升，原因也就是二阶段预警不再考虑重度僵尸化、中度僵尸化和轻度僵尸化之间的模糊性。

第二，根据本书第 4 章关于僵尸化困境与财务困境关系的分析可知，僵尸化困境属于财务困境中极为特殊的一种困境类型，僵尸化困境评价的标准较一般意义下的财务困境更为复杂，与普通财务困境所体现出来的较为固定的警兆相比，僵尸化困境体现出来的警兆也并非一成不变，不同严重程度的僵尸化困境企业有不同警兆表达，因此预警难度就会提升，预测精度也会相应下降。正如前文所展示的各阶段回代精度，由于僵尸化困境的成因和特征较为复杂，即使用训练样本进行回代，重度僵尸化、中度僵尸化、轻度僵尸化的回代精度也表现一般。

第三，本书利用的样本数据为年度数据，警兆和警情的间隔期为一年或两年，预警输入指标和预警输出指标的时间间隔可能“较长”。当前阶段，与组织发展有关的信息瞬息万变，以年为数据期间间隔，可能存在反映信息变化较慢的情况，从而更难捕捉含量更高的增量信息，当预警输入指标在时间上与预警输出指标越接近，比如采用季度数据甚至是月度数据，那么预警输入指标反映事实的准确率就会越高，但受限于数据的可获得性，年度数据是外界所能获得的最完整的上市公司公开数据。本书的后续研究也证明了以上观点，使用提前两年的信息对僵尸化困境进行阶段预测，其精度会低于使用提前一年的信息，因此可以合理推测，使用更高频的数据进行僵尸化困境预警很可能将进一步提升预警模型整体预测精度。

第四，本书是以制造业大类为样本建立分类预警模型，由于制造业内部还有轻重工业之分，制造业不同二级行业之间的指标标准值可能存在较大差别，也可能会影响模型的预警效果。另外，本书使用的样本由主板上市公司、中小板上市公司和创业版上市公司组成，不同板块监管力度的差异也会在一定程度上影响数据质量，从而影响预测精度。除此之外，许多样本所处僵尸化困境阶段会随着时间不同而上下波动，也会使得技术上更难对规律以外的变动进行追踪监测。

7.2　改变预警输入指标的预警效果验证

保证足够且合理的预警输入指标能增加警兆丰富程度，为预警提供更多有用信息，提高预测精度，并且能够使预警结果更加稳定。本部分将对预警模型进行两类验证：考虑不同类别预警输入指标的预警效果验证和基于实证筛选预警输入指标的预警效果验证。前者是为了验证加入经济环境类指标和组织属性类指标是否能够提升预测精度；后者是为了对比基于理论分析保持固定的预警输入指标体系或者基于显著性筛选指标，哪种方式更好。

7.2.1　考虑不同类别预警输入指标的预警效果验证

基于逻辑和理论分析可知，经济环境对企业僵尸化困境的形成及加重存在间接影响，但传统的企业困境预警研究较少地将经济环境因素作为警兆纳入预警输入指标体系中，而现有的对僵尸企业的预警研究更未考虑将经济环境以及组织属性作为一种警兆。作为一项尝试和创新，本书首次将经济环境以及组织属性作为一种警兆用于僵尸化困境预警研究。本书认为多维度、多层次的预警输入指标体系有助于提升预警模型的预测精度，包含传统财务信息、僵尸化特色信息、经济环境信息、组织属性信息的预警输入指标体系，指标更加全面、信息更加充分，模型整体预测精度也会高于预警输入指标维度更不全面的预警模型。

为了验证不同类别预警输入指标的预警效果，依次以传统财务类指标、僵尸化特色类指标、经济环境类指标、组织属性类指标包含的27个指标；传统财务类指标、僵尸化特色类指标、经济环境类指标包含的24个指标；传统财务类指标、僵尸化特色类指标包含的20个指标作为预警输入指标体系组成部分进行T-1期预警模型和T-2期预警模型的训练与测试，在每次抽样时保证样本相同的前提下每个模型分别重复进行30次样本随机抽样，并分别计算各阶段测试样本的平均外推精度。验证结果汇总如表7-4所示。

表7-4　　考虑不同类别预警输入指标的验证结果

预警模型		重度僵尸化	中度僵尸化	轻度僵尸化	未僵尸化	预测精度合计
T-1期	模型Ⅰ（传统财务类指标、僵尸化特色类指标、经济环境类指标、组织属性类指标）	55.48%	34.39%	50.61%	80.13%	55.15%
	模型Ⅱ（传统财务类指标、僵尸化特色类指标、经济环境类指标）	53.39%	33.97%	50.85%	79.15%	54.34%
	模型Ⅲ（传统财务类指标、僵尸化特色类指标）	53.94%	31.75%	51.48%	78.70%	53.97%

续表

预警模型		重度僵尸化	中度僵尸化	轻度僵尸化	未僵尸化	预测精度合计
T-2 期	模型Ⅰ（传统财务类指标、僵尸化特色类指标、经济环境类指标、组织属性类指标）	48.57%	29.23%	36.06%	70.40%	46.06%
	模型Ⅱ（传统财务类指标、僵尸化特色类指标、经济环境类指标）	48.84%	25.69%	36.80%	69.39%	45.18%
	模型Ⅲ（传统财务类指标、僵尸化特色类指标）	47.88%	25.03%	36.75%	68.68%	44.58%

根据表 7-4 的结果可得出以下结论：（1）无论是 T-1 期预警还是 T-2 期预警，模型Ⅰ的预测精度合计大于模型Ⅱ的预测精度合计，模型Ⅱ的预测精度合计大于模型Ⅲ的预测精度合计。（2）与前文研究一致，预警输入指标相同的情况下，T-1 期预警模型的预测精度要高于 T-2 期预警模型的预测精度。以上结论进一步验证了两个观点：（1）在指标选取具有理论支撑的前提下，预警输入指标体系考虑的维度越丰富，越能从更多方面向预警模型的建立提供有用信息，预警模型对预警对象的学习就会越充分，这将有助于提升预警模型的预测精度，同时也为建立更加全面有效的僵尸化困境预警输入指标体系提供了经验启示。（2）随着时间的推进，与企业发展态势相关的信息噪音越来越少，警兆所能提供的信息越来越明确，因此，警兆与实际警情在时间上的距离越接近，则预测精度就会越高，这为建立更加高频的僵尸化困境预警输入指标数据库提供了经验启示。

7.2.2 基于实证筛选预警输入指标的预警效果验证

正如前文所述，在确定预警输入指标时，通常有两种做法：基于理论分析、经验判断以及参考已有文献确定预警输入指标；利用实证方法筛选出在不同阶段企业间有显著差异的指标，利用实证筛选过后的指标作为预警输入指标。而本书采用第一种方法确定预警输入指标体系。利用实证方法筛选具有显著差异的指标，可能具有统计上信息含量，但在实际应用中可能会造成信息缺失，因为警兆与警情之间的联系除了有直接联系外，还可能存在间接联系，甚至警兆之间还可能相互联系。而利用实证方法筛选指标，只能抓住警兆对警情最直接的影响效果，警兆对警情的间接影响效果，以及警兆与警兆之间的相互影响效果则难以被实证方法所捕获，这就会造成有用信息的缺失。并且随着样本的不同，通过实证显著性筛选出的指标也可能不同，这就存在逻辑上的疑问。本书认为，在预警输入指标完善性难以得到保证的情况下，基于理论分析确定预警输入指标体系更具有合理性和稳定性。因此，模型整体预测精度也会高于利用实证方法筛选指标所建立的预警模型。

为了验证基于实证筛选预警输入指标的预警效果，重复进行30次样本随机抽样，并对样本进行反向逐步有序回归，保留回归系数的t值大于等于1.96（即在5%及以下水平显著）的指标。由于随机抽样导致样本不同，每次进行反向逐步回归所保留的指标也会有所差异，因此记录下每次随机抽样的样本以及经过反向逐步回归所保留下来的指标，并用每次回归保留下来的指标作为预警输入指标，进行T-1期预警模型和T-2期预警模型的训练与测试，在此基础上分别计算各阶段测试样本的平均外推精度。验证结果汇总如表7-5所示。

表 7－5　　基于实证筛选预警输入指标的验证结果

预警模型		重度僵尸化	中度僵尸化	轻度僵尸化	未僵尸化	预测精度合计
T－1 期	模型Ⅰ（原预警输入指标）	55.48% (0.0309)	34.39% (0.0450)	50.61% (0.0432)	80.13% (0.0363)	55.15% (0.0143)
	模型Ⅱ（经过显著性筛选的预警输入指标）	53.25% (0.0436)	32.25% (0.0428)	50.93% (0.0476)	79.79% (0.0325)	54.05% (0.0201)
T－2 期	模型Ⅰ（原预警输入指标）	48.57% (0.0408)	29.23% (0.0385)	36.06% (0.0407)	70.40% (0.0435)	46.06% (0.0177)
	模型Ⅱ（经过显著性筛选的预警输入指标）	49.52% (0.0491)	24.15% (0.0533)	35.61% (0.0501)	69.34% (0.0451)	44.66% (0.0199)

注：括号内为平均预测精度的标准差。

根据表 7－5 的结果可得出以下结论：（1）无论是 T－1 期预警还是 T－2 期预警，模型Ⅰ的预测精度合计大于模型Ⅱ的预测精度合计，这说明基于理论分析选取指标在合理性上较基于显著性筛选指标更好。（2）整体上来看，模型Ⅱ的预测精度标准差在大多数情况下要大于模型Ⅰ的预测精度标准差，这说明基于理论分析选取指标在稳定性上较基于显著性筛选指标更好。（3）与前文研究一致，预警输入指标相同的情况下，T－1 期预警模型的预测精度要高于 T－2 期预警模型的预测精度。以上结论除了进一步验证 7.2.1 所提出的两个观点，还验证了本书所提出的一个观点：由于事物之间存在普遍且复杂的联系，随着样本的数量、时间、行业等性质的不同，预警输入指标和预警输出指标的相关性强度也可能在数值上有所不同，仅仅基于统计技术在大量指标中确定预警输入指标，可能在逻辑上存在一定不合理之处，从而体现为预警模型预测精度的下降和预警模型的不稳定。这提醒我们，在预警研究中，如果预警输入指标完善性难以得到保证的情况下，基于理论分析确定预警输入指标体系或许更具有合理性和稳定性。

7.2.3 效果差异的成因分析

本节通过改变预警输入指标对预警模型的预警效果进行验证，结果发现减少预警输入指标的类别或者通过实证方法筛选预警输入指标都会在一定程度上影响预警模型的预警效果，本书认为改变预警输入指标对预警效果的影响可能来源于以下原因：一方面，正如前文所分析，企业当前的僵尸化状态不仅受到过去特征性指标的直接影响，还会受到过去经济环境变化和组织属性的间接影响，经济环境指标和组织属性指标可以为特征性指标提供信息加成，在一定程度上修正与改良预警模型内在数量关系。因此以过去的特征性指标、经济环境指标、组织属性指标作为预警输入指标，可以更加全面地考虑影响僵尸化困境形成及加重的原因，并增加警兆的整体信息丰富程度，能够帮助预警模型学习更多的关于僵尸化困境走向的“知识”，从而提升预警模型的预警效果。另一方面，警兆与警情之间的联系除了有直接联系外，还可能存在间接联系，甚至警兆与警兆之间还可能相互联系，这导致僵尸化困境预警模型的工作存在复杂性。利用实证方法筛选具有显著差异的指标，只能抓住警兆对警情最直接的影响效果，这虽然具有统计上的信息含量，但在实际应用中可能会造成信息缺失，并不能降低僵尸化困境预警复杂性所带来的负面影响。并且随着样本的不同，通过实证显著性筛选出的指标也可能不同，这也会给预警带来波动。在预警时，不仅要考虑警兆对警情最直接的影响效果，还需要考虑警兆对警情的间接影响效果，以及警兆与警兆之间的相互影响效果，这样才能够帮助预警模型学习更多的关于僵尸化困境走向的“知识”，从而提升预警模型的预警效果。

7.3　改变预警方法的预警效果验证

由于僵尸化困境预警具有复杂性，需要采用合适的预警方法进行僵尸化困境预警模型的建立，以保证预警模型能获得最大化的学习性能，从而提升预警效果。为了验证本书采用的预警方法在提升预警模型性能上具有优势，本部分将对预警模型进行两类验证：不同预警方法下的四阶段预警模型效果验证和不同预警方法下的二阶段预警模型效果验证。预警方法除了本书使用的遗传算法—支持向量机外，还使用了智能方法人工神经网络以及传统方法 Logit 回归。通过验证工作，一方面可以比较不同预警方法的优劣；另一方面也可以通过建立二阶段预警模型并结合四阶段预警模型辅助利益相关者进行决策。

7.3.1　不同预警方法的基本工作原理

遗传算法—支持向量机的基本工作原理在 6.1 已进行阐述，本节主要阐述人工神经网络预警的基本工作原理以及 Logit 回归预警的基本工作原理。

（1）人工神经网络预警的基本工作原理。人工神经网络是在人脑工作机理的启发下建立的一种数据分类处理方法。它是由简单处理单元构成的大规模并行分布式处理系统，这些处理单元被称为神经元或神经节点。人工神经网络与人脑存在两个方面的相似性：通过学习过程获取知识；通过连接权值存储知识（Haykin，2011）。具体而言，人工神经网络可以对预先提供的输入信息和输出信息进行深度训练学习，总结两端信息源之间的规律，并对新的输入信息按照总结的规律进行输入信息的模拟。

人工神经网络的工作流程包括数据信息的正向传播和误差信

息的反向传播，通过将非线性信息存储在连接权值中，学习总结数据间的各种非线性规律。在模型训练时，预警输入指标数据由输入层进入神经网络，到达隐含层后由隐含层神经节点对全部输入信息进行加权累加，并经隐含层激活函数进行函数变换，形成隐含层神经节点的输出信息，最终隐含层输出信息被输出层神经节点接收后进行加权累加、函数变换形成输出层神经节点的输出信息。系统将神经网络的实际输出信息与预先给定的期望输出信息进行对比，如果计算误差超过设定目标，则利用按照设定的训练准则方向修正各层次神经节点之间的连接权值、偏置值，在这个过程中，人工神经网络会不断积累对上一个样本的学习经验，如此不断重复，直到误差降到目标值以下。如果在设定的最大失败次数前仍未降到目标误差以下，人工神经网络则会终止训练，此时需要检查样本数据的合理性，或者对人工神经网络相关参数进行重新设定。由于设定了预警输出指标，因此，本书所使用的人工神经网络为有监督学习的多层前馈人工神经网络，利用的是 MATLAB15.0b 中的 patternnet 分类器。

（2）Logit 回归预警的基本工作原理。Logit 回归根据因变量的类别数可以分为二元 Logit 回归和多元 Logit 回归，二元 Logit 回归适用于二阶段预警模型的建立，多元 Logit 回归适用于多阶段预警模型的建立，多元 Logit 回归是二元 Logit 回归的拓展。假设因变量类别为 K，就需要选定一个基准类别作为参照，以另外 $K-1$ 个类别构建 Logit 回归模型与基准类别进行比较。以四阶段预警为例，Y 为预警输出指标，定义 $Y=1$ 为安全，$Y=2$ 为轻危，$Y=3$ 为中危，$Y=4$ 为高危，X_i 为预警输入指标，则

$$P(Y=1)+P(Y=2)+P(Y=3)+P(Y=4)=1$$

以 $Y=1$ 为基准类别，则其他类别的 Logit 分布函数见（7－1）式、（7－2）式、（7－3）式：

$$\text{Logit}(P_{2/1}) = \ln\left[\frac{P(Y=2/X)}{P(Y=1/X)}\right] = \alpha^1 + \sum_{i=1}^{n}\beta_i^1 X_i \quad (7-1)$$

$$\text{Logit}(P_{3/1}) = \ln\left[\frac{P(Y=3/X)}{P(Y=1/X)}\right] = \alpha^2 + \sum_{i=1}^{n}\beta_i^2 X_i \quad (7-2)$$

$$\text{Logit}(P_{4/1}) = \ln\left[\frac{P(Y=4/X)}{P(Y=1/X)}\right] = \alpha^3 + \sum_{i=1}^{n}\beta_i^3 X_i \quad (7-3)$$

利用训练样本数据就可以计算出各 Logit 分布函数的待估参数，通过算式转换，就可以得到样本落在各阶段的概率值，见（7－4）式、（7－5）式、（7－6）式、（7－7）式。

$$P(Y=1) = \frac{1}{1 + exp(\alpha^1 + \sum_{i=1}^{n}\beta_i^1 X_i) + exp(\alpha^2 + \sum_{i=1}^{n}\beta_i^2 X_i) + exp(\alpha^3 + \sum_{i=1}^{n}\beta_i^3 X_i)} \quad (7-4)$$

$$P(Y=2) = \frac{exp(\alpha^1 + \sum_{i=1}^{n}\beta_i^1 X_i)}{1 + exp(\alpha^1 + \sum_{i=1}^{n}\beta_i^1 X_i) + exp(\alpha^2 + \sum_{i=1}^{n}\beta_i^2 X_i) + exp(\alpha^3 + \sum_{i=1}^{n}\beta_i^3 X_i)} \quad (7-5)$$

$$P(Y=3) = \frac{exp(\alpha^2 + \sum_{i=1}^{n}\beta_i^2 X_i)}{1 + exp(\alpha^1 + \sum_{i=1}^{n}\beta_i^1 X_i) + exp(\alpha^2 + \sum_{i=1}^{n}\beta_i^2 X_i) + exp(\alpha^3 + \sum_{i=1}^{n}\beta_i^3 X_i)} \quad (7-6)$$

$$P(Y=4) = \frac{exp(\alpha^3 + \sum_{i=1}^{n}\beta_i^3 X_i)}{1 + exp(\alpha^1 + \sum_{i=1}^{n}\beta_i^1 X_i) + exp(\alpha^2 + \sum_{i=1}^{n}\beta_i^2 X_i) + exp(\alpha^3 + \sum_{i=1}^{n}\beta_i^3 X_i)} \quad (7-7)$$

哪个阶段的 P 值最大，则将该样本划分至该阶段。本部分利用的是 MATLAB15. 0b 中的 mnrfit 及 mnrval 分类器。

7.3.2 基本预警效果验证

为了验证本书基于遗传算法—支持向量机建立的预警模型能更好地利用警兆信息，并更好地整合警兆与警情之间的关系，分别利用遗传算法—支持向量机（简称 GA-SVM）、人工神经网络（简称 ANN）以及 Logit 回归（简称 Logit）作为预警方法进行 T－1 期预警模型和 T－2 期预警模型的训练与测试，在每次抽样时保证样本相同的前提下每个模型分别重复进行 30 次样本随机抽样，在此基础上分别计算各阶段测试样本的平均外推精度。验证结果汇总如表 7－6 所示。

表 7－6 基于不同预警方法的四阶段预警模型验证结果

预警模型		重度僵尸化	中度僵尸化	轻度僵尸化	未僵尸化	预测精度合计
T－1 期	模型Ⅰ（基于 GA-SVM）	55.48%	34.39%	50.61%	80.13%	55.15%
	模型Ⅱ（基于 ANN）	55.39%	35.21%	45.26%	76.98%	53.23%
	模型Ⅲ（基于 Logit）	58.78%	34.18%	42.70%	76.19%	52.96%
T－2 期	模型Ⅰ（基于 GA-SVM）	48.57%	29.23%	36.06%	70.40%	46.06%
	模型Ⅱ（基于 ANN）	49.79%	29.60%	33.20%	64.47%	44.27%
	模型Ⅲ（基于 Logit）	52.46%	28.97%	29.89%	66.98%	44.59%

根据表 7－6 的结果可得出以下结论：（1）无论是 T－1 期预警还是 T－2 期预警，模型Ⅰ的预测精度合计大于模型Ⅲ的预测精度合计，模型Ⅲ的预测精度合计大于模型Ⅱ的预测精度合计，这表明本书所设计的预警方法较其他经典方法有所进步。（2）与前文研究一致，预警输入指标相同的情况下，T－1 期预警模型的预测精度要高于 T－2 期预警模型的预测精度。经过本节研究发现，无论采用三种预警方法中的任何一种方法建立预警模型，模型对未僵尸化的预测精度表现较好，但对重度僵尸化、中度僵尸化、轻度僵尸化的预测精度表现一般，这从侧面反映了僵尸化困

境预警具有复杂性。

7.3.3 二阶段预警效果验证

在僵尸化困境的四阶段预警中，基于遗传算法—支持向量机建立的 T－1 期预警模型和 T－2 期预警模型的预警效果整体好于其他模型，为了证明该结论是可信的，本节基于以上三种预警方法建立僵尸化困境的二阶段预警模型，以对比不同预警模型的预警效果。更进一步，由于二阶段预警降低了预警的复杂性，所得到的预警结果必然好于四阶段预警，因此，二阶段预警模型可以作为四阶段预警模型的补充，两者结合可以共同为利益相关者进行决策提供帮助。

前文所建立的僵尸化困境预警模型是多分类预警模型，目的是预测目标样本在一年或者两年后将会处在重度僵尸化、中度僵尸化、轻度僵尸化、未僵尸化这四阶段中的哪个阶段。其中，重度僵尸化、中度僵尸化、轻度僵尸化均属于困境阶段，三者可以合并为僵尸化困境阶段，对应的警度为危险；未僵尸化则为非困境阶段，对应警度为安全。为保持数据的一致性，本书对 6.2.1 获得的样本进行以下处理：第一，将重度僵尸化样本、中度僵尸化样本、轻度僵尸化样本合并为僵尸化样本；第二，以重度僵尸化样本数量为基数（由于 422 不能被整除，因此以 420 为基数），按等比例原则分别随机选取中度僵尸化样本和轻度僵尸化样本，共计 1260 个样本组成僵尸化样本，再采用 1∶1 的比例随机选取未僵尸化样本作为僵尸化样本的配对样本，也即以 1260 个陷入僵尸化困境的样本和 1260 个未陷入僵尸化困境的样本作为建模样本，总计 2520 个样本；第三，在建模前对预警输入指标进行 MAX-MIN 归一化处理；第四，进行建模时，分别随机抽取两类样本的 70% 作为训练样本，并以剩下 30% 的样本作为测试样本，在建立 T-1 期和 T-2 期预警模型时，均使用相同样本；第五，建模完成后，对 T-1 期和 T-2 期僵尸化困境预警模型分别重复进行 30 次样本随机抽样，并分别计算两个阶段测试样本的平均外推精度。基于三种预警方法建立的二阶段预警模型验证结果汇总如表 7-7 所示。

表 7-7 基于不同预警方法的二阶段预警模型验证结果

预警模型		困境企业	正常企业	预测精度合计
T-1 期	模型Ⅰ（基于 GA-SVM）	81.37%	80.52%	80.95%
	模型Ⅱ（基于 ANN）	79.45%	79.45%	79.45%
	模型Ⅲ（基于 Logit）	79.27%	80.58%	79.93%
T-2 期	模型Ⅰ（基于 GA-SVM）	74.07%	74.90%	74.58%
	模型Ⅱ（基于 ANN）	72.20%	74.13%	73.17%
	模型Ⅲ（基于 Logit）	72.17%	74.76%	73.46%

根据表 7-7 的结果可得出以下结论：（1）就二阶段预警而言，无论是 T-1 期预警还是 T-2 期预警，模型Ⅰ的预测精度合计大于模型Ⅱ和模型Ⅲ的预测精度合计，这表明本书所设计的预警方法较其他经典方法有所进步。（2）与前文研究一致，预警输入指标相同的情况下，T-1 期预警模型的预测精度要高于 T-2 期预警模型的预测精度。（3）经过本节研究发现，如果降低预警输出指标的维度，那么就可以提升整体的预测精度，这也从侧面反映较高的预测精度和多阶段的预警输出信息往往难以同时得到满足。（4）结合表 7-6 的结果可知，受到样本差异、指标关系、数据质量等方面的影响，在建立僵尸化困境预警模型时，不能简单认为人工智能方法就一定优于传统回归方法。

7.3.4 效果差异的成因分析

本节通过使用不同预警方法建立预警模型以进行预警效果对

比，结果发现无论是四阶段预警还是二阶段预警，基于遗传算法—支持向量机建立的预警模型整体上预测精度要好于基于人工神经网络或 Logit 回归建立的预警模型，本书认为基于遗传算法—支持向量机建立的预警模型之所以预测精度更高可能来源于以下原因：一方面，与人工神经网络相比，遗传算法—支持向量机先利用遗传算法在较大范围内进行了参数寻优，这一过程可以在很大程度上避免模型参数只是收敛于局部最优解，从而提升参数接近全局最优解的可能性，并且经过参数寻优后模型参数能够固定下来，给定相同的样本，模型的预警结果能保持一致，这增加了模型的确定性；而根据人工神经网络的工作机制，建立模型的关键参数是预设的隐含层、隐含层节点以及“输入层—隐含层—输出层”之间的初始连接权值，这些参数大都是随机给定的，预设的初始值的不同，即使给定相同样本，模型的预警效果也存在差异。因此，模型的科学性和准确性存在一定限制，加之人工神经网络随机给定的初始参数未经修正，很可能远离全局最优解。另一方面，与 Logit 回归相比，遗传算法—支持向量机具有处理非线性问题的优势，由于指标之间存在复杂的关系，并且随着指标数量的增加，数据之间存在着大量信息，这导致僵尸化困境预警模型在建立过程中存在许多非线性因素，根据遗传算法—支持向量机的工作机制可以将超平面的信息转化成平面信息，从而较好地拟合各指标之间的关系；而根据 Logit 回归的基本工作原理可知，Logit 回归将指标之间的关系看成线性关系，这是一种近似化处理，在建模过程中会造成非线性信息的损失，并且 Logit 回归需要预设每种情况发生的条件概率和先验概率，这两个概率的设定难以证明一定符合现实情况，且概率数值的不同也会影响类别的划分，因此在实际应用中不适合用于对复杂事物的预警。

7.4 进一步讨论

本章较为系统地建立了僵尸化困境预警模型，为了更好地增强预警的系统性和实用性，本节将简要阐述僵尸化困境预警模型使用时的注意事项，主要内容包括预警模型的应用条件、预警模型在使用时可能面对的问题、预警模型能够应用于什么方面。

首先，在使用僵尸化困境预警模型时，应确保具备以下条件：（1）应确保预警对象至少成立四年以上，主要原因在于计算亏损惯性时需要有连续四年的盈利指标，且保持一定成立时间可以排除新入市企业带来的不确定性。（2）应确保预警对象的预警指标数据具有完整性、真实性、稳定性、持续性。（3）应确保预警对象的预警指标数据不存在异常极端的情况，主要原因在于异常极端的指标数据会对预警结果造成不准确的影响。（4）应确保预警对象所属行业大类与训练样本的行业大类保持一致，主要原因在于不同行业大类中企业的预警指标和评价指标略有差异。（5）应确保预警对象的上一年度并未进行 IPO，主要原因在于 IPO 不能反映企业正常的经营管理水平。（6）预警对象为非上市企业时，应有可比的上市公司，原因在于非上市企业无对应的市场价值，需要寻找合理的可比公司计算目标市盈率。

其次，在使用僵尸化困境预警模型时，可能会面对以下问题需要及时跟进处理：（1）模型参数更新。遗传算法—支持向量机的特点在于通过遗传算法寻找最佳的 C 参数和 G 参数，随着时间的推移，会有越多的企业纳入研究样本中，这充实了数据信息含量，因此就需要定期对模型的参数进行更新，以适应新样本的规律，从而提升预测精度。（2）异常数据的鉴别与处理。异常数据最大的问题在于在进行定量分析时会影响整体样本的分布形态，从而不能准确地反映预测对象的正常情况，因此需要采用诸如图形观察、三西格玛标准等恰当的方法将异常数据鉴别出来，并采用缩尾、拉平等处理方法使异常数据正常化。（3）寻找合理的可比上市公司。对于非上市企业而言，由于没有市场报价，因此需要通过寻找类似的上市公司以确定其市场价值并计算市盈率，而寻找可比公司的过程对于非上市企业而言就显得十分关键，一般而言，合适的可比公司要与目标企业属于同一行业，盈利模式相同或相似，企业规模、债务水平、财务状况也基本相似。（4）从作用上来看，僵尸化困境模型最主要的功能在于辅助利益相关者进行决策，其预警结果并非使用者必须执行的既定标准，在进行决策时，利益相关者需要结合与企业相关的实时信息随时修正预期。就像气象局预报未来某时将会下暴雨，但实际可能并不一定真会下雨，或者实际只是下小雨，天气预报的目的是提醒出行者带伞，具体是否带伞、带多大的伞，需要出行者自行判断。

最后，僵尸化困境预警模型能够应用于以下方面：（1）管理层改善管理决策。在激烈的市场竞争中，企业的目标是生存、发展、成功，但在这个过程中会面临诸多挑战，一旦企业陷入僵尸化困境，则其实现企业目标的可能性就越低，因此根据僵尸化困境预警模型的预测结果，可以提醒管理层，企业未来可能的走势，并提前分析走势背后的原因，根据所分析的结果有针对性地调整经营方针或管理模式，遏制错误决策行为的发生。比如，预警模型提示未来企业可能会陷入重度僵尸化困境，则管理层需要确定企业当前的僵尸化状态，并在此基础上对比当前状态和预警状态的异同，并进一步具体分析陷入重度僵尸化困境的主要驱动因素是什么，列出问题清单，根据问题的轻重缓急制定补救计划。（2）投资者和债权人改善投资决策。一方面，就投资者而言，预警模型可以辅助投资者进行量化投资决策，制定更为合理的投资方案，通过对投资目标进行筛选，达到降低投资风险的目的，比如，投资者对于中危、高危企业需要注意适当减仓，对于安全企业可以考虑维持现状甚至适当加仓，对于轻危企业，需要重点关注权益净利率、市盈率、亏损惯性等与收益有关的指标，并分析这些指标未来可能的走势，根据情况调整仓位。另一方面，就债权人而言，预警模型可以提示债权人重新审视与债务人之间的关系，对于轻危、中危、高危企业，可以视情况修改贷款协议与贷款条件，增加抵押资产价值，降低自身与债务人之间利益关联的强度，从而减轻陷入“贷款宽容”陷阱的风险，除此之外，对债务人提供贷款前，需要重点关注对方的资产负债率、常青借贷率、利息缺口、政府补贴率、政府干预惯性等与偿债能力、获取补贴有关的指标，并分析这些指标的风险敞口。（3）监管部门改善监管决策。监管部门可以利用预警模型，辅助筛选出优质经营、实力强大、前景广阔的企业，鼓励这些企业做成行业标杆，在总结企业关键成功因素的基础上，将成功经验做成案例供其他企业学习，进一步带动行业更好更快地发展；而对于预警出的困境企业，根据其具体情况的不同，采取分类指导、分类监管、合理分配监管资源的原则，提升监管效率和监管效果，比如出台政策帮助轻度僵尸化困境企业尽快“脱僵”，鼓励无复活前景的僵尸企业尽快退市，同时抑制已经陷入僵尸化困境的企业向更深程度的僵尸化困境演进，维护利益相关者权益，确保市场健康发展。

7.5 本章小结

本章从预警模型的泛化性能验证、预警模型的稳定性能验证、改变预警输入指标的预警效果验证、改变预警方法的预警效果验证四个方面对第 6 章建立的 T－1 期和 T－2 期僵尸化困境预警模型进行了验证，通过对预警模型进行检验，可以保证基于遗传算法—支持向量机所建立的预警模型泛化能力好，不会轻易受到样本选择的影响，也可以证明本书所建立的预警指标体系的合理性，同时证明本书在建立预警模型时所采用的预警方法和所设计的预警工作流程的有效性。本章经过研究得到以下具体结论。

首先，一方面，分时间来看，随着时间的推进，预测精度得到提升，说明近期预测的效果好于远期预测的效果。原因在于，随着时间的推进，与企业发展态势相关的信息噪音越来越少，警兆所能提供的信息越来越明确，因此警兆与实际警情在时间上的距离越接近，则预测精度就会越高，这提示我们建立高频数据库有助于提升僵尸化困境预警模型的性能。另一方面，分阶段来看，预警模型对未僵尸化样本而言预测效果较好，对重度僵尸化、中度僵尸化和轻度僵尸化样本的预测精度一般。可能原因在于不同阶段的交界处具有模糊性和不确定性、僵尸化困境成因具有复杂性、警兆与警情的时间间隔“较长”、样本行业与板块存在一定差异。

其次，足够且合理的预警输入指标能够增加警兆丰富程度，为预警提供更多有用信息，从而有助于提升预警效果。一方面，包含基于历史数据组成的特征性指标、经济环境指标、组织属性指标的预警输入指标体系，可以更加全面地考虑影响僵尸化困境形成及加重的原因，并增加警兆的整体信息丰富程度，使得指标更加全面、信息更加充分，能够帮助预警模型学习更多的关于僵尸化困境走向的信息，使预警输入指标维度更加全面的预警模型预测精度高于预警输入指标维度更不全面的预警模型。另一方面，警兆与警情之间、警兆与警兆之间关系交织，这使得僵尸化困境预警较为复杂。利用实证方法筛选具有显著差异的指标，虽然具有统计上的信息含量，但只能抓住警兆对警情最直接的影响效果，可能会遗漏警兆与警情之间的间接关系或者警兆与警兆之间的相互关系。并且随着样本的不同，通过实证显著性筛选出的指标也可能不同，这也会给预警带来波动。在预警研究中，如果预警输入指标完善性难以得到保证的情况下，基于理论分析确定预警输入指标体系或许更具有合理性和稳定性。

再次，由于僵尸化困境预警具有复杂性，需要采用合适的预警方法进行僵尸化困境预警模型的建立，以保证预警模型能获得最大化的学习性能，从而提升预警效果。本书除了使用遗传算法—支持向量机建立僵尸化困境预警模型，还使用了智能方法人工神经网络以及传统方法 Logit 回归建立僵尸化困境预警模型，以对比不同预警方法的优劣。经过验证可以发现，无论是四阶段预警还是二阶段预警，本书采用的遗传算法—支持向量机的整体预警效果都要优于其他两种方法。除此之外，虽然二阶段预警的信息含量更低，但预测精度更高，因此建立二阶段预警模型可以与四阶段预警模型形成互补，辅助利益相关者进行决策。

最后，本章还阐述了预警模型的应用条件、预警模型在使用时可能面对的问题、预警模型能够应用的方面。

第 8 章　结论与启示

8.1　主要工作与结论

本书通过梳理国内外关于僵尸企业研究的文献，结合贯彻落实供给侧结构性改革相关要求，选择最为重要的制造业企业作为研究样本，在此基础上建立了制造业上市公司僵尸化困境预警模型。本书紧紧围绕着“僵尸化困境理论分析—预警指标体系设计—预警模型建立—预警模型验证”的研究主线，以当前供给侧结构性改革背景为切入点，在大量的文献整理和政策梳理的工作基础上，对僵尸化困境这一概念进行了深入阐述。本书所建立的僵尸化指数符合制造业企业的特性与特点，信效度较好，具有较高的理论价值；所建立的僵尸化困境预警模型遵循一般预警系统管理的原理，具有较好的辅助决策作用。本书的主要工作与结论可以概括为以下几个方面。

（1）提出“僵尸化困境”概念，深化了学术界对僵尸企业的认识和理解。本书对相关政策文献与学术文献进行了大量梳理，认为对于僵尸企业所处状态的判定不能仅仅地局限于净利润、资产负债率、输血率等较少的几个指标，而应该综合全面地考虑导致企业陷入或持续陷入僵尸化困境的原因，同时结合文献研究确定僵尸化困境阶段划分标准、数目、方法，同时描述僵尸化困境基本特征及各阶段特征。该部分的基本研究结论包括：①结合失败企业的一般性特点以及准确评估企业困境严重程度的目标对僵尸化困境的概念进行了界定，同时指出，僵尸企业是僵尸化困境的主体，僵尸化困境是僵尸企业所处的状态；②在评估僵尸化困境严重程度时至少要考虑 10 个方面的因素，即偿债能力、获利能力、营运能力、成长性、市场反映、持续经营保障、外界补贴输血、社会负担性、治理结构、僵尸化惯性，其中，获利能力恶化、未来前景不明、持续经营根基薄弱是企业陷入僵尸化困境的根本原因；偿债能力差、营运能力低下是企业陷入僵尸化困境的促进原因；管理层机会主义、治理机制弱化是企业陷入僵尸化困境的内在基础；外界的不合理补贴、社会负担性是企业陷入僵尸化困境的外生驱动力；持续亏损而不退出是企业僵而不死的现实反映；③借鉴学术界相关研究，本书将僵尸化困境划分为四个阶段，一方面僵尸企业的演化属于企业演化模型的一种特殊情形，把僵尸化困境划分为四个阶段遵从了大部分学者对于阶段划分数目的观点；另一方面四个阶段能较好地均衡预警信息含量和预警复杂度；④企业陷入僵尸化困境后一般会经历四个时期，即潜伏期、恶化期、爆发期、消亡期，但由于企业情况的好转，恢复期也伴随着潜伏期、恶化期、爆发期的存在。

（2）建立制造业上市公司僵尸化指数，指数的可靠性与有效性得到了检验。僵尸化指数由 20 项即时指标计算而成，可以较好地反映企业当期的僵尸化困境严重程度。僵尸化指数的建立，有助于监管部门、投资者、债权人、管理层对目标企业进行准确评价，从而对政策制定、投资决策、经营决策、风险防范提供参考；指数所传递的信息综合性强，在表现形式上较为直观，便于理解，有利于在其他行业推广应用，促进社会对僵尸化困境防治的理解和重视。在信效度检验中也发现了以下主要规律：①制造业上市公司陷入僵尸化困境的程度越深，其被冠以风险警示的概率越高，表明僵尸化困境与财务困境彼此重叠交织程度较深；②企业陷入僵尸化困境与否以及陷入僵尸化困境的程度与企业综合管理水平密切相关，综合管理水平越低的企业，其陷入僵尸化困境的风险或者程度都较高；③企业僵尸化困境程度存在明显的逆经济周期特征，也即当经济发展向荣时，企业整体僵尸化困境程度越浅，当经济发展向衰时，企业整体僵尸化困境程度越深，但由于市场的调整作用，这种特征不具有长期持续性；④宽松型货币政策放松了银根，市场流动性增多，外界为企业输血能力增强，使企业整体僵尸化困境程度加深；⑤地方政府通过财政政策干预所展现的“父爱主义”会加剧企业僵尸化困境的问题。

（3）将原有对僵尸企业的二阶段识别拓展为多阶段识别。基于学术界对企业生命周期理论的相关研究结论，本书将僵尸企业生命周期嵌入企业生命周期的研究框架中，采用置信系数划分法将制造业上市公司全样本的僵尸化指数进行了四阶段划分，确定了阈值分界点，将其分为未僵尸化、轻度僵尸化、中度僵尸化、重度僵尸化四个阶段，划分较为合理，并将僵尸化困境的四个阶段作为预警输出指标。该划分突破了现有的二阶段研究，以多阶段样本为研究对象，这不仅可以判断企业是否陷入僵尸化困境，还可以评估企业陷入僵尸化困境的严重程度，改善了以往研究仅对样本企业分为 0—1 二元变量的模糊状态，从而为利益相关者提供了更多有用信息，也为僵尸企业的分阶段处置提供了理论依据。

（4）基于机器学习方法建立制造业上市公司僵尸化困境预警模型。建立僵尸化困境预警模型，应当具有完整的理论依据以指导变量的选取和方法的应用，而非以大量指标采用试错法提升模型的预测精度。由于环境变化具有不确定性、信息处理具有复杂性，导致人类决策只能局限于有限理性，监管机构、投资者、债权人甚至内部管理层经常会面临决策受限的情况，本书建立的僵尸化困境预警模型将有效帮助使用者提前发现风险信号以作出反应，进而促进市场资源的有效配置、投资者债权人的利益保护以及企业的问题改正。该部分的研究结论包括：①本书首次将经济环境类指标和组织属性类指标纳入僵尸化困境预警输入指标体系中，使得僵尸化困境预警输入指标体系包含传统财务类指标、僵尸化特色类指标、经济环境类指标、组织属性类指标四大动因，丰富了预警的指标层次，经过模型验证后发现，包含四大动因的预警模型比只包含更少动因的预警模型信息更加充分，模型预测精度更高；②本书并未模仿大多数学者通过显著性筛选的方法对指标进行筛选，原因在于保留与预警输出指标关系显著的预警输入指标，虽然可以在一定程度上提升预警模型的预测精度，但代价是预警输入指标体系缺乏稳定性，变换一批时间跨度不同的样本可能指标体系就会发生变动，且在建立跨期预警模型时可能出现入选的预警输入指标相互矛盾的情况，导致预警输入指标体系的合理性存疑，本书采用固定的指标体系建立预警模型，所得到的模型预测精度依然高于基于实证筛选指标建立的预警模型，说明理论分析在指标选取过程中发挥了重要作用；③本书还比较了采用不同方法建立预警模型所得到的预测精度，结果发现无论是四阶段预警还是二阶段预警，本书所设计的遗传算法—支持向量机方法均表现最好，这说明利用改善后的机器学习建立智能预警模型，一方面可以减少人力劳动，将人力资源更好地用于人所擅长的分析决策而不是人不擅长的参数寻优；另一方面可以提升预警模型的性能，辅助利益相关者更好地作出判断；④首次利用遗传算法—支持向量机建立了 T－1 期僵尸化困境预警模型和 T－2 期僵尸化困境预警模型，经过多次检验，模型在预测企业在一年后会陷入重度僵尸化困境的预测精度达到 55.48%，会陷入中度僵尸化困境的预测精度达到 34.39%，会陷入轻度僵尸化困境的预测精度达到 50.61%，不会陷入僵尸化困境的预测精度达到 80.13%；预测两年后会陷入重度僵尸化困境的预测精度达到 48.57%，会陷入中度僵尸化困境的预测精度达到 29.23%，会陷入轻度僵尸化困境的预测精度达到 36.06%，不会陷入僵尸化困境的预测精度达到 70.40%。除此之外，本书所建立的僵尸化困境二阶段预警模型提供信息含量虽然低于四阶段预警模型，但预测精度更高，因此二阶段预警模型可以结合四阶段预警一起使用。总而言之，预警模型可以很好地对上市公司是否会陷入僵尸化困境进行预测，并且也能够在一定程度上对上市公司陷入僵尸化困境的严重程度进行预测。

8.2 研究启示

僵尸企业问题是近几年的热点问题，全方位、系统性地应对该问题是当下我们优化资源配置，实现经济长远发展重要性所在。本书的理论研究和实证分析具有以下启示。

（1）加强僵尸化困境相关理论研究，重视僵尸企业的分阶段处置。当前我国正在不断处置清理僵尸企业，这是经济结构转型的现实需求，也是经济长远发展的必经之路，但是在这个过程中也暴露出一些不足。比如对僵尸化困境预警系统和预警机制如何建设缺乏足够的认识，对僵尸企业的处置手段匮乏、不区分严重程度的“一刀切”等。因此有必要加强僵尸化困境理论研究，为实际问题的解决提供理论指导。

一方面，加强僵尸化困境预警理论研究，防止僵尸企业“死而复生”。目前，我国针对僵尸化困境预警理论的研究相当不足，对实务中如何建立系统性的预警机制缺乏理论指导。在高速发展的社会中，僵尸企业很难被完全消灭，即使清理了现有的僵尸企业，也不代表过去的僵尸企业由于清理不力而不会“死而复生”，更不代表未来不会有大量新的僵尸企业“再生”，为了在现有经验的基础上生成抑制僵尸企业形成的长效机制，就有必要加强预警理论的研究。在本书研究的基础上，未来的研究内容需要包括：僵尸化困境预警制度建设、僵尸化困境预警技术创新、预警信息监测发布平台建设、预警纠偏联动机制建设、人力资本与预警系统的关系等。通过对僵尸化困境预警理论的研究，既有助于社会各界及时发现问题来源、强度和发展方向以采取恰当措施化解威胁，从而降低未来僵尸企业形成的风险和数量；又为持续性的抑制僵尸企业“死而复生”“再生”提供了工具方法和知识储备。

另一方面，加强僵尸企业处置理论研究，改善处置效率与处置效应。妥善处置僵尸企业是僵尸化困境理论研究的最终落脚点，也是当下我国重要的经济任务之一，但目前阶段对僵尸企业的处置主要是以行政主导的方式进行，手段过于单一、过程过于仓促，没有形成分阶段处置的思路，导致处置效率低下，缺乏对经济后果的评估。因此有必要在本书研究的基础上，加强对僵尸企业处置理论的研究，研究视角应当聚焦在以下方面：不同僵尸化困境阶段适用的处置方式、基于僵尸化困境阶段—处置方式矩阵的成本收益分析、僵尸企业处置完成对经济的影响方式与程度等。加强对僵尸化困境处置理论的研究，将有助于避免“一刀切”的处置方式，在实际处置时结合僵尸企业演化规律，根据僵尸化困境的不同阶段，评估不同处置方法带来的成本收益，在合适的时间采取合适的方式动态进行僵尸企业的处置，通过对僵尸企业的分阶段处置来改善处置效率与处置效应。

（2）完善现有退市制度，增加退市评判标准。根据前文研究可知，僵尸化困境与财务困境彼此重叠交织，主要特征之一就是僵尸化指数越低的企业越容易被监管部门冠以退市风险警示。目前未有僵尸企业退市的监管标准，由于许多上市僵尸企业隐蔽性较强，其虽然不满足现有退市标准，但其综合业绩表现实质上远低于正常上市公司的水平。与西方发达国家市场驱动不同，我国资本市场退市基本上是监管驱动（胡宁、靳庆鲁，2018），目前与退市有关的法律法规主要包括《破产法》《证券法》《上海证券交易所交易规则》《深圳证券交易所交易规则》等，具体涉及退市的标准、程序和监管等方面的事项。与退市有关法律法规的价值在于，一方面可以将弊病企业清除出市场，防止问题扩散，维持资本市场的健康稳定；另一方面，可以对已经存在问题但不至于退市的企业进行“警告”，倒逼企业改变错误行为，提升企业效益，从而能够在一定程度上帮助投资者进行风险预警并保护投资者。但是现行制度依旧存在退市标准过于单一，并且多局限于定量指标；退市制度内部不完备，制度之间衔接不佳等不足（赵万一、赵舒窈，2018）。对于现存的问题，可以从以下几个方面入手。

首先，细化现有退市风险警示制度，压缩上市主体操作空间。目前，我国对于退市风险警示的财务指标只涉及净资产、净利润、营业收入，因此存在巨大的监管漏洞，大多数“戴帽”公司通过各种盈余操纵手段在“戴帽”第三年完成“脱帽”，“脱帽”公司很可能本质上并没有太多质量上的提升，只是利用一定的手法满足监管要求，这导致现有制度更多的是流于形式，没有实现风险预警的功效。如果对现有规定标准进行扩充，纳入更多难以被操纵的量化和非量化评价指标，比如增加股票换手率、股价最低值、公司治理等指标，将“连续三年亏损”修改为“累计三年亏损”等，这样就能避免给问题公司提供漏洞，压缩上市主体操纵数据的空间。增加或细化现行标准并不会增加业绩优良上市公司的负担，因为它们在各方面表现都很好，无论是否增加标准都不会改变它们已作出的成绩，只有上市僵尸企业才会担忧评价标准的增加或细化。

其次，严格执行强制退市制度，加速资本市场新陈代谢。根据相关统计，2001 年至 2017 年，我国 A 股仅有 93 家上市公司退市，年均退市率不到 0.4%，而美国纽交所和纳斯达克市场年均退市率分别为 6% 和 10%（祝惠春，2019）。我国资本市场存在“只进难出”的现象，监管部门执行决心不足，加之现有退市程序繁琐、退市期较长，使得退市制度没有很好地发挥应有的作用。因此，监管部门需要有壮士断腕的决心严格执行强制退市制度，防止利益集团阻碍问题企业的退市，加速资本市场新陈代谢。除此之外给予证券交易所更大的退市自由裁量权，在基本制度的基础上，通过灵活修订交易规则对上市僵尸企业强制退市。

再次，做好企业退市善后工作，拓宽退市企业生存道路。众所周知，大多数上市公司退市之后，由于不再拥有上市公司的光环，导致退市企业会受到较大的融资约束，原有的客户群也可能由于声誉问题不再与退市企业寻求合作，上市时期享有的资源可能面临快速缩减，使得部分还有价值的退市企业雪上加霜，面临退市就可能破产的窘境。因此，政府部门有必要思考有价值企业退市后的生存道路，鼓励处理企业退市事务的中介机构参与制定企业退市后的振兴计划，鼓励金融机构不要歧视有价值的退市企业。由于退市企业一般不再属于公众利益实体，其兼并重组制度性限制较低，因此，当地政府也可以为企业融合优质资产提供帮助。

最后，鼓励上市僵尸企业主动退市，减少退市成本。强制退市可需要各方付出较多的时间和精力，成本较高，并且退市整理期的股价波动会损害股民的利益，待到真正退市之后无论是大股东还是中小股东都会受到损失。而上市僵尸企业的大股东如果能够提出主动退市，并以一定价格回收异议股东的股票，就可以减少退市整理期各方的利益冲突，简化退市流程、减少退市手续和降低退市成本，并且能够向外传递出大股东诚实守信、富有责任感的良好形象，待到企业恢复健康后申请重新上市就更加容易获得市场的支持。除此之外，注册制落地后，“壳资源”产生的溢价将会大大下降，这也能降低上市僵尸企业继续留在市场的动机。

（3）审慎管理经济事务，遵循经济发展规律。根据前文研究可知，经济波动、货币政策、财政政策都可能在整体上影响企业陷入僵尸化困境的概率和程度。因此，监管部门需审慎面对经济发展规律，注重社会发展过程中的长期经济利益，明确政府与市场的关系，科学制定经济政策。监管部门在管理经济事务时需要注意以下几个方面。

首先，推动国企新一轮改革，融入市场活力。本书研究发现，相较于民营企业，国有企业陷入僵尸化困境的概率和程度明显更高，最主要原因在于国有企业由政府部门控股，两者之间的联系十分密切，国有企业生存压力小，提升生产效率的激励低，即使陷入困境也有政府部门兜底，因此，国有股比例越高，企业效率越低（刘小玄、李利英，2005）。因此推动国企新一轮改革成为各界的共识，关键的做法就是混合所有制改革，比如方明月、孙鲲鹏（2019）就发现混改对僵尸国企具有显著疗效，且转制民企改革策略的效果最好。但是，国企改革的方向是对原来的国有企业注入非国有资本的活力，并非将非国有企业变为国有企业。适当降低企业中政府持股的比例，使原来政府对国有企业的绝对控制转变为共同控制或重大影响，提升非国有资本的剩余分配权与话语权，从而改善企业的治理结构与经营效率，包含混合所有制改革在内的国有企业改革是可以有效遏制国有僵尸企业的形成与再生的。但在此过程中，有两个问题需要引起注意：一方面，需要明确国有企业的职能定位，即重点应当承担向外界提供高质量产品或服务的市场职能，减少其行政职能；另一方面，需要完善与国企改革有关的法律保障与配套政策，包括但不限于建立科学合理的准入机制，确定民营、外资股权比例在不同领域的界限，明确治理层的进入方式、管理层的任免方式、薪酬标准以及股权激励等问题的权限。合理恰当引入各种形式的非国有资本，可以强化具有共同利益的异质性股东之间的监督约束，股东之间的优势禀赋可以进行互补，提升资源的配置效率，从而增加企业市场竞争力。

其次，综合考虑货币政策的双面影响，注重长期经济利益。货币如同经济土壤里的水分，是经济社会健康发展不可缺少的重要因素。在经济低迷时期，宽松的货币政策能够为市场提供更多的流动性，激发全社会的投资与消费，从而刺激经济复苏。但是任何事物都具有双面性，政策工具也是如此，宽松的货币政策虽然有刺激经济的功能，同样也有副作用，就像过量的水分也可能淹没土壤上的作物，造成同样严重的后果。比如流动性增速与经济增速脱节带来恶性通货膨胀、通过改变公司的融资环境进而影响公司的投资决策、造成短期经济增长但长期驱动力不足的现象等，对于僵尸化困境而言，宽松的货币政策激发了金融机构掩盖坏账、降低信贷审查标准的动机，为企业陷入及加重僵尸化困境提供了条件。因此，一方面，监管部门在制定货币政策时需要综合考虑其双面性，不能一味地为了解决当前问题而将风险后移，在短期经济利益与长期经济利益产生冲突时更应当注重长期经济利益。另一方面，监管机构应当维护市场公平，消除歧视。众所周知，由于国有企业由政府控股，并且有政府做背书，其借款需求基本能够得到金融机构的满足，而信贷歧视在非国有企业中广泛存在（纪洋等，2016），这扭曲了有限的信贷资源配给，使得那些本来有巨大发展潜力但初期不怎么盈利的新经济企业难以获得资金支持，并助长了国有僵尸企业的持续生存。因此，政府应当努力消除产权歧视，维护市场公平，使国有企业和非国有企业相对公平地参与市场竞争，不再对没有挽救价值的国有僵尸企业进行输血。

最后，摒弃“父爱主义”，重视市场的调节作用。政府部门基于满足政绩指标等方面的考虑，通常会对特定的领域提供财政、税收或政策方面的支持，特别是当地的支柱产业，承担着当地经济指标增长和帮助地方官员完成政绩的任务，当地政府对这类企业十分重视，即使这个产业生产的产品供过于求或者毫无市场竞争力，政府也有动机给予其政府补助，而导致的结果就是这类企业继续将资源投入不盈利的项目，也不会选择转型，当这类企业陷入了严重的僵尸化困境时，其本身已经丧失了转型的动力，将资源用于维持生产似乎是更容易的选择，因此就会持续僵尸化，浪费本应属于其他企业的资源。在市场经济下，政府、企业与市场是一种开放式的关系，企业的生存发展与衰亡是通过市场机制发生作用的，政府对问题企业的保护干扰了市场“优胜劣汰”法则的运行。因此，一方面，地方政府要摒弃“父爱主义”，深刻理解不合理的政府补助与“僵尸借贷”的相似性，慎用“政策干预之手”，加强对申请政府补助企业的资格审查以及建立动态监管政府补助使用情况的长效机制；另一方面，政府要重视市场的调节作用，敢于放手，充分运用市场规律协调企业发展，实现市场调节为主、政府服务为辅的经济运行良性机制。但需要注意的是，在涉及国家安全和国家战略的重点领域，比如航天、军工、高精尖科技、稀土等领域，需要国有企业绝对控股，必要时也应进行大额补贴和政策支持，此时的政府补贴可以看作是一种投资而非费用。

（4）提升风险管理水平，强化困境预警。企业陷入僵尸化困境最重要的原因还是企业自身经营管理出现问题，这又主要体现在企业对可能引发问题的风险点没有引起足够的重视，从而让小问题逐步积累成大问题。因此从问题出现苗头时就对其进行遏制，就可以有效地防止企业陷入僵尸化困境，或者防止企业向深度僵尸化困境发展。对于此，企业需要提高自身的风险管理水平，强化困境预警。

首先，树立风险预警意识，加强自身道德建设。当今社会的多变性使得风险成为客观存在的事实，企业时时刻刻都处于风险之中，如果企业不能有效地规避和防范各种风险因素，必然会出现财务危机，进一步恶化还可能陷入僵尸化困境中难以恢复。因此，企业可以一方面将僵尸化困境预警理念和职能嵌入内部控制当中，使治理层与管理层进一步认识到僵尸化风险诱因对企业生存发展可能产生的影响，从而提升僵尸化困境预警在企业内部控制中的地位；另一方面重视预警文化的培育，因为预警文化补充了企业内部正式的风险控制，企业可以通过统一语言口号、宣传故事案例等方式使预警文化便于在组织内传播，进而将预警文化融入战略决策和日常管理当中，使预警文化内化为组织成员自觉行为，提升组织成员面临危机事件时的承受能力和处置能力，并且减少组织成员之间对困境预警问题的信息沟通成本。如果等公司陷入困境之后再来处理，成本往往是高昂的，所以管理当局一定在平时就要树立起牢固的风险防范意识，思想不能松懈，对待潜在的问题要有足够的认识和警觉。除此之外，管理层需要加强自身道德建设，需要对投资者忠实勤勉，杜绝不合理的在职消费以及保证知识的更新迭代，并保持对风险迹象的警觉。

其次，建立以财务活动为主，包含生产、采购、销售、人力、研发活动的企业综合预警系统。由于风险具有复杂性、累积性、扩张性的特点，建立以财务预警为主的企业综合预警系统就显得十分重要。企业综合预警系统是以财务资料、经营资料以及其他经济资料为基础，采用一系列量化或非量化方式，对企业数据进行综合分析、判断，对隐藏问题进行预警，并寻找问题产生的根源，为管理当局提供决策依据的一项结构工程。管理层需要系统统筹企业各项职能活动，合理分配企业资源，提高资源利用效率。通过单独设立的僵尸化困境预警部门，科学地设置关键核心指标的分级预警标准，并配备专门的工作人员对相关情况进行监控，可以按小时对信息进行汇总，建立关键预警指标登记台账，随时掌握企业的保本点和资金安全边际，做好现金流量管理，增强资金调动能力。在此基础上，充分利用好“互联网+”和“物联网+”技术，建立企业管理信息平台，动态跟踪企业各项活动的实时情况。当代社会是信息主导的社会，困境预警离不开信息技术的支持，企业应当充分利用信息技术能够系统、智能、高效、快速处理复杂事务的特点，建立困境预警信息系统，并将其作为企业资源规划的子系统之一。困境预警信息系统的组成可参考智能决策支持系统模块结构，具体包括人机交互子模块，数据库子模块、预警模型子模块、方法库子模块、知识库子模块。通过困境预警信息系统的建立，可以实现管理目标和信息技术的有机结合，既充分发挥了人的主观能动性，又提升了管理决策的系统性、信息化、智能化。

最后，单独成立困境预警部门，加强风险控制。微观主体的预警活动本质上可以归属为控制活动，所形成的是由“标准设定—感应器—比较器—适应器”四个要素组成的自适应反馈回路。

因此在设计部门结构时，可以将控制理论融入结构设计中，根据工作目标的逐步执行而采用过程化的方式组合工作岗位。具体而言，僵尸化困境预警部门应当包含四类岗位：标准制定岗、信息整理岗、比较分析岗、纠偏控制岗。其中，标准制定岗对应反馈回路中的标准设定，目的在于为预警设定目标标准，因此该岗位的功能主要包括确定预警对象，同时确定预警对象及其组成部分的量化衡量标准；信息整理岗对应反馈回路中的感应器，目的在于寻找并监控僵尸化风险的根本来源，因此该岗位的功能主要为寻找可能导致企业陷入僵尸化困境的风险来源，并持续监控数值变化，此外，由于高频数据有助于提升预测警度，信息整理岗需要有意识地减少信息收集的时间间隔，提升信息获取频率以形成高频数据用于预警；比较分析岗对应反馈回路中的比较器，目的在于对比标准设定值与实际监控值之间的差异，分析差异原因，确定差异是否超过可容忍限度，因此该岗位的功能主要包括分析警兆、确定警度、建立预警模型；纠偏控制岗对应反馈回路中的适应器，目的在于调整改变实际监控值，降低风险，提升安全边际，因此，该岗位的功能主要为制定排警对策以及辅助绩效管理部门制定绩效增进方案。由于僵尸化困境预警部门并非传统意义上的企业职能部门，有必要通过改善部门间沟通、共享工作信息、增进实践合作等方式增强预警部门与其他部门之间的协作，将困境预警职能深刻地嵌入组织日常运作当中。具体措施包括但不限于：组建专项型的跨职能团队、特别行动团队；建立集团范围内的员工论坛、实践社区；预警部门与其他部门副职负责人的定期换岗实践。在此基础上加强困境预警视角下的人力资源管理，从人力资源规划、甄选与配置、培训与开发、绩效管理、薪酬与福利、职业发展六大模块入手，提升预警部门中工作人员的工作积极性和工作效能。

参考文献

[1] Adizes I. Corporate Lifecycles: How and Why Corporations Grow and Die and What to Do about It [M]. NJ: Prentice Hall, 1989.

[2] Ahearne A G, Shinada N. Zombie firms and economic stagnation in Japan [J]. *International Economics & Economic Policy*, 2005, 2 (4): 363 - 381.

[3] Ahn H, Kim K J. Bankruptcy prediction modeling with hybrid case - based reasoning and genetic algorithms approach [J]. *Applied Soft Computing*, 2009, 9 (2): 599 - 607.

[4] Akerlof, George A. The Market for "Lemons": Quality Uncertainty and the Market Mechanism [J]. *Quarterly Journal of Economics*, 1970, 84 (3): 488 - 500.

[5] Albertazzi U, Marchetti D J. Credit supply, flight to quality and evergreening: An analysis of bank - firm relationships after Lehman [R]. *Working Paper*, 2010.

[6] Altman E I. Financial ratios, discriminant analysis and the prediction of corporate bankruptcy [J]. *Journal of Finance*, 1968, 23 (4): 589 - 609.

[7] Altman E I. Predicting Railroad Bankruptcies in America [J]. *Bell Journal of Economics & Management Science*, 1973, 4 (1): 184 - 211.

[8] Altman. Multidimensional Graphics And Bankruptcy Prediction-A Comment [J]. *Journal of Accounting Research*, 1983, 21 (1): 297.

[9] Altman E I, Haldeman R G, Narayanan P. ZETA TM, analysis A new model to identify bankruptcy risk of corporations [J]. *Journal of Banking & Finance*, 1977, 1 (1): 29 –54.

[10] Aoki M, Dinc S. Relational financing as an institution and its viability under competition [R]. *Working Paper*, 1997.

[11] Argenti, John. Corporate collapse: The causes and symptoms [M]. London: McGraw – Hill, 1976.

[12] Arrowsmith M, Griffiths M, Franklin J, et al. SME forbearance and its implications for monetary and financial stability [J]. *Bank of England Quarterly Bulletin*, 2013, 53 (4): 296 –303.

[13] Atiya A F. Bankruptcy prediction for credit risk using neural networks: a survey and new results [J]. *IEEE Transactions on Neural Networks*, 2001, 12 (4): 929 –935.

[14] Back B, Laitinen T, Sere K. Neural networks and genetic algorithms for bankruptcy predictions [J]. *Expert Systems With Applications*, 1996, 11 (4): 407 –413.

[15] Bae K H, Kang J K, Lim C W. The Value of Durable Bank Relationships: Evidence from Korean Banking Shocks [J]. *Journal of Financial Economics*, 2000, 64 (2): 181 –214.

[16] Bageley, J. D. The behavior of adaptive systems which employ genetic and correlation algorithms [D]. Univ. of Michigan, 1967.

[17] Banerjee R, Hofmann B. The rise of zombie firms: causes and consequences [J]. *BIS Quarterly Review*, September 2018.

[18] Bauer J, Agarwal V. Are hazard models superior to traditional bankruptcy prediction approaches? A comprehensive test [J].

Journal of Banking & Finance, 2014, 40 (1): 432 -442.

[19] Beaver W H. Financial Ratios As Predictors of Failure [J]. *Journal of Accounting Research*, 1966, 4 (1): 71 -111.

[20] Beaver W H, Mcnichols M F, Rhie J W. Have Financial Statements Become Less Informative? Evidence from the Ability of Financial Ratios to Predict Bankruptcy [J]. *Review of Accounting Studies*, 2005, 10 (1): 93 -122.

[21] Bens D, Nagar V, Wong M. H F. Real Investment Implications of Employee Stock Option Exercises [J]. *Journal of Accounting Research*, 2002, 40 (2): 359 -393.

[22] Bharath S T, Shumway T. Forecasting Default with the Merton Distance to Default Model [J]. *Review of Financial Studies*, 2008, 21 (3): 1339 -1369.

[23] Bhattacharjee A, Han J. Financial distress of Chinese firms: Microeconomic, macroeconomic and institutional influences [J]. *China Economic Review*, 2014, 30: 244 -262.

[24] Blau Peter. Exchange and power in social life [M]. Routledge, 2017.

[25] Blum M. Failing company discriminant analysis [J]. *Journal of Accounting Research*, 1974, 12 (1): 1 -25.

[26] Brown C O, Dinç I S. Too many to fail? Evidence of regulatory forbearance when the banking sector is weak [J]. *Review of Financial Studies*, 2011, 24 (4): 1378 -1405.

[27] Bruche M, Llobet G. Preventing zombie lending [J]. *Review of Financial Studies*, 2014, 27 (3): 923 -956.

[28] Burges C J C. A Tutorial on Support Vector Machines for Pattern Recognition [J]. *Data Mining and Knowledge Discovery*,

1998, 2 (2): 121 -167.

[29] Caballero R J, Hoshi T, Kashyap A K. Zombie Lending and Depressed Restructuring in Japan [J]. *American Economic Review*, 2008, 98 (5): 1943 -1977.

[30] Calderón C, Schaeck K. The Effects of Government Interventions in the Financial Sector on Banking Competition and the Evolution of Zombie Banks [J]. *Journal of Financial and Quantitative Analysis*, 2016, 51 (4): 1391 -1436.

[31] Cameron K S, Whetten D A. Perceptions of organizational effectiveness over organizational life cycles [J]. *Administrative Science Quarterly*, 1981: 525 -544.

[32] Campbell J Y, Hilscher J, Szilagyi J. In Search of Distress Risk [J]. *Journal of Finance*, 2008, 63 (6): 2899 -2939.

[33] Cao Y, Chen X. An agent - based simulation model of enterprises financial distress for the enterprise of different life cycle stage [J]. *Simulation Modelling Practice and Theory*, 2012, 20 (1): 70 -88.

[34] Casey C, Bartczak N. Using Operating Cash Flow Data to Predict Financial Distress: Some Extensions [J]. *Journal of Accounting Research*, 1985, 23 (1): 384 -401.

[35] Chakraborty S, Peek J. Cherry-picking winners or aiding the distressed? Anatomy of a financial crisis intervention [R]. Working Paper, 2012.

[36] Charitou A, Dionysiou D, Lambertides N, et al. Alternative bankruptcy prediction models using option-pricing theory [J]. *Journal of Banking & Finance*, 2013, 37 (7): 2329 -2341.

[37] Coats P K, Fant L F. Recognizing Financial Distress Patterns Using a Neural Network Tool [J]. *Financial Management*,

1993, 22 (3): 142 - 155.

[38] Collett N, Pandit N R, Saarikko J. Success and failure in turnaround attempts. An analysis of SMEs within the Finnish Restructuring of Enterprises Act [J]. *Entrepreneurship & Regional Development*, 2014, 26 (1 - 2): 123 - 141.

[39] Dambolena I G, Khoury S J. Ratio Stability and Corporate Failure [J]. *Journal of Finance*, 1980, 35 (4): 1017 - 1026.

[40] Deakin E B. A Discriminant Analysis of Predictors of Business Failure [J]. *Journal of Accounting Research*, 1972, 10 (1): 167 - 179.

[41] Demirguc-Kunt A, Detragiache E. The Determinants of Banking Crises in Developing and Developed Countries [J]. *IMF Economic Review*, 1998, 45 (1): 81 - 109.

[42] Dickinson V. Cash flow patterns as a proxy for firm life cycle [J]. The Accounting Review, 2011, 86 (6): 1969 - 1994.

[43] Du Jardin P. Bankruptcy prediction using terminal failure processes [J]. *European Journal of Operational Research*, 2015, 242 (1): 286 - 303.

[44] Emerson R M. Social Exchange Theory [J]. *Annual Review of Sociology*, 2003, 2 (1): 335 - 362.

[45] Homans G C. Social behavior: Its elementary forms [M]. Harcourt Brace, 1961.

[46] Fan A, Palaniswami M. Selecting bankruptcy predictors using a support vector machine approach [C]. International Joint Conference on Neural Networks, 2000, 6 (6): 354 - 359 vol. 6.

[47] Fitzpatrick P J. A Comparison of the Ratios of Successful Industrial Enterprises with those of Failed Companies [J]. *Análise*

Molecular Do Gene Wwox, 1932: 598 - 605.

[48] Fukao K, Kwon H U. Why Did Japan's TFP Growth Slow Down in the Lost Decade? An Empirical Analysis Based on Firm - Level Data of Manufacturing Firms [J]. *Japanese Economic Review*, 2006, 57: 195 - 228.

[49] Fukuda S, Kasuya M, Nakajima J I. Deteriorating Bank Health and Lending in Japan: Evidence from Unlisted Companies under Financial Distress [J]. *Journal of the Asia Pacific Economy*, 2006, 11 (4): 482 - 501.

[50] Fukuda S, Nakamura J I. Why Did "Zombie" Firms Recover in Japan? [J]. *World Economy*, 2011, 34 (7): 1124 - 1137.

[51] Giannetti M, Simonov A. On the real effects of bank bailouts: Micro evidence from Japan [J]. *American Economic Journal: Macroeconomics*, 2013, 5 (1): 135 - 167.

[52] Gombola MJ, Haskins ME, Ketz JE, et al. Cash Flow in Bankruptcy Prediction [J]. *Financial Management*, 1987, 16 (4): 55 - 65.

[53] Haykin S. Neural Network and Learning Machines, Third Edition [M]. Pearson Education, 2011.

[54] Higgins R C. Sustainable growth under inflation [J]. *Financial Management*, 1981: 36 - 40.

[55] Hill N T, Perry S E, Andes S. Evaluating Firms In Financial Distress: An Event History Analysis [J]. *Journal of Applied Business Research*, 1996, 12 (3): 60 - 71.

[56] Hirata W. Financial market imperfections and aggregate fluctuations [D]. Boston: Boston College, 2010.

[57] Holmes J G. The Exchange Process in Close Relationships

[M]. The Justice Motive in Social Behavior. 1981.

[58] Homans G C. Social behavior: Its elementary forms [M]. Harcourt Brace, 1961.

[59] Homar T, Van Wijnbergen S. On Zombie Banks and Recessions after Systemic Banking Crises [J]. *Cepr Discussion Papers*, 2015, 13 -039/vi/dsf54.

[60] Hoshi T. Economics of The Living Dead [J]. *Japanese Economic Review*, 2006, 57 (1): 30 -49.

[61] Hoshi T, Kashyap A K. The Japanese Banking Crisis: Where Did It Come from and How Will It End? [J]. *Nber Macroeconomics Annual*, 1999, 14 (14): 129 -201.

[62] Hoshi T, Kashyap A K. Japan's Financial Crisis and Economic Stagnation [J]. *Journal of Economic Perspectives*, 2004, 18 (1): 3 -26.

[63] Hoshi T, Kashyap A K. Will the TARP Succeed? Lessons from Japan [R]. Working Paper No. 14401, 2008.

[64] Hoshi T, Kashyap A K. Will the U. S. bank recapitalization succeed? Eight lessons from Japan [J]. *Journal of Financial Economics*, 2010, 97 (3): 398 -417.

[65] Hoshi T, Kashyap A K. Why did Japan stop growing? [R]. Working Paper, 2011.

[66] Hoshi T, Kim Y. Macroprudential policy and zombie lending in Korea [R]. Working Paper, 2012.

[67] Hoskisson R E, Johnson R A, Moesel D D. Corporate divestiture intensity in restructuring firms: Effects of governance, strategy, and performance [J]. *Academy of Management journal*, 1994, 37 (5): 1207 -1251.

[68] Imai K. A panel study of zombie SMEs in Japan: Identification, borrowing and investment behavior [J]. *Journal of the Japanese and International Economies*, 2016, 39: 91 -107.

[69] Jaskowski M. Should zombie lending always be prevented? [J]. *International Review of Economics & Finance*, 2015, 40: 191 -203.

[70] Jensen Michael C., William H. Meckling. Theory of the firm: Managerial behavior, agency costs and ownership structure [J]. *Journal of financial economics*, 1976, 3 (4): 305 -360.

[71] Johnsen T, Melicher R W. Predicting corporate bankruptcy and financial distress: Information value added by multinomial logit models [J]. *Journal of Economics & Business*, 1994, 46 (4): 269 -286.

[72] Jones S, Hensher D A. Predicting Firm Financial Distress: A Mixed Logit Model [J]. *Accounting Review*, 2004, 79 (4): 1011 -1038.

[73] Kane E J. Dangers of capital forbearance: the case of the fslic and "zombie" s&ls [J]. *Contemporary Economic Policy*, 1987, 5 (1): 77 -83.

[74] Kane E J. What lessons should Japan learn from the U. S. deposit-insurance mess? [J]. *Journal of the Japanese and International Economies*, 1993, 7 (4): 329 -355.

[75] Kashyap A K. Sorting out Japan' s financial crisis [R]. Working Paper No. 9384, 2002.

[76] Kato K, Skinner D J, Kunimura M. When voluntary disclosure isn't voluntary: Management forecasts in Japan [R]. Working Paper No. 2005 -09, 2006.

[77] Kawai M, Morgan P. Banking crises and " Japanization":

Origins and implications [R]. Working Paper No. 430, 2013.

[78] Kazanjian R K, Drazin R. An empirical test of a stage of growth progression model [J]. *Management science*, 1989, 35 (12): 1489 - 1503.

[79] Kim S Y, Upneja A. Predicting restaurant financial distress using decision tree and AdaBoosted decision tree models [J]. *Economic Modelling*, 2014, 36: 354 - 362.

[80] Koh H C, Tan S S. A neural network approach to the prediction of going concern status [J]. *Accounting and Business Research*, 1999, 29 (3): 211 - 216.

[81] Kwon H U, Narita F, Narita M. Resource reallocation and zombie lending in Japan in the 1990s [J]. *Review of Economic Dynamics*, 2015, 18 (4): 709 - 732.

[82] Laitinen E. Financial predictors for different phases of the failure process [J]. *Omega*, 1993, 21 (2): 215 - 228.

[83] Laitinen E K, Laitinen T. Bankruptcy prediction: Application of the Taylor's expansion in logistic regression [J]. *International Review of Financial Analysis*, 2000, 9 (4): 327 - 349.

[84] Lau A. A five-state financial distress prediction model [J]. *Journal of Accounting Research*, 1987, 25 (1): 127 - 138.

[85] Lennox C. Identifying Failing Companies: A Re-Evaluation of the Logit, Probit and DA Approaches [J]. *Social Science Electronic Publishing*, 1999, 51 (4): 347 - 364.

[86] Leontiades M. Strategics for Diversification and Change [M]. MA: Little Brown, 1980.

[87] Leshno M, Spector Y. Neural network prediction analysis: The bankruptcy case [J]. *Neurocomputing*, 1996, 10 (2): 125 - 147.

[88] Lin F, Liang D, Yeh C C, et al. Novel feature selection methods to financial distress prediction [J]. *Expert Systems with Applications*, 2014, 41 (5): 2472 -2483.

[89] Lin Y P. Zombie Lending, Opacity and Contagion [R]. Working paper, 2011.

[90] Lin Y P. Zombie lending, financial reporting opacity and contagion [D]. Singapore: National University of Singapore, 2014.

[91] Lin Y P, Srinivasan A, Yamada T. The effect of government bank lending: Evidence from the financial crisis in Japan [R]. Working Paper, 2015.

[92] Malmendier U M, Tate G. Who Makes Acquisitions? CEO Overconfidence and the Market's Reaction [J]. *Research Papers*, 2008, 89 (1): 20 -43.

[93] Mcgowan M A, Dan A, Millot V. Insolvency regimes, zombie firms and capital reallocation [R]. Oecd Economics Department Working Papers, 2017.

[94] Mcquown J A. A comment on market vs. accounting based measures of default risk [R]. mimeo, KMV Corporation, 1993.

[95] Meyer P A, Pifer H W. Prediction of Bank Failures [J]. *Journal of Finance*, 1970, 25 (4): 853 -868.

[96] Min S H, Lee J, Han I. Hybrid genetic algorithms and support vector machines for bankruptcy prediction [J]. *Expert Systems with Applications*, 2006, 31 (3): 652 -660.

[97] Minsky H P. Longer waves in financial relations: financial factors in the more severe depressions [J]. *The American Economic Review*, 1964, 54 (3): 324 -335.

[98] Moulton W N, Thomas H, Pruett M. Business failure path

ways: Environmental stress and organizational response [J]. *Journal of Management*, 1996, 22 (4): 571 -595.

[99] Nakamura J, Fukuda S. What happened to " zombie" firms in Japan? Reexamination for the lost two decades [J]. *Global Journal of Economics*, 2013, 2 (2): 1 -18.

[100] Odom M D, Sharda R. A Neural networks model for bankruptcy prediction [C]. Proceeding of the International Joint Conference on Neural Networks, 1990.

[101] Ohlson J A. Financial Ratios and the Probabilistic Prediction of Bankruptcy [J]. *Journal of Accounting Research*, 1980, 18 (1): 109 -131.

[102] Ohlson J A. Ungarbled earnings and dividends: An analysis and extension of the Beaver, Lambert, and Morse valuation model [J]. *Journal of Accounting & Economics*, 1989, 11 (2): 109 -115.

[103] Okamura K. " Zombie" banks make " zombie" firms [R]. Working Paper, 2011.

[104] Ooghe H, De Prijcker S. Failure processes and causes of company bankruptcy: a typology [J]. *Management Decision*, 2008, 46 (2): 223 -242.

[105] Orand A M, Krecker M L. Concepts of the life cycle: Their history, meanings, and uses in the social sciences [J]. *Annual review of sociology*, 1990, 16 (1): 241 -262.

[106] Ota T. Forbearance and broken credit cycles [R]. Working Paper, 2013.

[107] Papava V G. The problem of zombification of the postcommunist necroeconomy [J]. *Problems of Economic Transition*, 2010, 53 (4): 35 -51.

[108] Peek J. The contribution of bank lending to the long-term stagnation in Japan [R]. Working Paper, 2009.

[109] Peek J, Rosengren E S. Unnatural Selection: Perverse Incentives and the Misallocation of Credit in Japan [J]. *American Economic Review*, 2005, 95 (4): 1144 -1166.

[110] Pessoa J P, Van Reenen J. The UK productivity and jobs puzzle: Does the answer lie in wage flexibility? [J]. *The Economic Journal*, 2014, 124 (576): 433 -452.

[111] Philippe, Aghion, Patrick, Bolton. Distribution and growth in models of imperfect capital markets [J]. *European Economic Review*, 1992.

[112] Pope P F. Bridging the gap between accounting and finance [J]. *The British Accounting Review*, 2010, 42 (2): 88 -102.

[113] Rawdanowicz Ł, Bouis R, Watanabe S. The benefits and costs of highly expansionary monetary policy [R]. Working Paper No. 1082, 2013.

[114] Reiss R D, Thomas M. Statistical analysis of extreme values: from insurance, finance, hydrology and other fields [J]. *Computational Statistics*, 2000, 15 (2): 307 -311.

[115] Richardson B, Nwankwo S, Richardson S. Understanding the Causes of Business Failure Crises [J]. *Management Decision*, 1994, 32 (4): 9 -22.

[116] Ridzak T. Lending activity and credit supply to firms during the crisis-evidence from the Croatian micro level data [C]. The Seventeenth Dubrovnik Economic Conference. Croatian: Croatian National Bank, 2011.

[117] Robichek A A, Myers S C. Problems in the Theory of Op-

timal Capital Structure. Journal of Financial and Quantitative Analysis, 1966, 1.2: 1 -35.

[118] Robins J, Wiersema M F. A resource - based approach to the multibusiness firm: Empirical analysis of portfolio interrelationships and corporate financial performance [J]. *Strategic management journal*, 1995, 16 (4): 277 -299.

[119] Schmalensee R. Inter-industry studies of structure and performance [J]. *Handbook of industrial organization*, 1989, 2: 951 -1009.

[120] Schüle T. Forbearance Lending and Soft Budget Constraints in Multiple Bank Financing [J]. *Journal of Institutional &* Theoretical Economics Jite, 2007, 163 (3): 448 -466.

[121] Sekine T, Kobayashi K, Saita Y. Forbearance Lending: The Case of Japanese Firms [J]. *Monetary and Economic studies*, 2003, 21 (2): 69 -92.

[122] Sharma S, Mahajan V. Early Warning Indicators of Business Failure [J]. *Journal of Marketing*, 1980, 44 (4): 80.

[123] Shen G, Chen B. Zombie firms and over-capacity in Chinese manufacturing [J]. *China Economic Review*, 2017, 44.

[124] Shin K S, Lee T S, Kim H J. An application of support vector machines in bankruptcy prediction model [J]. *Expert Systems with Applications*, 2005, 28 (1): 127 -135.

[125] Shin KS, Lee Y J. A genetic algorithm application in bankruptcy prediction modeling [J]. *Expert Systems with Applications*, 2002, 23 (3): 321 -328.

[126] Shumway T. Forecasting Bankruptcy More Accurately: A Simple Hazard Model [J]. *Journal of Business*, 2001, 74 (1): 101 -124.

[127] Sloan R G. Do Stock Prices Fully Reflect Information in Accruals and Cash Flows about Future Earnings? [J]. *Accounting Review*, 1996, 71 (3): 289 -315.

[128] Tan Y, Huang Y, Woo W T. Zombie Firms and the Crowding-Out of Private Investment in China [J]. *Asian Economic Papers*, 2016, 15 (3): 32 -55.

[129] Tanaka T. A Lost Decade Revisited: Zombie Firms and Inefficient Labor Allocation [J]. *Discussion Papers in Economics & Business*, 2006.

[130] Tanaka T. Corporate financing and product market competition: Evidence from firm-level data in Japan [J]. *Economics Bulletin*, 2010, 30 (5): 1373 -1383.

[131] Tinoco M H, Wilson N. Financial distress and bankruptcy prediction among listed companies using accounting, market and macroeconomic variables [J]. *International Review of Financial Analysis*, 2013, 30 (4): 394 -419.

[132] Tsai C F, Wu J W. Using neural network ensembles for bankruptcy prediction and credit scoring [J]. *Expert Systems with Applications*, 2008, 34 (4): 2639 -2649.

[133] Ueda K. Deleveraging and monetary policy: Japan since the 1990s and the United States since 2007 [J]. *Journal of Economic Perspectives*, 2012, 26 (3): 177 -202.

[134] Van Horne J C. Sustainable growth modeling [J]. *Journal of Corporate Finance*, 1988, 1: 9 -25.

[135] Vapnik V. The nature of statistical learning theory [M]. Springer, 1995.

[136] Varetto F. Genetic algorithms applications in the analysis

of insolvency risk [J]. *Journal of Banking & Finance*, 1998, 22 (10 - 11): 1421 - 1439.

[137] Ward T J, Foster B P. A Note on Selecting a Response Measure for Financial Distress [J]. *Journal of Business Finance & Accounting*, 1997, 24 (6): 11.

[138] Watanabe W. Does a large loss of bank capital cause Evergreening? Evidence from Japan [J]. *Journal of the Japanese and International Economies*, 2010, 24 (1): 116 - 136.

[139] Watanabe W. Prudential regulations and banking behavior in Japan [J]. *Japanese Economy*, 2011, 38 (3): 30 - 70.

[140] Wessel D, Carey S. For US airlines, a shakeout runs into heavy turbulence [J]. *The Wall Street Journal*, 2005, 19 (9): 1 - 16.

[141] Wijst, Westgaard Nico Van Der. Default probabilities in a corporate bank portfolio: A logistic model approach [J]. *European Journal of Operational Research*, 2001, 135 (2): 338 - 349.

[142] Willam D. Zombie Banks and Forbearance Lending: Causes, Effects, and Policy Measures [D]. The University of Leipzig phD Dissertation, 2015.

[143] Wilson R L, Sharda R. Bankruptcy prediction using neural networks [J]. *Decision Support Systems*, 1994, 11 (5): 545 - 557.

[144] Wruck K H. Financial distress, reorganization, and organizational efficiency [J]. *Journal of Financial Economics*, 2004, 27 (2): 419 - 444.

[145] Yamada K. What Causes zombie Lending? Impact of the Supply-Chain Network and Firm's Liquidity Shocks on Bank's Lending Contracts [R]. Working paper, 2015.

[146] Ye B, Yuan J. Firm value, managerial confidence, and

investments: The case of China [J]. *Journal of Leadership studies*, 2008, 2 (3): 26 -36.

[147] Zavgren C V. The Prediction of Corporate Failure: The State of the Art [J]. *Journal of Accounting Literature*, 1983, 2 (1): 23 -50.

[148] Zhang L, Altman E I, Yen J. Corporate financial distress diagnosis model and application in credit rating for listing firms in China [J]. *Frontiers of Computer Science in China*, 2010, 4 (2): 220 -236.

[149] Zhou L, Lai K K, Yen J. Empirical models based on features ranking techniques for corporate financial distress prediction [J]. *Computers & mathematics with applications*, 2012, 64 (8): 2484 -2496.

[150] Zmijewski M E. Methodological Issues Related to the Estimation of Financial Distress Prediction Models [J]. *Journal of Accounting Research*, 1984, 22 (1): 59 -82.

[151] 白俊红，刘宇英. 对外直接投资能否改善中国资源错配 [J]. 中国工业经济，2018 (1): 60 -78.

[152] 鲍世赞，蔡瑞林. 僵尸企业成本外部化及其市场失灵纠正 [J]. 改革，2016 (9): 115 -122.

[153] 鲍新中，杨宜. 基于聚类—粗糙集—神经网络的企业财务危机预警 [J]. 系统管理学报，2013，22 (3): 358 -365.

[154] 蔡红艳，韩立岩. 上市公司财务状况判定模型研究 [J]. 审计研究，2003 (1): 62 -64.

[155] 蔡玉兰. Merton 违约距离模型对我国上市公司财务困境预测的有效性研究 [D]. 华南理工大学，2016.

[156] 曹玉珊. 企业增长速度的成因与中国上市公司的证据 [J]. 当代财经，2007 (4): 124 -128.

[157] 陈建. 财务可持续增长模型的相关理论探析——兼与樊行健教授商榷 [J]. 财政研究，2008 (10)：40 - 43.

[158] 陈收，张红浩，黎传国，吴世园. 资源效率对企业绩效的影响：基于环境动态性调节分析 [J]. 管理评论，2013，25 (12)：87 - 97.

[159] 陈运森，黄健峤. 地域偏爱与僵尸企业的形成——来自中国的经验证据 [J]. 经济管理，2017，39 (9)：149 - 166.

[160] 程虹，胡德状. “僵尸企业”存在之谜：基于企业微观因素的实证解释——来自2015年“中国企业——员工匹配调查”(CEES) 的经验证据 [J]. 宏观质量研究，2016，4 (1)：7 - 25.

[161] 程俊杰，刘志彪. 产能过剩、要素扭曲与经济波动——来自制造业的经验证据 [J]. 经济学家，2015 (11)：59 - 69.

[162] 邓晓岚. 股票市场因素在财务困境风险评价中的应用——基于风险模型的实证分析 [J]. 经济与管理研究，2008 (3)：84 - 88.

[163] 邓晓岚，王宗军，李红侠，杨忠诚. 非财务视角下的财务困境预警——对中国上市公司的实证研究 [J]. 管理科学，2006 (3)：71 - 80.

[164] 邓洲. 我国处置“僵尸企业”的进展、困境及对策 [J]. 经济纵横，2016，(9)：19 - 24.

[165] 丁志国，耿迎涛，赵晶，丁钰洋. 上市公司财务困境时间效应的实证判别与理论猜想 [J]. 会计研究，2018 (2)：62 - 68.

[166] 丁志国，李甜，赵晶. 上市公司股利政策的时间效应及其内生性 [J]. 中国工业经济，2014 (10)：122 - 134.

[167] 方匡南，范新妍，马双鸽. 基于网络结构 Logistic 模型的企业信用风险预警 [J]. 统计研究，2016，33 (4)：50 - 55.

[168] 方明月，孙鲲鹏．国企混合所有制能治疗僵尸企业吗？——一个混合所有制类啄序逻辑［J］．金融研究，2019（1）：91－110．

[169] 方明月，张雨潇，聂辉华．中小民营企业成为僵尸企业之谜［J］．学术月刊，2018，50（3）：75－86．

[170] 付东．产能过剩：微观动因与经济后果研究［D］．对外经济贸易大学，2017．

[171] 谷祺，刘淑莲．财务危机企业投资行为分析与对策［J］．会计研究，1999（10）：28－31．

[172] 郭斌，戴小敏，曾勇，方洪全．我国企业危机预警模型研究——以财务与非财务因素构建［J］．金融研究，2006（2）：78－87．

[173] 国务院发展研究中心课题组．当前中国产能过剩问题分析——政策、理论、案例［M］．北京：清华大学出版社，2014．

[174] 国务院国资委考核分配局．企业绩效评价标准值［M］．北京：经济科学出版社，2017．

[175] 郭莹．供给侧结构性改革视角下僵尸企业的成因与出清路径［J］．现代经济探讨，2016，（12）：54－58．

[176] 韩飞，田昆儒．僵尸企业的微观治理——基于内部控制和相关人持股视角［J］．经济体制改革，2017（5）：101－108．

[177] 韩剑，郑秋玲．政府干预如何导致地区资源错配——基于行业内和行业间错配的分解［J］．中国工业经济，2014（11）：69－81．

[178] 何帆，朱鹤．僵尸企业的识别与应对［J］．中国金融，2016，（5）：20－22．

[179] 何帆，朱鹤．僵尸企业的处置策略［J］．中国金融，2016（13）：25－27．

［180］何惠珍. 上市保险公司财务预警模型选择探讨［J］. 宏观经济研究，2010（6）：58－65.

［181］洪道麟，熊德华. 中国上市公司多元化与企业绩效分析——基于内生性的考察［J］. 金融研究，2006（11）：33－43.

［182］胡冰. 关于供给侧结构性改革背景下处置僵尸企业的探讨［J］. 西南金融，2016（12）：23－29.

［183］胡锦明，吕峻. 上市公司财务危机预测模型比较研究［J］. 审计与经济研究，2009，24（2）：64－70.

［184］胡宁，靳庆鲁. 社会性负担与公司财务困境动态——基于ST制度的考察［J］. 会计研究，2018（11）：28－35.

［185］黄群慧，李晓华. "僵尸企业"的成因与处置策略［N］. 光明日报，2016－04－13（015）.

［186］黄少卿，陈彦. 中国僵尸企业的分布特征与分类处置［J］. 中国工业经济，2017（3）：24－43.

［187］霍春辉，刘力钢，魏永德. 中国汽车制造企业规模与绩效关系的实证研究［J］. 社会科学辑刊，2009（1）：99－103.

［188］纪洋，谭语嫣，黄益平. 金融双轨制与利率市场化［J］. 经济研究，2016，51（6）：45－57.

［189］蒋灵多，陆毅. 最低工资标准能否抑制新僵尸企业的形成［J］. 中国工业经济，2017（11）：118－136.

［190］蒋亚奇. 基于多元Probit模型的上市旅游公司的财务预警［J］. 统计与决策，2014（3）：181－183.

［191］蒋瑜洁，蔡达贤. 泡沫经济破灭后日本僵尸企业的成因、治理及启示［J］. 现代日本经济，2017，36（4）：46－57.

［192］李秉祥. 基于模糊神经网络的企业财务危机非线性组合预测方法研究［J］. 管理工程学报，2005（1）：19－23.

［193］李旭超，鲁建坤，金祥荣. 僵尸企业与税负扭曲

[J]. 管理世界，2018，34（4）：127－139.

［194］李锋，汤宝平，刘文艺. 遗传算法优化最小二乘支持向量机的故障诊断［J］. 重庆大学学报，2010，33（12）：14－20.

［195］李光荣，李风强. 基于几种神经网络方法的公司财务风险判别研究［J］. 经济经纬，2017，34（2）：122－127.

［196］李清，于萍. 财务危机预测主要方法比较研究［J］. 数理统计与管理，2012，31（4）：689－706.

［197］李霄阳，瞿强. 中国僵尸企业：识别与分类［J］. 国际金融研究，2017（8）：3－13.

［198］李艳玲. 企业财务危机预测与预警研究［M］. 北京：经济科学出版社，2017.

［199］李永峰，张明慧. 论企业生命周期［J］. 太原理工大学学报（社会科学版），2004（3）：21－25.

［200］李云鹤，李湛. 管理者代理行为、公司过度投资与公司治理——基于企业生命周期视角的实证研究［J］. 管理评论，2012，24（7）：117－131.

［201］梁双陆，张梅. 基于混合寡头竞争的外资并购“僵尸企业”微观机制分析［J］. 西南民族大学学报（人文社科版），2018，39（2）：137－142.

［202］梁永礼. 我国金融系统安全评价与风险预警研究［D］. 北京交通大学，2018.

［203］廖冠民，沈红波. 国有企业的政策性负担：动因、后果及治理［J］. 中国工业经济，2014（6）：96－108.

［204］林娟. 基于BP神经网络下的矿业上市公司融资风险预警研究［D］. 中国地质大学（北京），2013.

［205］林毅夫，刘明兴，章奇. 政策性负担与企业的预算软约束：来自中国的实证研究［J］. 管理世界，2004（8）：81－89，

127 - 156.

[206] 林毅夫，巫和懋，邢亦青."潮涌现象"与产能过剩的形成机制 [J]. 经济研究，2010，45 (10)：4 - 19.

[207] 刘代民. 主权债务违约风险预警研究 [D]. 中央财经大学，2017.

[208] 刘奎甫，茅宁."僵尸企业"国外研究述评 [J]. 外国经济与管理，2016，38 (10)：3 - 19.

[209] 刘红霞，张心林. 以主成分分析法构建企业财务危机预警模型 [J]. 中央财经大学学报，2004 (4)：70 - 75.

[210] 刘尚希，樊轶侠，封北麟."去产能"财政政策分析、评估及建议 [J]. 经济纵横，2018 (1)：81 - 91，2.

[211] 刘小玄，李利英. 企业产权变革的效率分析 [J]. 中国社会科学，2005 (2)：4 - 16，204.

[212] 刘焱. 生命周期视角下企业内部控制质量对投资效率的影响研究 [D]. 辽宁大学，2014.

[213] 刘彦文. 上市公司财务危机预警模型研究 [D]. 大连理工大学，2009.

[214] 陆正飞，宋小华. 财务指标在股票投资决策中的有用性：基于中国证券市场的实证研究 [J]. 南开管理评论，2006 (6)：31 - 38.

[215] 卢永艳. 基于面板数据的上市公司财务困境预测 [D]. 东北财经大学，2012.

[216] 陆志明，何建敏，姜丽莉. 基于生存分析模型的企业财务困境预测 [J]. 统计与决策，2007 (21)：174 - 176.

[217] 吕长江，赵岩. 上市公司财务状况分类研究 [J]. 会计研究，2004 (11)：53 - 61 + 97.

[218] 吕峻. 基于不同指标类型的公司财务危机征兆和预测

比较研究［J］. 山西财经大学学报，2014，36（1）：103－113.

［219］马若微. KMV模型运用于中国上市公司财务困境预警的实证检验［J］. 数理统计与管理，2006（5）：593－601.

［220］聂辉华，江艇，张雨潇，方明月. 我国僵尸企业的现状、原因与对策［J］. 宏观经济管理，2016（9）：63－68，88.

［221］宁青青，祖明. 企业财务危机诱因的广角透视与实证研究［J］. 华东经济管理，2013，27（3）：135－139.

［222］庞清乐，刘新允. 基于蚁群神经网络的财务危机预警方法［J］. 数理统计与管理，2011，30（3）：554－561.

［223］钱忠华. 公司治理与企业财务困境——基于股权结构角度的实证分析［J］. 经济与管理研究，2009（5）：80－86.

［224］秦志敏. 我国上市公司财务预警变量选择研究［D］. 东北财经大学，2012.

［225］饶静，万良勇. 政府补助、异质性与僵尸企业形成——基于A股上市公司的经验证据［J］. 会计研究，2018（3）.

［226］任惠光. 中国A股上市公司财务危机预警模型构建及实证研究［D］. 山东大学，2007.

［227］栾甫贵，刘梅. 僵尸企业僵尸指数的构建及应用研究［J］. 经济与管理研究，2018，39（6）：135－144.

［228］栾甫贵，赵磊蕾. 我国钢铁业僵尸企业的识别及退出路径选择［J］. 财会月刊，2017（21）：27－32.

［229］申广军. 比较优势与僵尸企业：基于新结构经济学视角的研究［J］. 管理世界，2016（12）：13－24＋187.

［230］申来津，张中强. 供给侧结构性改革背景下“僵尸企业”的破产法应对［J］. 学术论坛，2017，40（4）：100－105.

［231］宋彪，朱建明，李煦. 基于大数据的企业财务预警研究［J］. 中央财经大学学报，2015（6）：55－64.

[232] 宋加山．基于极值理论的我国商业银行操作风险度量 [D]．中国科学技术大学，2008.

[233] 宋建波，苏子豪，王德宏．政府补助、投融资约束与企业僵尸化 [J]．财贸经济，2019，40 (4)：5-19.

[234] 宋建波，苏子豪，张海晴．僵尸企业的形成：企业生命周期视角 [J]．财会月刊，2019 (1)：108-112.

[235] 孙洁，李辉．遗传算法优化灰色案例推理的财务困境预测 [J]．科研管理，2009，30 (2)：119-125.

[236] 孙丽．日本处理僵尸企业问题的经验教训研究 [J]．日本学刊，2017 (3)：83-108.

[237] 孙晓琳．基于 Kalman 滤波和 BP 神经网络的财务危机动态预警模型研究 [D]．哈尔滨工业大学，2010.

[238] 孙晓琳．基于状态空间的财务危机动态预警模型在中国的实证研究 [J]．中国软科学，2013 (4)：140-147.

[239] 孙奕驰．上市公司财务绩效评价及其影响因素研究 [D]．辽宁大学，2011.

[240] 孙莹，崔静．中国僵尸企业的识别及预警研究 [J]．河海大学学报（哲学社会科学版），2017，19 (5)：81-88+92.

[241] 谭语嫣，谭之博，黄益平，胡永泰．僵尸企业的投资挤出效应：基于中国工业企业的证据 [J]．经济研究，2017，52 (5)：175-188.

[242] 唐清泉，罗党论．政府补贴动机及其效果的实证研究——来自中国上市公司的经验证据 [J]．金融研究，2007 (6)：149-163.

[243] 陶长琪．对高新技术企业成长生命周期的探讨 [J]．科学管理研究，2003 (5)：55-58.

[244] 王炳成．企业生命周期研究述评 [J]．技术经济与管

理研究，2011（4）：52 - 55.

[245] 王海林．企业内部控制缺陷识别与诊断研究——基于神经网络的模型构建［J］．会计研究，2017（8）：74 - 80 + 95.

[246] 王海林，高颖超．僵尸企业对银行的风险溢出效应研究——基于 CoVaR 模型和社会网络方法的分析［J］．会计研究，2019（4）：11 - 17.

[247] 王克达．金融危机国际传染及预警研究［D］．吉林大学，2018.

[248] 汪文忠，赵振宇，刘伊生．高技术产品生命周期模型分析［J］．数量经济技术经济研究，2003（2）：57 - 60.

[249] 王小川，史峰，郁磊，李洋．MATLAB 神经网络 43 个案例分析［M］．北京：北京航空航天大学出版社，2013.

[250] 王红建，李青原，刘放．政府补贴：救急还是救穷——来自亏损类公司样本的经验证据［J］．南开管理评论，2015，18（5）：42 - 53.

[251] 王勇．“垂直结构”下的国有企业改革［J］．国际经济评论，2017，（5）：9 - 28 + 4.

[252] 文拥军．引入治理结构的上市公司财务困境预警模型研究［D］．西北农林科技大学，2009.

[253] 吴琛越．成长阶段企业的定量分析——基于企业生命周期理论［J］．华东经济管理，2008（6）：63 - 67.

[254] 吴世农，卢贤义．我国上市公司财务困境的预测模型研究［J］．经济研究，2001（6）：46 - 55 + 96.

[255] 吴星泽．财务危机预警研究：存在问题与框架重构［J］．会计研究，2011（2）：59 - 65 + 97.

[256] 夏新平，肖佃华，汪宜霞．上市公司负债规模与经营业绩的相关性实证分析［J］．华中科技大学学报（人文社会科学

版)，2002 (4)：64 -66.

[257] 熊兵．“僵尸企业”治理的他国经验 [J]. 改革，2016，(3)：120 -127.

[258] 熊义杰．企业生命周期分析方法研究 [J]. 数理统计与管理，2002 (3)：36 -39 +16.

[259] 徐晓燕．企业财务困境的预测方法研究 [D]. 中国科学技术大学，2006.

[260] 薛云奎，白云霞．国家所有权、冗余雇员与公司业绩 [J]. 管理世界，2008 (10)：96 -105.

[261] 杨海军，太雷．基于模糊支持向量机的上市公司财务困境预测 [J]. 管理科学学报，2009，12 (3)：102 -110.

[262] 杨淑娥，王乐平．基于 BP 神经网络和面板数据的上市公司财务危机预警 [J]. 系统工程理论与实践，2007 (2)：61 -67.

[263] 杨松．“僵尸企业”破产重整中银行债权实现的法律保障 [J]. 政法论丛，2017 (1)：46 -54.

[264] 姚宏善．基于支持向量机的财务困境预测研究 [D]. 华中科技大学，2006.

[265] 叶康为．宏观审慎监管视角下的中国银行业系统性风险预警研究 [D]. 暨南大学，2017.

[266] 尹嘉啉，邹国庆．日本处理“僵尸企业”的主要手段及其启示 [J]. 现代日本经济，2017，36 (4)：58 -68.

[267] 曾皓，赵静．僵尸企业、融资方式与信息透明度 [J]. 现代财经（天津财经大学学报)，2018，38 (11)：79 -94.

[268] 曾皓，赵静．基于中国上市公司数据的僵尸企业投资效率研究 [J]. 商业研究，2018 (6)：32 -40.

[269] 张栋，谢志华，王靖雯．中国僵尸企业及其认定——

基于钢铁业上市公司的探索性研究［J］. 中国工业经济，2016，(11)：90－107.

［270］张季风，田正. 日本“泡沫经济”崩溃后僵尸企业处理探究——以产业再生机构为中心［J］. 东北亚论坛，2017，26(3)：108－118＋128.

［271］张金鑫，张艳青，谢纪刚. 并购目标识别：来自中国证券市场的证据［J］. 会计研究，2012（3）：78－84，95.

［272］张亮，唐任伍，成蕾. “僵尸企业”的成因、处置障碍与对策［J］. 经济纵横，2018（2）：49－54.

［273］张玲. 财务危机预警分析判别模型［J］. 数量经济技术经济研究，2000（3）：49－51.

［274］张如锦. 银行数据缺失下的僵尸企业演化模式分析［D］. 北京邮电大学，2018.

［275］张亚杰. 我国制造业上市公司财务状况评价及预测研究［D］. 中国矿业大学，2010.

［276］张洋. 上市公司代理成本的时变特征研究［D］. 吉林大学，2017.

［277］张悦. 中国上市公司研发指数构建与应用评价研究［D］. 首都经济贸易大学，2016.

［278］赵国忠. 中国上市公司财务困境成因及相关对策实证研究［D］. 吉林大学，2008.

［279］赵晶. 中国上市公司价值的时间效应及其内生性研究［D］. 吉林大学，2012.

［280］赵静，赵荔. “僵尸企业”预警框架构建［J］. 财会月刊，2017（33）：29－34.

［281］赵明渊，唐勇，傅翀，周明天. 基于带特征染色体遗传算法的支持向量机特征选择和参数优化［J］. 控制与决策，

2010, 25 (8): 1133 - 1138.

[282] 赵树文, 王嘉伟. 僵尸企业治理法治化保障研究——以破产法及其实施机制的完善为研究路径 [J]. 河北法学, 2017, 35 (2): 78 - 92.

[283] 赵万一, 赵舒窈. 中国需要一部什么样的证券法 [J]. 暨南学报 (哲学社会科学版), 2018, 40 (1): 67 - 78.

[284] 赵雪瑾. 中国主要金融市场的风险测量、传染路径及预警研究 [D]. 华南理工大学, 2018.

[285] 赵艳芳. 我国上市公司经营失败风险预警研究 [D]. 复旦大学, 2007.

[286] 郑汀, 徐战成. "僵尸企业" 处置中的税务难题——国际经验及解决路径 [J]. 税务研究, 2017 (10): 105 - 108.

[287] 郑晓薇. 基于现金流量的高校财务困境预警研究 [D]. 东华大学, 2012.

[288] 郑志来. "一带一路" 战略下供给侧结构性改革成因、路径与对策 [J]. 经济问题, 2016 (5): 7 - 11.

[289] 钟凯, 程小可, 张伟华. 货币政策、信息透明度与企业信贷期限结构 [J]. 财贸经济, 2016 (3): 60 - 77.

[290] 钟宁桦, 刘志阔, 何嘉鑫, 苏楚林. 我国企业债务的结构性问题 [J]. 经济研究, 2016, 51 (7): 102 - 117.

[291] 周辉仁, 唐万生, 任仙玲. 基于递阶遗传算法和 BP 网络的财务预警 [J]. 系统管理学报, 2010, 19 (1): 1 - 6.

[292] 周琎, 冼国明, 明秀南. 僵尸企业的识别与预警——来自中国上市公司的证据 [J]. 财经研究, 2018, 44 (4): 130 - 142.

[293] 周劲. 产能过剩的概念、判断指标及其在部分行业测算中的应用 [J]. 宏观经济研究, 2007 (9): 33 - 39.

[294] 周黎安. 中国地方官员的晋升锦标赛模式研究 [J].

经济研究，2007（7）：36－50.

［295］周敏，王新宇．基于模糊优选和神经网络的企业财务危机预警［J］．管理科学学报，2002（3）：86－90.

［296］周首华，杨济华，王平．论财务危机的预警分析——F分数模式［J］．会计研究，1996（8）：8－11.

［297］周围．基于遗传神经网络的中国新三板挂牌公司信息披露违规预警研究［D］．中国地质大学（北京），2018.

［298］周永源，高俊山．钢铁企业规模与绩效的实证研究［J］．科技与管理，2010，12（5）：98－101.

［299］朱鹤，何帆．中国僵尸企业的数量测度及特征分析［J］．北京工商大学学报（社会科学版），2016，31（4）：116－126.

［300］祝惠春．企业主动退市是市场机制在起作用［N］．经济日报，2019－03－27（009）.

［301］朱舜楠，陈琛．"僵尸企业"诱因与处置方略［J］．改革，2016（3）：110－119.

［302］朱兆珍．企业生命周期视角下财务危机预警研究［D］．东南大学，2016.

［303］庄倩．基于卡尔曼滤波的财务困境预测动态性研究［M］．南京：东南大学出版社，2016.

附　录

附录 A　官方对僵尸企业认定标准一览表

国务院/省/自治区/直辖市	认定标准	来源
国务院	持续亏损三年以上且不符合结构调整方向的企业	国务院常务会议
北京	包括五类企业：（1）连续三年及以上亏损企业；（2）资不抵债企业；（3）停产歇业企业；（4）工商营业执照吊销企业；（5）空壳企业	北京市国资委
天津	已停产半停产、连年亏损、资不抵债，靠政府补贴和银行续贷维持经营的企业	天津市统计局
河北	分为关停企业和特困企业两类。关停企业是指完全处于关闭或停业状态两年以上、职工已安置或者仍有部分留守人员的企业，以及“三无”（无人员、无资产、无场地）企业。特困企业是指符合下列条件之一的企业：连续一年以上停止生产经营活动且未缴增值税或申请暂停用电容量；资产负债率超过100%且剔除政府补贴后连续3年以上亏损，主要靠政府补贴维持生产经营；连续3年以上欠薪、欠税、欠息、欠费；陷入“两链”（资金链、担保链）风险导致资不抵债且解套无望、长期停产且复产无望、已有投资但投产无望的企业	河北省人民政府
山西	长期亏损、扭亏无望的企业	山西省人民政府
内蒙古	已停产半停产、连年亏损、资不抵债、靠政府补贴和银行续贷存在的企业	内蒙古自治区人民政府

续表

国务院/省/自治区/直辖市	认定标准	来源
辽宁	已停产半停产、连年亏损、资不抵债，靠政府补贴和银行续贷维持经营的企业	辽宁省国资委
吉林	停产或半停产半年以上，资产负债率超过85%、连续亏损3年及以上，主要靠政府补贴和银行续贷等维持生产经营，长期欠薪、欠税、欠息、欠费的企业	吉林省人民政府
黑龙江	包含两类企业：（1）已停产6个月或半停产12个月以上、连年亏损、靠政府或集团总部补贴和银行续贷存在的企业；（2）资不抵债、扭亏无望、生产经营难以为继、不具备偿债能力的企业	黑龙江省人民政府办公厅
上海	通过补贴、续贷等非市场化方式存续的企业	上海市高院
江苏	关停企业、特困企业、资产负债率超过85%且连续三年亏损，长期欠薪、欠税、欠贷、欠息、欠费和停产半停产企业	江苏省人民政府
浙江	包括三类企业：（1）连续一年以上停止生产经营活动且未缴增值税的企业；（2）资产负债率超过100%且连续三年以上亏损且主要靠政府补贴维持生产经营的企业；（3）连续三年以上欠薪、欠税、欠息、欠费，或陷入“两链”（资金链、担保链）风险导致资不抵债且解套无望、长期停产且复产无望、已有投资但投产无望的企业	浙江省经信委
安徽	已停产半停产、连年亏损、资不抵债、靠政府补贴和银行续贷存在的企业	安徽省人民政府
福建	连续1年以上停止生产经营活动且未缴增值税；或者资产负债率超过85%，主要靠政府或集团总部补贴和银行续贷维持生产经营，且剔除补贴后连续三年以上亏损；或者资不抵债且解套无望、长期停产且复产无望的规模以上工业企业	福建省经信委、福建省国资委
江西	产能落后，不符合产业政策要求的企业	江西省人民政府办公厅
山东	包括三类企业：（1）还在生产经营，但效益低下、利润不够支付企业信贷利息，持续亏损、资产负债率高的企业；（2）生产经营活动基本处于停顿状态，暂停用电量的企业；（3）停止经营活动半年以上，半年以上未上缴增值税的企业	山东省经信委

续表

国务院/省/自治区/直辖市	认定标准	来源
河南	已停产6个月或半停产12个月以上、连年亏损、靠政府或集团总部补贴和银行续贷存在的企业；资不抵债、扭亏无望、生产经营难以为继、不具备偿债能力的企业	河南省国资委
湖北	四个条件中满足两条以上：（1）生产经营困难造成停产半年以上或半停产1年以上；（2）资产负债率高且连续亏损3年及以上；（3）主要靠政府补贴或银行续贷等方式维持生产经营；（4）长期欠薪、欠税、欠息、欠费	湖北省人民政府
湖南	已经丧失了自我发展能力和市场活力的企业	湖南省国资委
广东	主要靠政府补贴或银行续贷等方式维持生产经营，资产负债率超过85%且连续亏损3年以上，连续3年以上欠薪、欠税、欠息、欠费，生产经营困难造成停产半年以上或半停产1年以上的规模以上工业企业	广东省人民政府
广西	分为关停企业和特困企业两类。关停企业是指已完全处于关闭或停业状态、职工已安置或仍有部分留守人员、营业执照被吊销的企业，以及“三无”企业（无人员、无资产、无场地）。特困企业是指满足下列条件之一的企业：主要靠政府补贴或银行续贷等方式维持生产经营；资产负债率超过85%且连续亏损3年以上；连续3年以上欠薪、欠税、欠息、欠费；生产经营困难造成停产半年以上或半停产1年以上的企业	广西壮族自治区国资委
海南	长期停产且复产无望，或者连年亏损、资不抵债、无法正常发放职工工资和缴存社保、又不符合国家产业结构调整方向的企业	海南省国资委
重庆	生产经营困难造成停产半年或半停产1年以上，资产负债率超过85%且连续亏损3年及以上，长期欠薪、欠税、欠息、欠费且无法正常经营，主要靠政府补贴或银行续贷等方式维持生产经营的企业	重庆市人民政府办公厅
四川	无正当理由超过六个月未开业，或者开业后自行停业连续六个月以上的公司	四川省工商局

续表

国务院/省/自治区/直辖市	认定标准	来源
贵州	已经停产半停产、连年亏损、资不抵债、靠政府补贴和银行续贷存在的企业	贵州省人民政府
云南	已经停产半停产、连年亏损、资不抵债、靠政府补贴和银行续贷存在的企业	云南省人民政府
西藏	扭亏无望、已失去发展前景的企业	西藏自治区发改委
陕西	符合2种条件之一的企业：（1）连续3年亏损，资产负债率3年处于85%以上，经营活动产生现金净流量连续3年为负数，连续3年扣除非经常性损益后的息税前利润小于借款费用；（2）产能利用率低于50%，停产半年以上的迹象发生（半年以上未交流转税或申请暂停用电容量），无法偿还到期负债（主要指银行借款）且持续1年以上时间	西安市人民政府
甘肃	符合（1）（2）项及后4项中任一项的企业：（1）连续三年及以上亏损；（2）资产负债率处于85%以上；（3）连续三年扣除非经常性损益后的息税前利润小于借款费用；（4）连续三年以上欠薪欠税欠息欠费；（5）不符合国家产业结构调整方向，无法达到节能环保要求；（6）长期依赖政府的支持或银行贷款勉强维持生存，扭亏无望的企业	甘肃省国资委
青海	符合2种条件之一的企业：（1）连续3年亏损，资产负债率处于85%以上，经营活动产生现金净流量连续3年为负数，连续3年扣除非经常性损益后的息税前利润小于借款费用；（2）产能利用率低于50%，停产半年以上（半年以上未交流转税或申请暂停用电容量），无法偿还到期负债（主要指银行借款）且持续1年以上时间	青海省经信委
宁夏	指持续亏损3年以上，不符合国家产业结构调整方向，不能达到节能环保要求，不能实现技术升级、产品更新换代，但占有一定的资源，且长期依赖政府和出资人的支持或银行贷款而勉强生存、扭亏无望的企业。财务方面，连续3年亏损，资产负债率3年处于85%以上，经营活动产生现金流连续3年为负数。生产经营方面，产能利用率低于50%或停产半年以上，无法偿还到期负债且持续一年以上时间	宁夏回族自治区国资委

续表

国务院/省/自治区/直辖市	认定标准	来源
新疆	符合任一条件规模以上工业企业：(1) 连续1年以上停止生产经营活动且未缴纳增值税；(2) 高污染、高能耗、高排放、低产出；(3) 不符合产业发展方向、属于淘汰落后产能；(4) 资金链断裂导致资不抵债，长期停产且复产无望、已有投资但投产无望；(5) 连续三年以上欠薪欠税欠息欠费；(6) 资产负债率超过100%且连续三年以上亏损	乌鲁木齐市人民政府

资料来源：本书整理。

附录B 国家处置僵尸企业主要政策文件一览表

时间	会议或政策名称
供给侧结构性改革战略的提出	
2015.12.9	国务院常务会议提出清理处置僵尸企业
2015.12.18	中央经济工作会议提出供给侧改革战略及“三去一降一补”五大任务
钢铁煤炭两大产能严重过剩行业去产能纲领性文件出台	
2016.2.1	国务院发布《国务院关于钢铁行业化解过剩产能实现脱困发展的意见》
2016.2.1	国务院发布《国务院关于煤炭行业化解过剩产能实现脱困发展的意见》
钢铁煤炭去产能配套政策陆续出台	
2016.4.7	人社部、发改委等7部门发布《关于在化解钢铁煤炭行业过剩产能实现脱困发展过程中做好职工安置工作的意见》
2016.4.14	国土资源部印发《关于支持钢铁煤炭行业化解过剩产能实现脱困发展的意见》
2016.4.15	国家安全监管总局、国家煤矿安监局印发《关于支持钢铁煤炭行业化解过剩产能实现脱困发展的意见》
2016.4.16	国家质检总局发布《关于化解钢铁行业过剩产能实现脱困发展的意见》
2016.4.17	一行三会印发《支持钢铁煤炭行业化解过剩产能实现脱困发展的意见》

续表

时间	会议或政策名称
2016.4.17	环境保护部、国家发改委、工业和信息化部印发《关于支持钢铁煤炭行业化解过剩产能实现脱贫发展的意见》
2016.5	财政部、国家税务总局印发《关于化解钢铁煤炭行业过剩产能实现脱困发展的意见》
2016.5.10	财政部印发《工业企业结构调整专项奖补资金管理办法》
供给侧结构性改革配套措施陆续出台	
2016.2.14	央行等8部委印发《关于金融支持工业稳增长调结构增效益的若干意见》，为金融领域配套纲领
2016.4.14	环境保护部发布《关于积极发挥环境保护作用促进供给侧结构性改革的指导意见》
2016.5.9	财政部与国家税务总局发布《关于全面推进资源税改革的通知》
2016.10.10	国务院发布《关于积极稳妥降低企业杠杆率的意见》
处置僵尸企业专项方案出台	
2016.12	国务院发布《关于印发中央企业处置“僵尸企业”工作方案》
2016.12	财政部发布《中央企业处置“僵尸企业”补助资金管理办法》
2018.11.23	国家发改委、工信部等11个部门联合发布《关于进一步做好“僵尸企业”及去产能企业债务处置工作的通知》
进一步深化供给侧结构性改革政策措施	
2017.2.28	中央财经领导小组第十五次会议指出，深入推进去产能，关键是要抓住处置“僵尸企业”这个“牛鼻子”
2017.3.21	人社部发布《关于做好2017年化解钢铁煤炭行业过剩产能中职工安置工作的通知》
2017.7.14	全国金融工作会议强调国有企业降杠杆工作是实体经济去杠杆的重中之重，并加快处置“僵尸企业”。本次全国金融工作会议将实体经济去杠杆的突破口定位在国企、尤其是（地方政府保护的）“僵尸企业”，同时，会议提出“更加注重供给侧的存量充足、增量优化”，释放出加速国企兼并重组的信号
2017.7.26	国家发改委等16部委联合发布《关于推进供给侧结构性改革防范化解煤电产能过剩风险的意见》
2017.12.20	中央经济工作会议定调加大僵尸企业整治力度：深化供给侧结构性改革过程中应将处置僵尸企业作为重要抓手，推动化解过剩产能

续表

时间	会议或政策名称
2018.4.9	国家发改委发布《关于做好2018年重点领域化解过剩产能工作的通知》
2018.4.28	人社部发布《关于做好2018年重点领域化解过剩产能中职工安置工作的通知》
2018.8.3	国家发改委、人民银行、财政部、银保监会、国资委发布《2018年降低企业杠杆率工作要点》
2018.12.19	中央经济工作会议提出，要稳步推进企业优胜劣汰，加快处置“僵尸企业”，制定退出实施办法，促进新技术、新组织形式、新产业集群形成和发展

资料来源：《中金公司专题研究——僵尸企业溯源及政策梳理》（作者许艳、姬江帆），并经本书进一步整理。

附录C　我国地方政府处置僵尸企业主要指导性文件一览表

地区	时间	发布单位与文件名称
北京	2017.1.16	北京市人民政府发布《北京市剥离国有企业办社会职能和解决历史遗留问题实施方案》
	2017.11.8	北京市人民政府办公厅印发《关于深化市属国有文化企业改革的意见》
天津	2016.5.11	天津市人民政府印发《关于推进供给侧结构性改革实施意见》
	2017.11.1	天津市市场监管委、市国资委发布《关于国有“僵尸企业”清算注销工作指引》
	2017.12.1	天津市国资委发布《市管企业处置“僵尸企业”实施方案》
河北	2016.5.5	河北省人民政府发布《河北省煤炭行业化解过剩产能实现脱困发展的实施方案》
	2016.12.7	河北省人民政府发布《关于处置“僵尸企业”的指导意见》

续表

地区	时间	发布单位与文件名称
山西	2016. 4. 25	山西省委、省人民政府印发《山西省煤炭供给侧结构性改革实施意见》
	2017. 4	山西省人民政府办公厅印发《山西省加快重组处置“僵尸企业”推动钢铁行业调整升级实施方案》
内蒙古	2018. 6. 8	内蒙古自治区国资委发布《关于区直企业处置“僵尸企业”的工作方案》
	2018. 8. 16	内蒙古自治区党委全面深化改革领导小组办公室下发《关于对推进经营性国有资产集中统一监管、国有企业剥离办社会职能和解决历史遗留问题、处置“僵尸企业”三项重点改革任务落实情况开展督察的通知》
辽宁	2016. 7. 12	辽宁省委、省人民政府印发《关于推进供给侧结构性改革促进全面振兴的实施意见》
	2017. 5. 4	辽宁省人民政府印发《关于处置国有“僵尸企业”的实施意见》
吉林	2016. 4. 12	吉林省人民政府印发《关于吉林省推进供给侧结构性改革落实“三去一降一补”任务的指导意见及五个实施意见》
	2017. 7. 21	吉林省委、省人民政府印发《吉林省工业转型升级行动计划(2017—2020年)》
黑龙江	2017. 2. 11	黑龙江省人民政府办公厅印发《深化供给侧结构性改革促进钢铁煤炭水泥等行业转型升级的意见》
	2018. 11. 2	黑龙江省人民政府办公厅印发《关于省属“僵尸企业”处置工作的指导意见》
	2019. 2. 21	哈尔滨市人民政府印发《关于处置市属国有僵尸企业的指导意见》
上海	2016. 4. 29	上海市人民政府印发《关于推进供给侧结构性改革促进工业稳增长调结构促转型的实施意见》
	2016. 7. 29	上海市人民政府印发《关于本市推进供给侧结构性改革的意见》
江苏	2016. 4. 6	江苏省人民政府印发《江苏省政府关于供给侧结构性改革去产能的实施意见》

续表

地区	时间	发布单位与文件名称
浙江	2016. 4. 1	浙江省人民政府印发《关于加快供给侧结构性改革的意见》
	2016. 11. 4	浙江省并购办、省高院、省经信委联合发布《关于成立省级“僵尸企业”处置府院联动机制的通知》
	2017. 12. 6	浙江省人民政府办公厅印发《关于加快处置“僵尸企业”的若干意见》
安徽	2016. 5. 16	安徽省委、省人民政府印发《安徽省扎实推进供给侧结构性改革实施方案》
	2017. 2. 17	安徽省人民政府办公厅印发《关于进一步推进省属企业结构调整和重组实施意见》
	2017. 6. 20	安徽省人民政府安委会办公室发布《关于进一步加强对“僵尸企业”“停产企业”安全监管工作的通知》
福建	2016. 7. 29	福建省人民政府印发《关于化解部分行业过剩产能的意见》
	2016. 7. 30	福建省委、省人民政府印发《福建省推进供给侧结构性改革总体方案（2016—2018 年）》
	2017. 6. 8	福建省经信委、省国资委印发《关于做好“僵尸企业”处置工作的指导意见》
江西	2018. 6. 7	江西省人民政府办公厅印发《江西省传统产业优化升级行动计划（2018—2020 年）》
山东	2016. 4	山东省国资委发布《关于省管企业所属“僵尸”企业处置有关问题的通知》
	2016. 5. 19	山东省委、省人民政府印发《关于深入推进供给侧结构性改革的实施意见》
河南	2016. 6. 8	河南省人民政府办公厅发布《河南省推进供给侧结构性改革降成本专项行动方案》
	2017. 3. 1	河南省国资委等部门印发《关于省属企业处置“僵尸企业”的意见》
	2017. 12. 2	河南省人民政府办公厅印发《关于省属企业处置“僵尸企业”的若干意见》
	2018. 12. 21	河南省人民政府办公厅印发《关于做好处置“僵尸企业”过程中职工安置和社会保险工作的意见》

续表

地区	时间	发布单位与文件名称
湖北	2016. 4. 13	湖北省人民政府印发《湖北省推进供给侧结构性改革五大任务总体方案》
	2016. 4. 13	湖北省人民政府印发《湖北省推动产业重组处置僵尸企业专项行动方案》
湖南	2016. 4. 18	湖南省人民政府办公厅发布《湖南省煤炭行业化解过剩产能实现脱困发展的实施方案》
	2017. 1	湖南省省属国有企业改革领导小组办公室发布《关于印发〈省属企业处置“僵尸企业”工作方案〉的通知》
	2018. 4. 19	长沙市人民政府办公厅发布《长沙市国有困难企业暨“僵尸企业”处置工作方案》
广东	2016. 2. 28	广东省人民政府印发《广东省供给侧结构性改革总体方案(2016—2018 年)》
	2016. 4. 8	广东省人民政府办公厅发布《关于印发〈省属国企出清重组“僵尸企业”促进国资结构优化的实施方案〉的通知》
广西	2016. 12. 19	广西壮族自治区工信厅发布《关于处置“僵尸企业”的实施方案》
	2017. 1. 17	广西壮族自治区国资委发布《自治区本级国有“僵尸企业”处置方案》
	2018. 2. 10	广西壮族自治区工信厅发布《关于有序推进非国有“僵尸企业”处置工作的指导意见》
	2018. 6. 29	广西壮族自治区国资委发布《广西国有“僵尸企业”出清重组指南》
海南	2016	海南省国资委办公室印发《关于印发处置“僵尸企业”指导意见的通知》
重庆	2016. 2. 28	重庆市委、市人民政府发布《重庆市推进供给侧结构性改革工作方案》
	2016. 7. 11	重庆市人民政府办公厅发布《重庆市供给侧结构性改革去产能专项方案》
四川	2016. 3. 31	四川省人民政府印发《促进经济稳定增长和提质增效推进供给侧结构性改革政策措施》，川府发〔2016〕17 号
	2016. 7. 7	四川省高级人民法院发布《关于充分发挥破产审判职能，服务保障“僵尸企业”处置和供给侧结构性改革的指导意见》

续表

地区	时间	发布单位与文件名称
贵州	2016. 2. 29	贵州省委、省人民政府印发《关于推进供给侧结构性改革提高经济发展质量和效益的意见》
云南	2016. 10. 8	云南省人民政府办公厅印发《关于推进国有企业供给侧结构性改革的实施意见》
	2017. 4. 27	云南省人民政府办公厅印发《关于严格落实产能置换着力化解水泥行业产能过剩矛盾的实施意见》
西藏	2018. 2. 26	西藏自治区发改委印发《西藏自治区关于积极稳妥降低企业杠杆率的实施意见》
陕西	2016. 4. 23	陕西省人民政府办公厅印发《关于切实做好2016年稳增长调结构增效益工作的指导意见》
甘肃	2016. 12	甘肃省高级人民法院印发《关于依法处置“僵尸企业”为全省经济转型升级提供司法服务和保障的意见》
	2018. 6	甘肃省人民政府、省高级人民法院联合签署《关于建立甘肃省企业破产“府院联动”工作机制的通知》
青海	2017. 6. 6	青海省人民政府印发《关于深化供给侧结构性改革促进实体经济发展的若干意见》
宁夏	2018. 12. 25	宁夏回族自治区发改委发布《自治区“僵尸企业”及去产能企业债务处置工作分工方案》
	2019. 1. 11	银川市人民政府办公厅发布《关于切实做好“僵尸企业”和去产能企业债务处置工作及任务分解方案的通知》
新疆	2017. 8. 14	乌鲁木齐市人民政府发布《乌鲁木齐市园区“僵尸企业”清理工作方案的通知》

资料来源：本书整理。

附录D　短期、长期和公司债券最低贷款利率

年份	rs	rl	rcb	年份	rs	rl	rcb
2005	5. 49%	5. 91%	4. 00%	2012	6. 15%	6. 60%	4. 20%
2006	5. 74%	6. 21%	3. 76%	2013	5. 90%	6. 37%	3. 77%
2007	6. 49%	7. 06%	4. 20%	2014	5. 60%	6. 08%	3. 23%

续表

年份	rs	rl	rcb	年份	rs	rl	rcb
2008	6.97%	7.45%	4.25%	2015	4.98%	5.46%	3.30%
2009	5.20%	5.70%	3.02%	2016	4.35%	4.83%	2.83%
2010	5.24%	5.73%	3.40%	2017	4.35%	4.83%	3.80%
2011	6.24%	6.66%	4.69%	2018	4.35%	4.83%	3.00%

资料来源：本书计算整理。

附录 E 本书中僵尸化指数八因子主成分表达式

$$F1=[CR_t, LEV_t, OPR_t, ROE_t, EPS_t, IT_t, FAT_t, NPG_t, SGR_t, PE_t, NCFPS_t, \min ICR_t, Eratio_t, Gap_t, Subratio_t, OverEMP_t, Z\_index_t, H\_10_t, Loss_t, GI_t] \times [0.1627, 0.1491, 0.3708, 0.3944, 0.3790, 0.0676, 0.1247, 0.2737, 0.3689, 0.2757, 0.1644, 0.1904, 0.0828, -0.0469, 0.1116, 0.1025, 0.0026, -0.0720, 0.2830, 0.1639]^T \quad (E—1)$$

$$F2=[CR_t, LEV_t, OPR_t, ROE_t, EPS_t, IT_t, FAT_t, NPG_t, SGR_t, PE_t, NCFPS_t, \min ICR_t, Eratio_t, Gap_t, Subratio_t, OverEMP_t, Z\_index_t, H\_10_t, Loss_t, GI_t] \times [0.5206, 0.5278, 0.0371, -0.1591, -0.1234, -0.1718, -0.0853, -0.1743, -0.1787, -0.1419, -0.1930, 0.2598, 0.1512, -0.0408, 0.2087, -0.1968, 0.1215, 0.0233, 0.1391, 0.2075]^T \quad (E—2)$$

$$F3=[CR_t, LEV_t, OPR_t, ROE_t, EPS_t, IT_t, FAT_t, NPG_t, SGR_t, PE_t, NCFPS_t, \min ICR_t, Eratio_t, Gap_t, Subratio_t, OverEMP_t, Z\_index_t, H\_10_t, Loss_t, GI_t] \times [-0.1334, -0.1688, -0.1271, -0.1031, -0.0018, 0.2985, 0.3662, -0.2395, -0.1136, -0.1760, 0.0616, 0.0958, 0.1194, 0.1394, 0.4695, 0.3743, -0.0559, -0.0786, 0.1017, 0.4191]^T \quad (E—3)$$

$$F4=[CR_t,\ LEV_t,\ OPR_t,\ ROE_t,\ EPS_t,\ IT_t,\ FAT_t,\ NPG_t,\ SGR_t,\ PE_t,\ NCFPS_t,\ \min ICR_t,\ Eratio_t,\ Gap_t,\ Subratio_t,\ OverEMP_t,\ Z\_index_t,\ H\_10_t,\ Loss_t,\ GI_t]\times[0.0637,\ 0.0040,\ -0.0414,\ 0.0097,\ -0.0119,\ 0.0855,\ 0.2816,\ 0.0611,\ 0.0174,\ 0.0045,\ -0.1737,\ 0.4117,\ 0.5038,\ 0.4091,\ -0.3231,\ 0.1653,\ 0.0727,\ 0.1022,\ -0.1951,\ -0.3115]^T \quad (E—4)$$

$$F5=[CR_t,\ LEV_t,\ OPR_t,\ ROE_t,\ EPS_t,\ IT_t,\ FAT_t,\ NPG_t,\ SGR_t,\ PE_t,\ NCFPS_t,\ \min ICR_t,\ Eratio_t,\ Gap_t,\ Subratio_t,\ OverEMP_t,\ Z\_index_t,\ H\_10_t,\ Loss_t,\ GI_t]\times[-0.2955,\ -0.2470,\ 0.0281,\ 0.0565,\ 0.0642,\ -0.1784,\ -0.3156,\ 0.0371,\ 0.0467,\ 0.0187,\ 0.0476,\ 0.0487,\ 0.2519,\ 0.3333,\ 0.2242,\ -0.3499,\ 0.3878,\ 0.3784,\ 0.0796,\ 0.2376]^T \quad (E—5)$$

$$F6=[CR_t,\ LEV_t,\ OPR_t,\ ROE_t,\ EPS_t,\ IT_t,\ FAT_t,\ NPG_t,\ SGR_t,\ PE_t,\ NCFPS_t,\ \min ICR_t,\ Eratio_t,\ Gap_t,\ Subratio_t,\ OverEMP_t,\ Z\_index_t,\ H\_10_t,\ Loss_t,\ GI_t]\times[0.1318,\ 0.1539,\ -0.0095,\ 0.0152,\ -0.0067,\ 0.2843,\ 0.1991,\ 0.0172,\ 0.0107,\ 0.0101,\ -0.0036,\ -0.1455,\ -0.3177,\ -0.1325,\ -0.0410,\ 0.2354,\ 0.5560,\ 0.5678,\ -0.0826,\ -0.0499]^T \quad (E—6)$$

$$F7=[CR_t,\ LEV_t,\ OPR_t,\ ROE_t,\ EPS_t,\ IT_t,\ FAT_t,\ NPG_t,\ SGR_t,\ PE_t,\ NCFPS_t,\ \min ICR_t]^T \quad (E—7)$$